U0654499

船舶气囊下水理论与应用技术

Theory and Applied Technology for Ship Launching Utilizing Air Bags

孙菊香 黄立身 朱珉虎 赵光胜 李 军 王 玮 著

内容提要

船舶气囊下水是我国首创使用的一项新技术，经过近40年的改进与发展，该技术正在逐渐取代传统的滑道下水技术，并扩展到大中型船舶和海洋平台的下水。

本书介绍了船舶采用气囊下水的发展历程；船舶下水气囊的构造和力学性能；船舶气囊下水牵引力的计算和牵引装置；船舶气囊下水专用坡道的设计和安全操作要求；船舶采用气囊下水的计算方法和程序设计。附录部分列出了采用气囊下水的十大经典船型、气囊和钢丝绳选择的参考资料以及气囊下水的国际标准。本书适合船舶设计、建造技术人员和管理人员阅读与参考。

图书在版编目(CIP)数据

船舶气囊下水理论与应用技术／孙菊香等著. —上海：上海交通大学出版社，2021.8
ISBN 978-7-313-24051-4

Ⅰ. ①船… Ⅱ. ①孙… Ⅲ. ①船舶—充气安全装备—下水 Ⅳ. ①U671.5

中国版本图书馆CIP数据核字(2021)第067133号

船舶气囊下水理论与应用技术
CHUANBO QINANG XIASHUI LILUN YU YINGYONG JISHU

著　　者：孙菊香　黄立身　朱珉虎　赵光胜　李　军　王　玮
出版发行：上海交通大学出版社　　地　　址：上海市番禺路951号
邮政编码：200030　　电　　话：021-64071208
印　　制：苏州市越洋印刷有限公司　　经　　销：全国新华书店
开　　本：710 mm×1000 mm　1/16　　印　　张：21
字　　数：353千字
版　　次：2021年8月第1版　　印　　次：2021年8月第1次印刷
书　　号：ISBN 978-7-313-24051-4
定　　价：168.00元

序

船舶气囊下水是我国发明的一项创新技术，最早出现于20世纪80年代初。由于其简单方便、灵活性强，并且省时、省力，成本又低，受到中小型船厂的普遍青睐。最初船舶气囊下水仅适用于千吨级以下的小型船舶，90年代末万吨级船舶也能采用气囊下水，到2012年已成功用于5万～8万吨级的中大型船舶下水。尤其在2004—2008年造船市场火爆时期，气囊下水成为众多新建中小型船厂的首选。同时，据报道，我国船舶气囊下水技术也走出国门，在越南、马来西亚、印度尼西亚、新加坡、泰国、韩国、伊朗、土耳其、美国等许多国家得到了应用。目前，随着气囊技术的进一步发展，辅以成熟完善的操作管理规程，气囊下水技术完全可用于10万吨级船舶下水，并可进一步拓展应用于海上工程结构物的下水和移位，大件物体的气囊漂浮运输，海洋油气管道的气囊铺设服务以及沉船的助浮打捞服务等。

我在船舶行业工作了30多年，曾亲历过船舶气囊下水现场，关注过船舶气囊下水技术，但看到《船舶气囊下水理论与应用技术》的书稿，还是令我有不少感慨。在过去的40年中，船舶气囊下水技术的发展道路并不平坦，由于气囊下水技术来自民间的“大众创新”，在中小型船厂应用较广、效益显著，但大型骨干船厂基本不用，也缺少相应的理论研究支撑，在相当长的时间内一直被造船界主流所排斥。“气囊下水”曾一度被解读成“滩涂造船”的代名词，用气囊下水就意味着是低质量造船。因此，理论研究的支撑和标准规范的指导，成为船舶气囊下水技术推广应用的关键所在。

本书作者对30多年从事船舶气囊下水实践经验和有关理论研究进行了总结归纳，是国内首部对船舶气囊下水技术应用成果进行全面梳理的专著，为该技

术的安全使用和技术规范奠定了基础。本书系统阐述了气囊下水技术的发展历程、气囊的设计制造以及下水设施设备、理论计算、操作规程和安全要求等。该书的出版对进一步指导船舶气囊制造和下水操作，引导船舶气囊下水技术的发展具有十分重要的意义。

首届中国船舶设计大师

江南造船(集团)有限责任公司　科技委主任

2021 年 7 月 30 日

前　言

船舶气囊下水作为一项创新技术，至今还没有一本诠释其理论并介绍其应用技术的书籍。本书的出版填补了这一领域的空白，在船舶气囊下水的发展历程上是一个里程碑。

船舶下水是船舶建造过程中的一个重要环节。简捷、高效、低风险的下水模式一直是造船人追求的目标之一。自从船舶气囊下水技术诞生以来，它展现出了低耗高效、机动灵便、环境友好的优势，引起造船界人士的普遍关注。开发和应用这项技术推动造船人朝着奋斗目标前进了一大步。

船舶气囊下水技术是一项具有我国自主知识产权的创新技术。自从20世纪80年代初应用以来，在中小型船厂得到迅速普及和推广，逐渐取代传统的滑道下水方式，并扩展到大中型船舶和海洋平台的下水。随着该技术的“走出国门”，世界多国都得到了应用，也推动了平地造船技术的研究和发展。

船厂采用气囊下水技术可以大大降低基本建设投资和生产成本，加快造船进度，减少环境污染，体现绿色造船的理念。在近年来我国造船企业大力扩展造船能力的过程中，诸多造船企业都把气囊下水方式作为扩大造船规模的首选。

本书汇集了这项技术开创以来众多参与者所作的理论贡献和取得的应用技术创新成果，特别是济南昌林气囊容器厂有限公司的核心团队在理论研究和实践应用方面均做了大量工作。在该核心团队的策划和操作下，使包括海洋钻井平台在内的各种船舶采用气囊下水并获得成功，积累了大量的数据和丰富的经验，为本书的写作奠定了基础。为了推广这项创新技术，规范气囊下水的应用，将实践中的计算方法、试验成果、成功案例汇集成书，既有理论，又有范例，使其成为船舶气囊下水领域第一本实用的技术著作。

本书介绍了气囊的技术要求、下水坡道类型、船舶牵引要求、气囊下水计算方法及下水操作工艺等，尤其是万吨级船下水的理论研究成果，使大中型船舶采用气囊下水有了理论支持。本书可供船舶工程技术人员、高等院校教师、本专业技工阅读。

本书作者为孙菊香、黄立身、朱珉虎、赵光胜、李军、王玮。孙菊香担任组织领导工作，朱珉虎担任统稿工作。

本书是在理论探索和实践的基础上，经过多次讨论和修订，几易其稿才最终完成的。本书得到了造船界的多位领导和专家的大力支持，特别是中国船舶设计大师胡可一先生为本书作序，工业和信息化部装备工业二司船舶处陈颖涛处长为本书审稿并提出了许多宝贵意见，特此致谢！

由于作者水平有限，书中难免有不妥之处，望读者批评指正。

作　者

2021 年 7 月 30 日于济南

目　　录

1 绪 论

船舶下水是船舶在船厂建造过程中一个短暂而重要的环节。船舶下水基本上可以分为两大类型：重力式下水和漂浮式下水。在重力式下水中，气囊下水正在逐渐取代传统的滑道下水方式。

1.1 船舶下水方式

船舶下水是指船在陆地上造好后移至水面的过程。

船舶下水方式的改变涉及船厂建设及其经济效益的改变，是促进造船模式改变的重要因素之一。尽管现代的造船模式已经有了质的飞跃，从部件装配到分段建造，再到分道建造都大大缩短了船舶的建造周期。但探索适合现代造船模式、既便捷又安全的船舶下水技术仍然是摆在造船工作者面前的一项重要任务。

船舶下水基本上可以分为两大类型：一类是重力式下水，船舶在倾斜的坡道上滑行下水，如滑道下水；另一类是漂浮式下水，船舶在低于水面的船坞中建造，待造好后，将水灌入船坞，船舶自行浮起。

平地造船法是21世纪初发展起来的一种新的造船模式。它的下水过程一般是将船舶平移到载船驳船上，然后拖曳到适合下水的海域，使驳船下沉，直至船舶浮起。

传统的下水方式中最为常见的是纵向滑道下水。滑道下水的场地是靠近岸边的斜坡，一般在船底宽度范围内设置两根倾斜的木方滑道，并向水下岸滩延伸一段距离。下水前，滑道上面要先涂一层润滑脂，这种润滑脂以前多采用牛油，而现在多用不同比例的石蜡、硬脂酸和松香调制而成，最后上面再覆以滑板。

图 1－1　船舶滑道下水

船舶在岸上的建造工程结束后，船底涂上油漆，然后将龙骨墩、边墩和支撑全部拆除，使船舶重量全部下落到一个特制的下水支架[①]上。这个下水支架以前由艏支架、艉支架和两条覆盖于滑道上的滑板组成。现在基本上都取消了艏支架，取而代之的是连接两道滑板的横梁。这种下水支架依靠特制的止滑装置或钢丝绳与滑道或地面固定。下水准备工作完成后，两边同时敲掉止滑装置或砍断钢丝绳，在重力的作用下，船舶便与支架、滑板等一起沿滑道滑入水中。此时船舶依靠自身浮力浮于水面上，从而完成船舶下水。如图 1－1 所示为船舶采用滑道下水时的情景。

滑道下水虽然适用于不同重量和船型的船舶下水，具有设施简单、建造费用不高和维护管理方便的优点，但也存在如下缺点：

(1) 下水工艺复杂。

(2) 浇铸的润滑脂受环境温度影响较大，会污染水域。

(3) 船尾起浮时会产生很大的船首端压力，一些装有球艏和声呐罩的船舶为此不得不采取加强球艏或暂不安装声呐罩、待下水后再进坞安装等措施。

(4) 滑道须伸入水下一段距离，由此会破坏岸堤的完整性。水下部分滑道易淤积污泥，维护困难。

滑道下水对于大型船舶来说，属于高风险作业。常见的风险和事故可归纳为以下几个方面：

(1) 如果滑道的水下部分不够长，当船的重心移出滑道末端时，船尾就会因浮力不足而向下倾倒，产生危险的船尾跌落现象。

(2) 船尾起浮本属于正常的现象。但由于在船尾起浮的一瞬间，滑板均匀受力的情况突然遭到破坏，除了船尾部的浮力承担部分船体的重量外，其余的重

① 俗称移船架、船排。

量均迅速转移到船首，集中压在约 10%滑板长度的横梁上，应力的集中极易导致船首滑板、横梁或艏支架的损坏和船体结构的损伤。

(3) 随着船舶吨位的增长，滑道单位面积的压力也迅速增加，导致润滑脂发热、烧损等一系列现象的出现。凡此种种，如果事先估计不足或发生意外，敏感的传统滑道下水作业极易失败，带来无可挽回的损失。

气囊下水是在滑道下水的基础上发展起来的，它的基本原理属于重力式下水，可以说是同宗变异。它利用气囊充气压扁后的承载能力驮运船舶在坡道上滚动，把船舶送向水面。这项技术经历了近 40 年的改进，先是在吨位不大的平底船上使用，继而向面广量大的中小型运输船推广。目前，采用气囊下水的船舶已达 8.2 万载重吨(dead weight tonnage, DWT)，下水船舶的自重达 1.6 万吨。采用气囊下水的船型除了常规的运输船外，还有集装箱船、工程船、海上风电安装船以及海洋钻井平台等特殊船型。气囊下水的技术日趋成熟，操作不断规范，理论研究逐步深入和完善，使其逐渐成为一种可供选择的船舶下水方式。

1.2 船舶气囊下水

船舶气囊下水技术是 20 世纪 80 年代初由我国发明并向世界推广的造船新工艺。这项技术经过近 40 年的实践和改进，已日趋成熟，逐步成为大中型船舶的下水方式之一。

气囊下水从原理上讲属于重力式坡道下水，与传统的滑道下水方式类同，但气囊下水不再使用滑道、滑板和润滑脂，而用柔性的气囊来承载船舶。在船体下面也无须设置用横梁做成的下水支架、艏支架和艉支架，而是把船底直接放置在布置成有一定间距的气囊上，依靠气囊的滚动把船舶送向水面。

1.2.1 气囊下水的主要步骤

气囊下水主要有以下三个步骤。

1) 起墩

船舶在船台上的建造工程完成后，利用气囊的抬举力将船体抬起，拆除船舶底下的支墩，然后把船体下坐到柔软的气囊垫上，这个过程称为起墩。

此处的起墩不同于船舶进坞落墩的概念。习惯上，落墩是指把船舶坐落到支墩上的操作。例如：船舶进船坞后需定位坐落到坞墩上，俗称落墩。气囊下

水中的起墩是指船舶在支墩上造好后需将其抬起，拆除支墩后使船舶坐落到气囊上的操作。二者是截然不同的概念。

2) 移位

船舶建造的场地如果不靠近水边或不在下水坡道上，则需要通过移位将船舶移至水边(通常越接近水边越好)或移至下水坡道上的恰当位置才能进行下一步操作。移位时，船舶置于气囊上依靠牵引力移动，并不断把船体后方因移动逸出的气囊搬到前方喂入。如图 1-2 所示是一艘吊杆船在进行移位作业。移位的牵引力来自绞车或拖拉机。

图 1-2　吊杆船在进行移位作业

3) 入水至全浮的过程

当船舶移位至尽量接近水面时，截断或释放制约船舶下移运动的牵引装置，在重力或另外施加牵引力的作用下依靠气囊的滚动使船舶沿着倾斜的坡道进入水中。直到船体全部脱离坡道和承载气囊，依靠浮力自行浮起，下水过程宣告完成。这个过程也叫"全浮过程"。其特点是船尾部不再添加气囊，而是让它自然下沉入水。船尾入水时的状态如图 1-3 所示。

整个过程开始时，船舶的重量是较均匀地支承在全部气囊上的，当船舶向其尾部方向移动后，由于气囊的移动速度比船体慢，因此船尾逐渐成悬臂伸出，尾部悬空的重量使船逐渐发生艉倾，这加速了船尾入水的速度。当船尾部入水后，船舶得到了浮力的支撑，船舶艉倾的速度开始变缓，继而艉倾减小。随着船体入

图 1-3 船尾入水时的状态

水体积的增加，浮力逐渐使船尾部上浮，直至船舶达到全浮时的平衡状态。如果水位高度足够，在“全浮过程”中，船舶倾斜状态的变化将是一个连续的过程，而不会出现类似于滑道下水过程中的“艉跌落”“艉上浮”等突变。

1.2.2 气囊下水的主要设施

船舶采用气囊下水的主要设施如下。

(1) 坡道：通常有一定的坡度，它是倾斜船台的延伸部分。根据气囊下水的特点，坡道延伸至水下部分的距离很短，对于一艘 7 万吨级的船舶，也只需要十几米，而且可以改变坡度(通常是加大水下部分的坡度)，从而大大降低造价。

(2) 气囊：是一种橡胶制品，属于压力容器，有安全性要求。其耐压能力要与船舶下水的吨位相匹配。船舶下水用的气囊(见图 1-4)在使用以后可以回收，重复使用。

(3) 绞车：用于收放缆绳的机械装置(见图 1-5)。其通过缆绳的收放使船舶移位或定位。

(4) 地牛：埋于地下固定缆绳的受力构件，其承载能力要求大于船舶的下滑力，才能确保下水操作的安全。

(5) 缆绳和滑轮组：船舶在下水前，通常需要起墩和移位。在执行起墩和移位操作时，为了安全起见，需要用缆绳牵引或固定船舶。当牵引船舶时，为了减

图 1-4　船舶下水用的气囊

图 1-5　绞　车

少绞车的牵引力,通常用滑轮组来减速。

(6) 脱钩装置:当需要迅速解除缆绳的束缚时,可以使用脱钩装置。在气囊下水开始的瞬间,通常需要同步解除两侧的固定缆绳,使用脱钩装置可以提高安全性。脱钩装置的种类很多,最好选用具有遥控功能的。

(7) 空气压缩机:用来给气囊充气。

1.2.3　气囊下水的优越性

由近 40 年来许多中小型船厂采用船舶气囊下水技术的实践表明,其具有以下优越性。

1) 节省初期投资

船厂执行气囊下水操作所需设施的投资与传统的滑道下水相比要低得多。它对坡道的要求相对较低,对于中小型船舶,可直接利用岸边坡地,只用稍加平整、固化,使其承载能力高于气囊工作压力的两倍即可。此外,气囊下水坡道伸入水下的部分较短,减少了水工工程的工作量。船厂初期建设的投资可以节省一个数量级。

船舶气囊下水所需设施的投资与建设机械式下水轨道、下水支架、船台小车等下水设施相比,更为节省。由于没有过多的水下设施,船厂的选址灵活、投资少、上马快、投资回报快,大大改善了船厂的投资环境和经营效益。

1998 年,广州船舶机械厂在番禺区扩建了一个造船分厂,仅用了 15 天时间就填整出一块长 145 m、宽 63 m 的场地与下水坡道,立即投入生产,前后不到 100 天就建造出了自重 780 t 的集装箱船,并采用气囊顺利下水。

2) 维护费用少

船舶气囊下水只要按规程操作,认真防护,气囊一般不太容易损坏,即使划破了也能修补后再用,维护费用少。气囊下水所需的设施大部分属于通用设施,如绞车、缆绳、空气压缩机等,可迁移使用,利用率高,相对降低了使用成本和维护费用。

传统的滑道下水或斜船架钢轨滑道下水方式除水上部分需要定期维护保养外,水下部分在每次下水前都需要清除污泥,清除海生物和防止锈蚀,其维护费用很高。如发现腐蚀损坏,则更换水下设施的费用也十分昂贵。

3) 物料消耗少

物料消耗少是绿色造船的重要组成部分。船舶采用气囊下水不需要木材和润滑脂,钢丝绳的消耗也很少,可节省大量的物料。

传统的滑道下水需要制作下水支架,且在滑板上涂大量润滑脂。大型船舶的下水支架受力很大,需要大量的木材和连接钢构件、钢丝绳和链条来制作,而且由于每艘船的船底形状不同,因此其利用率很低,导致大量物料损耗。

4) 节省劳动力

船舶采用气囊下水,不需要像传统滑道下水那样做大量的准备工作,如制作下水支架,摆放滑板、止滑装置,涂润滑脂和冲水等,可以节省大量的劳动力,降低劳动强度。

船舶采用气囊下水,只需将气囊安放到位,随后进行充气,牵挂钢丝绳等作

业，而这些相关内容操作工人经过简易的培训就能完成。即使是万吨级的船舶，也仅需20～30个工人工作一天就能完成准备工作。整个下水操作可以在1～2个小时内完成，大大节省了劳动力。

5) 劳动条件好

船舶气囊下水虽然是一项新技术，但并不复杂，只要经过一般常识性学习，掌握了基本要领便可操作。并且其安全作业的可控性强，劳动条件好。例如：拆墩作业，在传统的滑道下水作业中是一项危险性较大的工作，工人必须在船舶底部低矮的空间内挥动大锤去敲松支墩，尤其在敲最后几个支墩时工人需要具有丰富的经验。当采用气囊下水时，船体被气囊抬起，拆除支墩既轻松又安全，大大改善了操作工人的劳动条件。

6) 环境友好

船舶采用气囊下水本身不产生任何废弃物，气囊全部回收，对水域环境不产生污染。

相比较传统的滑道下水，大量的润滑脂在船舶下水后废弃于水中，造成环境污染。水下滑道(轨道)的锈蚀和防腐涂层也会造成水污染。

此外，环境友好还表现在对堤岸的影响上。传统的滑道下水需要把滑道伸入水下相当长的一段距离，特别是大型船舶，滑道需伸入水下的长度相当长，不仅对堤岸的整体性造成破坏，影响抗洪能力，而且会阻碍航道，影响过水断面。特别是航道狭窄的内河，对抗洪、泄洪和航行都会带来不利的影响。

当船舶采用气囊下水时，坡道伸入水下的距离很短，一般仅有十几米，大大减小了对水岸堤防的影响程度，加上不产生环境污染，突显了其环境友好性特点。

7) 安全可靠

由于气囊本身是弹性体，船舶置于气囊上运行平稳，无激烈振动，通过卷扬机和钢丝绳有控制地移动，十分安全。此外，船底不接触地面，船底油漆保持完好，可延长船舶的使用寿命。

船舶采用气囊下水，无须将坡道延伸至水下，船尾着水后，在气囊柔性调节下，船体姿态变化平稳，大大降低了下水的风险。因此，只要按相应标准的要求进行计算校核和规范操作，采用质量符合标准要求的气囊，其安全可靠性是可以保障的。

8) 平战结合

若舰艇上配备适当数量的气囊，则可将需要抢修的舰艇随时移上沙滩或坡地进行修复,战备性能好。

海军曾对气囊下水技术用于舰艇战时抢险的可行性做过评价性研究,并在一艘援外舰艇上实际使用过。

气囊下水技术是平战结合的技术。当发生战争时,固定的船舶下水设施(包括船坞、机械式下水滑道)容易遭受攻击和破坏,采用气囊下水技术可以弥补上述不足,机动灵活地进行船舶抢修、执行应急下水任务,满足实施突击航渡等战术需要。

9) 船厂有扩展潜力

船厂投资建设机械式下水滑道、下水支架等设施,不仅投资大,而且一旦建成,很难改变。当船舶建造纲领按照需求改变、新造船的尺度需要增大时,原有的固定下水设施往往不能适应,制约了船厂的扩展潜力。

相比之下,船厂采用气囊下水后,为适应市场的需求,可随时调整自己的布局, 开发新产品,扩展生产能力。这非常适合中大型船厂通过生产滚动发展,与时俱进,体现其现代化理念的敏捷造船模式和柔性造船模式。气囊下水技术的应用将大大增长我国造船工业的生产能力和灵活适应性。

10) 综合经济效益明显

船厂使用气囊下水技术时,其具体操作可以分包给专业下水工程队来做,由专业的设计公司来制订下水方案和实施风险管理,以降低船厂所承担的风险和经营管理成本,提高气囊下水设施和专业人员的利用率与资金的周转效率。采取这样的生产组织模式其所带来的综合经济效益非常显著。

2 船舶气囊下水技术发展历程

船舶气囊下水技术的发展历程是与气囊制作技术的提升，实验技术的进步，下水理论的建立和实践知识的积累分不开的。

2.1 初创和起始阶段

1981 年 5 月，山东省交通厅小清河航运局在完成国家投资的小清河航运技术改造任务中，提出了将承压气囊置于船底下滚动，使船移动及下水的设想。当时的胶布气囊，充气后顶起一艘载重量为 100 t 的驳船，驳船由卷扬机牵引，在山东省小清河船厂造船工地顺利下水，开启了船舶气囊下水的新阶段。

此项新技术由山东省交通厅组织全国有关方面的专家进行鉴定，专家们一致认为这是一项可称之为“世界首创”的新工艺。交通运输部[①]主办的《内河运输》杂志（现改名为《中国河运》）和中国造船工程学会主办的《中国造船》杂志及时地对这项新技术进行了报道和宣传。

1982 年，由长江航运科学研究所牵头，长办船舶修造厂、武汉青山船厂、武汉东风橡胶厂参加，组成武汉地区船舶气囊下水工艺试验小组，试制船用胶布气囊，推广船舶气囊下水技术。

1982 年 10 月，武汉地区船舶技术情报中心站在武汉市召开有全国 160 多个单位参加的技术交流会，专门交流船舶气囊下水技术。1983 年上半年，该站在武汉市举办了船舶气囊下水技术学习班，全国有 80 多个单位参加。此后，该站连续数年都举办了推广船舶气囊下水工艺的技术交流活动。此外，四川、广西、江西、江苏等地均先后召开了船舶气囊下水技术交流会，对这项技术的推广

① 1954 年后为交通部，2008 年改为交通运输部。

起到了很大的推动作用。

20 世纪 80 年代中期，船舶气囊下水技术在全国主要内河船厂得到了全面推广。这种简易、经济、能适合不同船舶建造模式的下水方式，受到了中小型船厂的广泛欢迎。

1985 年 10 月，海军 4808 厂用气囊将一艘长 50 m、宽 23 m 的海驳船顺利下水，使船舶气囊下水技术推广到海船领域。

1988 年 10 月，在四川省宜宾船厂，使用气囊下水了长江新一代全尾机型双尾客船“巫山”号。该船自重① 480 t，拥有 600 个床位，创下了使用气囊将形状复杂的客船下水的新纪录(见图 2-1)。

图 2-1　“巫山”号双尾客船采用气囊下水引起了广泛关注

气囊下水技术在中小型船厂得到了广泛应用，数以千计的船舶使用气囊安全下水。20 世纪 80 年代末，采用气囊下水的最大驳船是武汉青山船厂建造的 1 500 t 甲板驳，下水重量超过 330 t；下水的最大推船②是长江轮船总公司东风船厂建造的 2 640 马力(1 马力=735 W)推船。

然而，由于受到气囊结构和承载能力的制约，当时这项技术始终仅限于自重 500 t 以下的小型船舶使用。

---

① 工程上习惯称的“重量”实指“质量”，单位为 t。

② 推船又名推轮。

2.2 向中型船舶发展

1993 年，济南昌林气囊容器厂有限公司研制成功了新一代环绕贴敷整体成型的高强度锦纶橡胶气囊。新的材料结构和制作工艺大大提高了气囊的承载能力，成功促进了气囊下水技术向中型船舶的推广。气囊下水技术在更广泛的领域内得到了应用。

1994 年 9 月，浙江舟山船厂运用新型气囊使一艘长 69.8 m、宽 14.8 m 的车客渡船顺利下水（见图 2-2），下水重量达到了 900 t，突破了以往采用气囊下水的船舶自重长期在 500 t 以下徘徊的局面。《中国船舶报》以“我国船舶气囊下水有新突破”为标题做了详细报道。这次成功的船舶气囊下水，被评为船舶行业当年的十大科技成就之一。

图 2-2 “徐运 209”号的成功下水标志着气囊下水重量新的突破

1995 年 10 月，湖北省浠水船厂采用新型气囊使一艘 8 000 DWT 的宽体甲板驳下水。该驳长 91.5 m，宽 24.4 m，深 5.5 m，下水重量首次突破 1 000 t 大关，达到 1 200 t。这标志着气囊下水技术成功进入中型船舶领域。

为使船舶采用气囊下水工艺更加规范，1996 年，由中国船舶工业总公司综合技术经济研究院和济南昌林气囊容器厂有限公司共同起草的船舶行业标准 CB/T 3795—1996《船舶上排、下水用气囊》发布实施。1998 年，船舶行业标准

CB/T 3837—1998《船舶用气囊上排、下水工艺要求》发布实施。这两项标准为船舶采用气囊下水工艺提供了规范操作的依据，受到广大中小型船舶修造厂的欢迎。

1998 年 10 月，广东省朝阳第一造船厂采用气囊将一艘长 82 m、自重 1 300 t 的货船拉上船台，创下船舶应用气囊上岸的新纪录。

1999 年 5 月，旅顺修造船厂为韩国客商建造的工程船“海建 3002”号采用气囊成功地进行了横向下水（见图 2 - 3）。整个下水过程平稳、安全，船体未受到丝毫损伤，博得了在场的船舶所有人及技术人员的一致赞赏。该船总长 58 m，宽 15 m，深 3.5 m，满载排水量 2 460 t，是该厂有史以来建造的最大船舶。同时，横向下水也丰富了气囊下水的模式。

图 2 - 3　工程船“海建 3002”号采用气囊横向下水

20 世纪 90 年代，每年都有数以千计的各类船舶利用气囊上岸或下水，其中有集装箱船、货船和工程船舶。

2.3　推广提高

1998—2001 年，济南昌林气囊容器厂有限公司经过 3 年多的努力探索，反

复试验，在橡胶配方、结构优化、“中温-长时间”无模硫化工艺、“整体双面压合”技术、头部抗爆结构等方面均获得了突破，研制出具有高科技含量的新一代气囊——“高承载力多层揉压气囊”并投放市场。该气囊相比于1993年研制成功的气囊，不仅承载能力提高了1.5倍，而且其在工作过程中的抗揉压能力也得以提升，大大扩展了气囊的应用范围和安全保障性能。在新产品投放市场后的3年多时间里，有数百艘万吨级船舶采用新品气囊安全下水，创造出一系列新纪录。

2002年10月，“舟海油28”轮采用济南昌林气囊容器厂有限公司新开发的高承载力多层揉压气囊，在浙江省台州市黄岩吉祥船务有限公司一举成功下水。该船总长138 m，宽19 m，排水量为15 000多吨，下水重量达到4 000多吨。“舟海油28”轮的成功下水(见图2-4)标志着气囊下水工艺开创万吨级船舶应用的新阶段。

图2-4　采用气囊下水的首艘万吨级船舶“舟海油28”轮

2005年4月，浙江省台州市黄岩吉祥船务有限公司建造的一艘8 100 m^{3}耙吸式挖泥船，使用34个高承载力多层揉压气囊成功移位并下水。该船长126 m，宽22 m，下水重量首次突破5 000 t大关，达到5 400 t。

2005年5月，江西省九江银星造船有限公司为新加坡船舶所有人建造的载重量16 500 t的化学品船，采用高承载力多层揉压气囊在干坞内顺利下水。该船长144.3 m，宽23 m，吃水8.8 m，排水量达22 000 t，下水重量达5 500 t。

2005 年 12 月，山东省科学技术厅委托济南市科学技术局邀请国内著名造船专家和橡胶专家对济南昌林气囊容器厂有限公司自主开发的“高承载力多层揉压气囊”进行科研成果鉴定。与会专家听取了高承载力多层揉压气囊的研制情况汇报，通过爆破测试验证了新产品的高承载能力，一致认为该项高新技术产品为国内外首创，达到国际先进水平。

2006 年 7 月，3 500 m^3 液化气船“长能”号在湖北省黄冈市江北源汉造船有限公司建造完成。该船全长 99.8 m，宽 14.6 m，高 7.2 m，重 2 200 t，为当时国内制造的最大的全压式液化气运输船。这艘船的船底呈较大的 V 字形，在一般的坡道上采用气囊下水有很大的困难，经济南昌林气囊容器厂有限公司技术人员的努力，研究出针对 V 字形底船舶采用气囊下水的新技术，使这艘船安全下水。

2007 年，船舶行业标准 CB/T 3000—2007《船舶生产企业生产条件基本要求及评价方法》发布实施。在船舶生产企业评价工作中，该标准将气囊下水作为一种认可的船舶下水方法列入其中，这给船舶气囊下水技术的发展带来了良好契机。

2007 年 2 月和 3 月，浙江省临海市回浦船舶修造有限公司采用高承载力多层揉压气囊分别将两艘姊妹船“景山 5”号和“景山 6”号送下水。该型船长 165 m，宽 23 m，型深 14 m，载重量为 21 500 t，下水重量达到 6 100 t。

2007 年 7 月，45 000 DWT 的“国裕海驳 1 号”在江苏省扬州国裕船舶制造有限公司气囊下水专用坡道上顺利下水（见图 2 - 5）。该驳长 204 m，宽 33.6 m，下水重量达到 9 000 t。该气囊下水专用坡道由济南昌林气囊容器厂有限公司设计，称为“折角型”坡道，由主坡道和副坡道两段不同坡度的坡道组成，也属首创使用。

2008 年 5 月，济南昌林气囊容器厂有限公司为“中山”舰上岸和陆上迁移专门制造了 20 个气囊，将“中山”舰顺利移船上岸。由于“中山”舰经过修复后，也只是达到了结构的完整性，其动力无法恢复，为保证“中山”舰长途迁移绝对安全，特别制作了一个长 75 m、宽 12 m、高 0.75 m 的巨大托架，将“中山”舰托起，并固定在浮船坞上。2008 年 5 月 16 日，用来承载“中山”舰上岸的气囊被铺设到装载“中山”舰的托架底下，技术人员用空气压缩机对气囊进行充气，充气后的气囊将中山舰连同托架缓缓抬起（见图 2 - 6）。“中山”舰自重约 600 t，托架重 210 t，托架下一共均匀排列了 15 个直径为 1.2 m、长 15 m 的气囊，每个气囊可

图 2-5 “国裕海驳 1 号”在气囊下水专用坡道上顺利下水

图 2-6 历史名舰“中山”舰利用气囊上岸并长途迁移

承重 260 t 以上。15 时 16 分，卷扬机开始启动；18 时 10 分，“中山”舰舰体全部“跨”过了浮船坞与临时码头之间搭接的跳板，成功上岸；至 20 时，“中山”舰舰体在岸上向前移动了 50 多米，宣布“中山”舰上岸成功。此后一个星期，“中山”舰由气囊驮着，“走”过了一段由江边通往武汉市中山舰博物馆，为移船专门铺筑的长约 625 m 的近似 S 形且带有坡度的通道，最后坐落于博物馆内。“中山”舰借助气囊移船成功，再一次证实了气囊能用于船舶长途迁移，具有机动灵活、适应性强的特点。

2008 年 8 月，55 000 DWT 的巴拿马型散货船“VICTORIA I”号在浙江省三门健跳船厂成功下水。该船长 190 m，宽 32.26 m，深 18 m，下水时重量接近 12 000 t，创造了气囊下水重量的新纪录。它的成功下水，标志着气囊下水船舶重量突破了万吨大关。12 月，江苏省扬州国裕船舶有限公司 57 000 DWT 散货船“GY409”也采用气囊顺利下水。

2008 年 12 月底，在江苏省泰州市长江水域，沪鑫船舶制造有限公司为招商局重工（深圳）有限公司建造的一艘 25 000 DWT 半潜驳使用气囊顺利下水。该船总长 140 m，宽 56 m，下水时重量超过 12 000 t，再次刷新了气囊下水船舶重量的新纪录。在长江低水位季节能成功采用气囊下水，说明这项技术又在发展道路上迈出了新的一步。

2011 年 11 月 20 日，我国自主研制的 CP－300 自升式海上石油钻井平台在辽宁盘锦采用气囊成功下水。该钻井平台利用气囊成功下水属国际首创，开创了海洋工程平台下水新模式，具有里程碑式的意义。

2014 年 4 月 15 日 17 时，在渤海装备辽河重工有限公司建造的 DSJ300 型海上石油钻井平台在 40 个高强度气囊的承托下，安全驶入辽河中。DSJ300 型平台长 65 m，宽 60.2 m，使得海洋平台采用气囊下水的重量首次突破万吨大关（见图 2－7）。该平台成功下水标志着气囊下水在海洋工程领域向更大、更复杂船型进军又迈出了坚实的一步。

图 2－7 万吨重的海洋平台采用气囊下水首获成功

2015 年 7 月 5 日，在天津滨海新区的天津中交博迈科海洋船舶重工有限公司，采用船舶气囊下水技术，使一艘 79 m 长的多用途大型拖船顺利下水。该船长 79 m，宽 16.5 m,深 7.0 m,下水重量达 2 760 余吨。山东昌林船舶气囊与靠球技术研究中心针对该型船首尾线型变化大、重量过于集中以及船尾部分水踵低于基线以下 0.6 m 的特点,采用了济南昌林气囊容器厂有限公司生产的 17 个大规格高强度气囊和针对该船下水特点研制的 6 个专用气囊,制订了严格科学的下水工艺方案,保证了该船的下水安全(见图 2-8)。该型船的顺利下水,标志着气囊下水技术在船型特殊的工程船领域又取得了新的突破。

图 2-8 船型特殊的海洋拖船采用气囊下水

从 2008 年至今,已有数以万计的各种类型船舶,包括工程船舶和海洋平台在气囊的帮助下安全下水。同时,依靠成熟的技术和严格的执行操作规程,一批排水量为 27 000~82 000 吨的船舶,在沿海和长江水域采用气囊顺利下水,推动了船舶气囊下水成套技术向新的高度攀升,成为该项技术的新亮点。

一些经典船型的下水图片和介绍请参阅附录 A。

2.4 走向世界

船舶采用气囊下水技术从几十吨的平底船起步,逐步向大型、复杂船型、高附加值船型发展,走过了一段成功发展的道路。我国这项领先于世界水平的技术研究和实船下水业绩,得到了国外同行的认同,纷纷前来我国引进这项新技术。

21 世纪初，马来西亚、新加坡、印度尼西亚、越南、日本等客商纷纷前来我国考察气囊下水技术。我国通过承包国外船舶气囊下水工程、出售气囊并承接技术咨询服务等方式向国际上进行推广，取得了丰硕的成果。

2004 年 8 月，马来西亚林氏企业集团有限公司邀请济南昌林气囊容器厂有限公司派遣专家组赴马来西亚进行实地勘察，确认实施气囊下水条件具备后，立即订购了 15 个直径 1.5 m 的高承载力气囊。该公司第一艘船舶采用气囊成功下水后，决定再添置一些气囊，在马来西亚东部海岸各船厂间开辟气囊下水工程承包服务。

2005 年 8 月，“卡特里娜”飓风登陆美国西海岸，新奥尔良市全城 50 万人大撤离，据统计有 2 200 艘船舶在美国海湾沿岸搁浅失事。美国 TITAN 海事救捞公司了解到我国船用气囊在抬船、移船和修船方面的卓越功能，专程来中国考察并购买了一批气囊，空运回美国，在抢险救灾中发挥了巨大作用。该公司在使用报告中称：“这些气囊已经证明对我们在清理美国水道‘卡特里娜’飓风恶果方面所取得的成果有无法估量的贡献。”

2007 年，在地中海海滨，土耳其船厂一艘大型货船在济南昌林气囊容器厂有限公司派去的工程技术人员指导下使用气囊下水首获成功(见图 2-9)。该船长 120 m，宽 18.6 m，自重 3 660 t。

图 2-9　土耳其大型货船采用气囊下水首获成功

同年，在波斯湾沿岸，伊朗的一家船厂采用气囊使一艘大型工程船舶（见图 2 - 10）成功下水。该船长 110 m，宽 14 m，自重 1 800 t。

图 2 - 10　我国气囊助伊朗大型工程船成功下水

2017 年 7 月 15 日，新加坡韦立集团在非洲几内亚船厂内建造的 8 000 DWT 载货驳船“WINKING NUKES11”，采用气囊技术顺利下水（见图 2 - 11）。该船是几内亚国内建造的最大吨位船舶，山东昌林船舶气囊与靠球技术研究中

图 2 - 11　8 000 DWT 载货驳船在非洲几内亚船厂采用气囊顺利下水

心的技术人员深入现场，与该船厂技术人员一起，克服物资匮乏、设备简陋等诸多不利因素，采用济南昌林气囊容器厂有限公司生产的 10 个直径 2 m、长度 20 m 的气囊，平稳顺利地将该船移入河道中。

在此期间，越南、印度等国也纷纷从我国引进气囊下水技术，我国的船舶气囊下水技术逐步走向世界。

2011 年和 2013 年，国际标准化组织(ISO)发布了两项船舶采用气囊下水技术相关的国际标准。其中，第一项国际标准 ISO 14409：2011《船舶与海上技术 船舶下水用气囊》于 2011 年 9 月 1 日由国际标准化组织正式发布。第二项国际标准 ISO 17682：2013《船舶与海上技术 船舶气囊下水工艺》于 2013 年 5 月 1 日由国际标准化组织正式发布。这两项国际标准的发布，标志着船舶气囊下水技术的不断完善和推广最终得到了国际认可，并为世界造船界所接受，加快了船舶气囊下水技术国际应用的步伐。

2.5 气囊的特殊用途

气囊具有可折叠、便于携带、充气后又有较大的承载力、在水中有浮力等优点，所以除用于船舶上、下水作业以外，还在起重、救灾、沉箱搬运、船体组装合拢、沉船打捞和其他工程中发挥着巨大作用。下面举几个应用实例。

2.5.1 起重

2005 年 4 月，山东省寿光造船有限公司完成了 6 500 DWT 运油船“金源油”号的修船任务，在进行下水操作过程中，承载船舶下水的小车发生故障。此时公司却苦于将船抬起以更换小车。

该公司租用了三个气囊，将气囊放在小车之间，充气后将船抬起，更换了新的小车，用时不足两个小时就解决了问题。

2.5.2 救灾

2005 年，美国遭遇“卡特里娜”飓风袭击，2 000 多艘小型船舶被风刮到岸上搁浅。美国 TITAN 海事救捞公司从中国购买了气囊，把被“卡特里娜”飓风刮上公路的渔船，轻松送回了水面。如图 2－12 所示为美国 TITAN 海事救捞公司使用气囊抬升渔船，并引导它重返水面的情景。

图 2-12　美国 TITAN 海事救捞公司使用气囊抬升渔船

2.5.3　沉箱搬运

20 世纪 90 年代，在沿海新建港口码头时，需要在陆上预制大型水泥沉箱，制成后搬运至码头，再吊送到工地。沉箱重达数百吨到上千吨，且体形巨大，如果用轨道运输，那么代价将会很高。1996 年 8 月，交通部三航局的工程技术人员与济南昌林气囊容器厂有限公司共同研究了采用气囊运输沉箱的方案，专门针对沉箱特点制造了高压气囊，并专门进行了爆破试验。这批气囊使交通部三航局搬运沉箱获得成功，节省了大批轨道建设投资，降低了运价。如图 2-13 所示为利用气囊搬运大型水泥沉箱的一个实例。

2.5.4　船体组装合拢

广西某造船厂签订了建造两艘 5 000 DWT 出口油驳的合同，以打开东南亚造船市场。5 000 DWT 的油驳自重达 1 310 t，船厂受船台条件的限制，决定采用气囊合拢新工艺，即将建造好的两个船体大分段运送到岸边临时建造的低水位船台上，然后用滚动气囊将分段船体平移，通过对气囊进行充气和放气来调节分段水平高度，进行大合拢，合拢完工后再用气囊将整个船舶移送下水。经检测，合拢质量良好，完全达到规范要求，比将分段船体拖到广州租用大型船坞合拢缩短了生产周期，节约资金 30 多万元。

图 2-13 利用气囊搬运大型水泥沉箱

大连辽南船厂在 2 800 m^3 自航开体泥驳建造中对两个纵向半船体采用了气囊合拢工艺。该驳总长 95.6 m，宽 18 m，深 5.90 m，空船整体重量 2 150 t，半体重量约 1 000 t。图 2-14 为两个纵向半船体横拼合拢示意图。开体泥驳的特点是船底沿纵向分开，装有液压开启的泥门，所以适合纵向划分为两个半体建造。实施合拢施工时，先将半边船体坐落在下水支墩上固定，然后将另一半船体放在气囊上移位、拉拢、调整高度差到位后进行固定，完成横拼合拢。采用气囊进行分段合拢工艺具有操作简单、费用低、易于实施等优点。

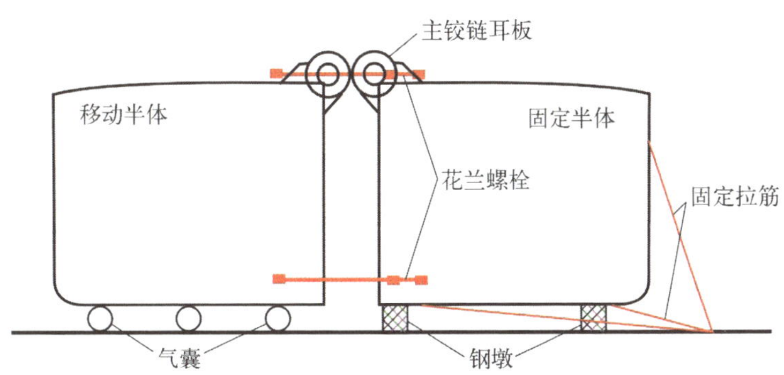

图 2-14 两个纵向半船体横拼合拢示意图

2.5.5 打捞

2007 年 12 月，在水中沉睡 800 年的南宋古船“南海Ⅰ号”被交通部广州打

捞局用 24 个气囊起浮打捞出水，是采用气囊从事打捞操作的一个成功的例子。

2.5.6 其他用途

气囊可以用作建筑工程的充气芯模，或储运气体、液体，还可以用于箱涵结构件的海上浮运等用途。

建筑工程用充气芯模(见图 2-15)是应用气囊生产技术衍生出来的产品。在建筑工程、桥梁涵洞、闸坝施工中，大型钢筋混凝土结构件的内部一般都有柱状圆孔。以往浇铸这类空心构件大都采用木质或钢质芯模，不仅制作时要耗费大量木材或钢材，而且在浇铸后拆除这些芯模也很费劲，且大部分木质芯模在拆模中易损坏，木材浪费很大，费工费时。1997 年，河南省黄河河务局在黄河下游堤防砼截渗墙工程施工中，首次利用济南昌林气囊容器厂有限公司提供的气囊作为芯模进行试验并获得成功。当时使用的气囊直径为 0.8 m，长度为 14 m，竖向放置，充进一定压力的水后即成为坚挺的芯模。拆模时只需将气囊中的水放掉，就很容易从孔中抽出来。一个气囊可反复使用 150 次之多，不仅省工，而且节省了大量木材。

图 2-15　建筑工程用充气芯模

近年，一些大型钢筋混凝土预制件利用气囊的巨大浮运能力直接在水面拖运获得成功，为搬运庞然大物创造了一种新的、经济的水上运输模式。

2.6 理论研究

气囊下水理论的发展阶段大致可分为创立、试验探索和理论建立三个阶段。

2.6.1 创立阶段

气囊下水技术推广之初期虽然做了气囊爆破试验、气囊对船体内应力测试等工作，但只限于载重量百吨的小船，并且气囊的骨架是帆布，与现在使用的气囊相去甚远，故不适合推广应用。在气囊下水应用初期的 10 多年中，一直未开展相关的理论研究，操作人员包括指挥者也都是凭经验操作，没有理论计算与技术文件。

气囊下水技术受滑道下水理论的影响很大，许多名词、术语都沿用滑道下水理论中的，没有建立适合气囊下水技术的创新理论。

2.6.2 试验探索阶段

直到 20 世纪 90 年代中期，气囊下水技术向中型船舶发展。为克服船舶气囊下水的盲目性，在进行材料、结构和工艺研究与试验的基础上，济南昌林气囊容器厂有限公司提出了两项船舶行业标准 CB/T 3795—1996《船舶上排、下水用气囊》和 CB/T 3837—1998《船舶用气囊上排、下水工艺要求》。这两项船舶行业标准的发布促进了气囊产品质量的提高，并规范了相应的操作工艺。在第一项标准编制过程中，为了验证气囊的强度和安全性能，进行了气囊爆破试验和压缩性能试验，同时对气囊的力学性能进行了分析和研究，得出了气囊强度换算的理论，为气囊下水理论计算奠定了基础。如图 2-16 所示是委托山东大学工程力学测试中心所做的气囊压缩性能试验得到的气囊压缩变形与内压变化的关系曲线。

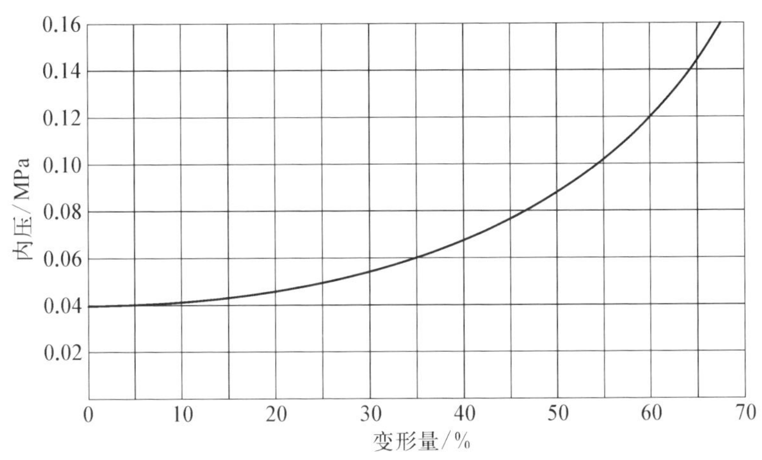

图 2-16 气囊压缩变形与内压变化的关系曲线

1996 年，本书作者之一第一次提出“柔性下水理论”的概念，把气囊下水理论建立在弹性力学的基础上，摒弃了以往下水计算分为四个阶段的流程以及“艉上浮”和“艉跌落”的概念，为建立全新的气囊下水理论拓展了思路。

这个时期最大的进步是对气囊的生产工艺做了大量的改进，提出了揉压气囊的新概念。高品质气囊有三个要素：材料、结构和工艺，三者相辅相成，缺一不可。在高承载力多层揉压气囊研制过程中更新了气囊强度仅依赖于材质的观念，注重气囊结构和制作工艺过程的改进，大大提升了气囊的揉压强度。在强度提升的比例中，科技进步的贡献率占到1/3左右。

为了探索气囊下水的机理，济南昌林气囊容器厂有限公司与浙江工业大学合作，在“金舸19”号船、“景山5”号和“景山6”号两艘姐妹船气囊下水过程中进行了测试，包含速度和加速度，关键部位气囊压力的变化，船舶纵倾、横倾姿态的变化以及结构应力的变化，收集到了第一手材料，揭示了船体和气囊的受力特征，为气囊下水理论计算提供了依据。

2.6.3 理论建立阶段

新品高承载力多层揉压气囊的研制成功，为大型船舶气囊下水创造了条件。其后不久，2002年就开始出现了万吨级船采用气囊下水的成功案例。

2005年，济南昌林气囊容器厂有限公司研制的“高承载力多层揉压气囊”通过了山东省省级科研成果评审，获得了科技成果三等奖。为适应大型船舶气囊下水的需要，该公司开始建立一整套气囊下水的理论。首先该公司研究设计了新的气囊下水船台和下水坡道，多次进行气囊压缩试验以及对实船测试等工作，掌握了气囊在船底下运动时内压变化的规律。根据气囊下水特点，利用静力平衡原理，以逐步近似的方法设计出一套气囊下水计算方法。应用该方法可以计算出任何时刻船舶离地的高度以及每个气囊的内压、承载力等，从而找出受压最严重的气囊和气囊支承力对船体结构应力的影响。当气囊内压超过允许强度及船舶结构应力超过屈服极限时，可通过气囊入水前压力调整或重新配置气囊以达到安全下水的目的。

从2006年开始，我们逐步建立起气囊下水的数学模型。它包括静力学模型、动力学模型和结构力学模型，完成了计算机程序的编制，整套计算的方法和原理摆脱了滑道下水的概念和理论。2014年申请了我国气囊下水领域第一个软件著作权。

2010年，7万DWT的“新东莞1”号在浙江舟山正和造船有限公司建成，济南昌林气囊容器厂有限公司负责该船的气囊下水工程。这艘船的尺度和下水重量对气囊下水技术是一个挑战，针对当时的现实条件，采用了不等间距气囊布置、气囊拼接、安全评估计算等创新技术，并进行了结构应力测试。通过这艘船的安全、顺利下水，验证了计算模型和计算方法的正确性。

从2009年开始，气囊下水理论进入了大型工程船舶的应用研究。经过3年的努力，先后攻克了平台下水专用气囊设备研制、桩靴凹穴处的填补工装方案设计、原有下水船台的改造方案设计、下水工艺程序和下水计算等一系列研究课题和下水核心技术的攻关研究，使我国自行研制的CP-300自升式钻井平台和HTV海上风电设备安装船“辽河一号”等多艘大型工程船舶采用气囊顺利下水(见图2-17)。该项课题的完成，不仅开创了海洋工程平台采用气囊下水的先河，而且把我国创立的气囊下水技术和理论推进到一个新的阶段。

图2-17　CP-300自升式钻井平台采用气囊下水

3 气 囊

船舶上、下水用气囊(简称气囊)是一种柔软的弹性复合体,充入压缩空气后,利用其大承载面积产生的大承载力抬起船舶并能滚动的特点,完成船舶上、下水作业。

3.1 外形和型号

3.1.1 外形

用于船舶上、下水的气囊由气囊嘴、气囊头、气囊体组成,中间呈圆柱形,两端呈圆锥形,其外形如图 3-1 所示。

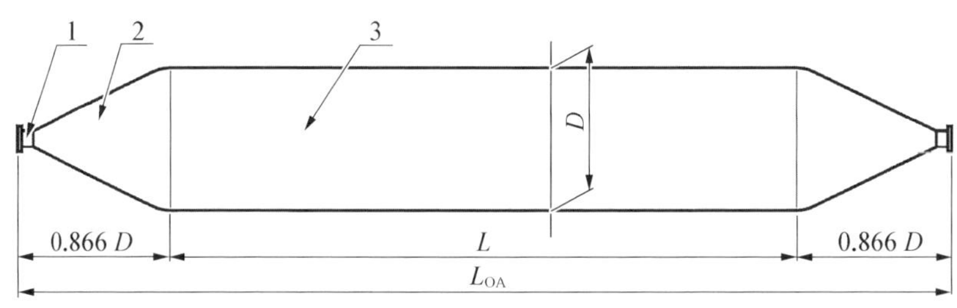

1—气囊嘴;2—气囊头;3—气囊体。

图 3-1 气囊外形

气囊嘴:两端用于安装充放气的阀门或其他附件的金属预埋件。

气囊头:连接气囊体和气囊嘴的锥体部分。

气囊体:气囊充气后的圆柱形部分。

自由状态时,气囊头锥体的侧面投影为正三角形,即收缩到气囊嘴处为 60°夹角,这比较符合工作需要。

直径 D:将气囊充气,达到工作压力时,测量出圆周长度 C,则 $D=C/\pi$。

长度 L：指气囊体长度。

总长 L_{OA}：指气囊嘴两端面间全部长度，$L_{OA}=L+2\times0.866D$。

气囊嘴由金属制成，内有螺纹，可以单向或双向同时连接充放气的附件，如图 3-2(a)所示；也可以在其中任一端配装带拉(吊)环的堵头，如图 3-2(b)所示。气囊放气后可以折叠，便于运输。

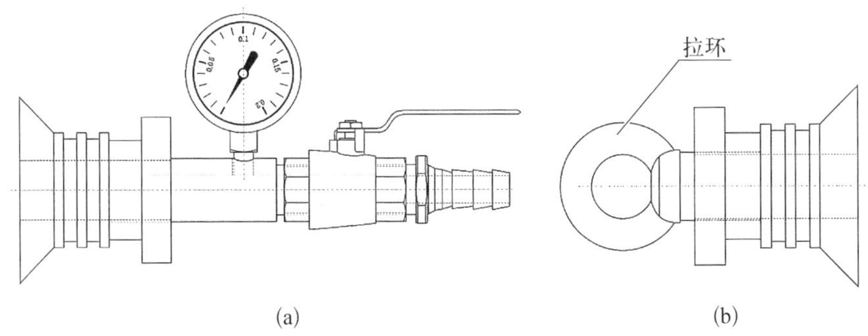

图 3-2 气囊嘴的形式和外接附件

(a) 充放气附件；(b) 拉环堵头附件

3.1.2 型号

1) 型号分类

按照 GB/T 33487—2017《船舶与海上技术 船舶下水用气囊》的规定，气囊按单位长度的承载力可分为下列两类：

QP——普通气囊。

QG——高承载力气囊。

气囊的形式和型号如表 3-1 所示。

表 3-1 气囊的形式和型号

类 型	形 式	型 号
QP	3 层帘子布普通气囊	QP3
	4 层帘子布普通气囊	QP4
	5 层帘子布普通气囊	QP5
QG	6 层帘子布高承载力气囊	QG6
	7 层帘子布高承载力气囊	QG7

2）标记

气囊产品标记如下：

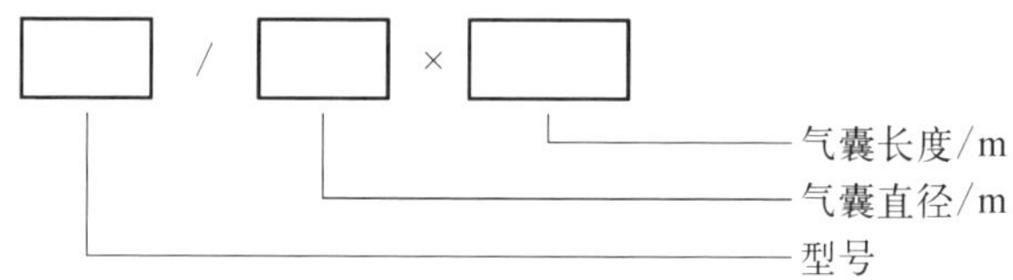

例如：帘子布层数为 6 层、直径为 1.5 m、长度为 15 m 的高承载力气囊，按中国国家标准 GB/T 33487—2017 可以标记为

气囊 GB/T 33487—2017　QG6/1.5×15

若该产品为出口产品，则可按国际标准 ISO 14409：2011 进行标记为

Air bag ISO 14409：2011 QG6/1.5×15

3.2　材料

气囊应由一层外部橡胶、一层或多层帘子布和一层内部橡胶组成。所有材料应经过硫化处理。即气囊由橡胶、帘子布、金属配件成型后再经整体硫化制成。

3.2.1　橡胶

3.2.1.1　橡胶的分类

橡胶按其来源分为天然橡胶和合成橡胶。

1）天然橡胶

天然橡胶在常温下具有较高的弹性，稍带塑性，具有非常好的机械强度，滞后损失小，在屈挠变形时生热低，因此其耐屈挠性很好。由于天然橡胶是非极性橡胶，因此其电绝缘性能良好。

天然橡胶的使用温度范围是－60～80℃。

天然橡胶因为有不饱和双键，所以是一种化学反应能力较强的物质。光、热、臭氧、辐射、屈挠变形和铜、锰等金属都能促进橡胶的老化，不耐老化是天然橡胶的致命弱点。但是，添加了防老剂的天然橡胶，耐老化性能有很大改善，在仓库内储存 3 年后仍可以照常使用。

由于天然橡胶具有上述一系列物理、化学特性，特别是其优良的回弹性、绝缘性、隔水性及可塑性等特性，并且经过适当处理后还具有耐油、耐酸、耐碱、耐热、耐寒、耐压、耐磨等性质，因此具有广泛的用途。目前，世界上部分或完全用天然橡胶制成的物品已达7万种以上。

天然橡胶有较好的耐碱性能，但不耐浓的强酸。由于天然橡胶是非极性橡胶，只能耐一些极性溶剂，而在非极性溶剂中则溶胀，因此其耐油性和耐溶剂性很差。通常，烃、卤代烃、二硫化碳、醚、高级酮和高级脂肪酸对天然橡胶均有溶解作用，但其溶解度受塑炼程度的影响，而低级酮、低级酯及醇类对天然橡胶则是非溶剂。

2) 合成橡胶

合成橡胶种类较多，这里主要介绍丁苯橡胶和顺丁橡胶。

丁苯橡胶是丁二烯和苯乙烯的共聚体，性能接近天然橡胶，是目前产量最大的通用合成橡胶。其特点是耐磨性、耐老化程度和耐热性均超过天然橡胶，质地也较天然橡胶均匀。其缺点是，弹性较低，抗屈挠、抗撕裂性能较差；加工性能差，特别是自黏性差、生胶强度低。丁苯橡胶的使用温度范围是－50～100℃。该橡胶主要用以代替天然橡胶制作轮胎、橡胶板、胶管、胶鞋及其他通用制品。

顺丁橡胶是由丁二烯聚合而成的顺式结构橡胶。其优点是弹性与耐磨性优良，耐老化性好，耐低温性优异，在动态负荷下发热量小，易于与金属黏合。其缺点是强度较低，抗撕裂性差，加工性能与自黏性差。顺丁橡胶的使用温度范围是－60～100℃。该橡胶一般多和天然橡胶或丁苯橡胶并用，主要用于制作轮胎胎面、输送带和特殊耐寒制品。

3.2.1.2 橡胶的加工

船用气囊的主要原料是生胶、各种配合剂以及作为骨架的纤维材料。橡胶加工过程包括塑炼、混炼、压延、硫化等工序。

1) 塑炼

生胶塑炼是通过机械压力、热、氧或加入某些化学试剂等方法，使生胶由强韧的弹性状态转变为柔软、便于加工的塑性状态的过程。

生胶在塑炼前通常需要进行烘胶、切胶、选胶和破胶等处理。烘胶是为了使生胶硬度降低以便切胶，同时还能解除结晶。烘胶所要求的温度不高，但时间长，故此过程需时刻注意不能影响橡胶的物理机械性能。

在橡胶工业中，最常用的塑炼方法有机械塑炼法和化学塑炼法。机械塑炼法所用的主要设备是开放式炼胶机、密闭式炼胶机和螺杆塑炼机。化学塑炼法是在机械塑炼过程中加入化学药品来提高塑炼效果的方法。

2）混炼

为了提高橡胶产品的使用性能，改进橡胶工艺性能和降低成本，必须在生胶中加入各种配合剂。混炼是指在炼胶机上将各种配合剂均匀地混到生胶中去的过程。

配合剂有补强剂、防老剂、增塑剂、硫化剂、促进剂等。按表面特性，配合剂一般可分为两类：一类具有亲水性，如碳酸盐、陶土、氧化锌、锌钡白等；另一类具有疏水性，如各种炭黑等。前者表面特性与生胶不同，因此不易被橡胶润湿；后者表面特性与生胶相近，易被橡胶润湿。为获得良好的混炼效果，对亲水性配合剂的表面须加以化学改性，以提高它们与橡胶作用的活性，使用表面活性剂即可起到此种作用。

混炼的质量对胶料的进一步加工和成品的质量有着决定性的影响。混炼方法通常分为开炼机混炼和密炼机混炼两种。这两种方法都是间歇式混炼，是目前使用最为广泛的方法。

3）压延

压延是将混炼胶在压延机上制成胶片或与骨架材料制成胶布半成品的工艺过程，它包括压片、贴合、压型和纺织物挂胶等作业。

压延工艺的主要设备是压延机。压延机一般由工作辊筒、机架、机座、传动装置、调速和调距装置、辊筒加热和冷却装置、润滑系统和紧急停车装置组成。

4）硫化

为改善橡胶制品的性能，生产上要对生橡胶进行一系列的加工，在温度、压力、时间条件下，使胶料中的生胶与硫化剂发生化学反应，使其由线形结构的大分子交联成为立体网状结构的大分子，从而使胶料具备高强度、高弹性、高耐磨、抗腐蚀等优良性能。

硫化方法有冷硫化、室温硫化和热硫化三种。大多数橡胶制品采用热硫化处理方法。热硫化的设备有硫化罐、平板硫化机等。

胶料在硫化时，其性能随硫化时间变化而变化的曲线称为硫化曲线。从硫化时间影响胶料定伸强度的过程来看，可以将整个硫化时间分为四个阶段：硫化起步阶段、欠硫阶段、正硫阶段和过硫阶段，也称为“诱导—预硫—正硫化—过硫”。为实现这一反应，必须外加能量使之达到一定的硫化温度，然后让橡胶保温在该硫化温度范围内完成全部硫化反应。

3.2.1.3 橡胶的性能

1) 生胶的性能

未经加工的原料橡胶俗称生胶。生胶与胶料相比更能代表橡胶固有的特性。橡胶是不同分子量组分的聚合物，既有高分子量组分，也混杂一些低分子量组分，所以一般以平均分子量的概念来描述。分子量与生胶的性能之间有着直接关系。通常，分子量越大，则生胶的强度越高，力学性能就越好，但随着分子量的增大，加工时的流动性会变差。例如，天然橡胶的分子质量分布特点是中分子量占主导地位，高分子量及低分子量各占少数，其中高的部分有利于力学性能，而低的部分则有利于加工，因此天然橡胶兼顾了良好的力学性能和加工性能。

2) 未硫化胶的性能

生胶与各种助剂相混，其中未经硫化的橡胶称未硫化胶，也称胶料。胶料可以理解为橡胶的半成品，它们与加工过程有密切关系。胶料的流动性与其可塑性相关，可塑性越大，则流动性越好，在压延挤出的过程中，较易操作；但可塑性过大，容易粘辊，并降低其机械强度。反之流动性不好则容易出现缺胶。胶料配方中如果某项助剂添加过量，超过其在橡胶中的溶解度，则会逐渐喷出胶料表面形成霜层，故称喷霜。油类、石蜡、防老剂、硫黄、促进剂等添加过量均会出现喷霜现象，影响外观及界面结合。

3) 硫化胶的性能

硫化胶的性能可以概括为两大类，即力学性能和抗环境性能。前者是衡量橡胶在受力情况下的性能，主要有拉伸强度、拉断伸长率、永久变形、硬度、回弹性、压缩永久变形、抗撕裂强度、黏合强度等。后者是测量橡胶在外界环境下的性能变化，包括热老化性能、抗臭氧性能、阻燃性能、耐油、耐酸碱性等。

3.2.1.4 制造气囊用的橡胶胶料性能要求

按照 GB/T 33487—2017 的规定，制造气囊的橡胶胶料性能要求如表 3－2 所示。

表 3-2　制造气囊的橡胶胶料性能要求

序　号	项　　目		要　求
1	拉伸强度/MPa		≥18
2	拉断伸长率/%		≥400
3	硬度(邵氏 A)/(°)		60±10
4	撕裂强度/(N/cm)		≥400
5	永久压缩变形(70℃±1℃，22 h)/%		≤30
6	70℃±1℃、96 h 热空气老化后	拉伸强度保持率/%	≥80
7		拉断伸长率保持率/%	≥80
8		硬度变化(邵氏 A)/(°)	≤8
9	40℃×96 h 静态臭氧老化[臭氧浓度$(50\pm5)\times10^{-8}$],拉伸 20%		无裂纹

3.2.2　帘子布

帘子布由经线和纬线编织而成。如图 3-3 所示为帘子布的结构，如图 3-4 所示为气囊使用的帘子布的实样。帘子布经线排列紧密，起承受负荷的作用；纬线仅起固定经线位置的作用，排列稀疏，状似帘子，故称帘子布。帘子布除用作气囊骨架材料外，还用作轮胎、输送带、传动带等橡胶制品的骨架材料。

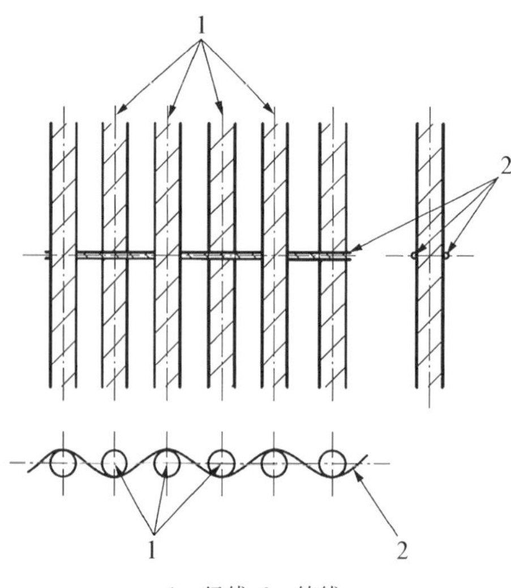

1—经线；2—纬线。

图 3-3　帘子布的结构

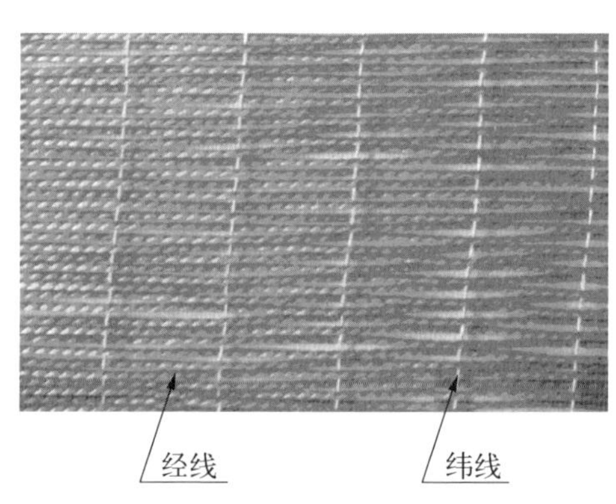

图 3-4　气囊使用的帘子布的实样

帘子线是织造帘子布的经线和纬线材料，其性能和制造技术依橡胶制品而定，一般要求其强度和初始模量高，耐热性好，耐疲劳性能和耐冲击负荷优异，尺寸稳定性好，能与橡胶黏合。

制造气囊用的帘子线抗拉强度越高越好，要求每根帘子线断裂强力不小于205 N，并要求 100 mm 宽度内有(90±5)根帘子线。将帘子布浸胶处理后就成浸胶帘子布。

3.3 性能

3.3.1 额定工作压力与爆破压力

气囊在船底承托船体重量时，气囊所允许承受的最大内部压力称为额定工作压力。额定工作压力是制造厂商承诺气囊在任何形状下(包括无压缩以及压缩变形率 70%以内)允许达到的内部压力值，气囊在此工作压力时处于安全状态。

爆破压力是气囊爆破时所能承受的最大压力，该压力值可以通过爆破试验获得。

爆破试验具有危险性，一般由制造厂在充分安全的条件下进行，试验时人员要远离气囊。爆破试验必须采用充水试验，并由有资质的监督检验机构现场监督并出具检验报告。用于爆破试验的气囊必须与其产品的材料、工艺相同，但尺寸规格允许按 GB/T 33487—2017 要求采用缩小尺寸的气囊进行。

通常按 3 倍的安全系数，由爆破压力来确定额定工作压力，同型号的气囊直径越大，压力值越小。爆破压力和额定工作压力主要由气囊制造厂商提供给用户。船舶起墩操作时，气囊充气压力不能超过其额定工作压力。例如：直径为 1.5 m 和 1.8 m，由六层帘子布做骨架材料的高承载力气囊，额定工作压力值分别为 0.13 MPa 和 0.11 MPa，则充气时不能超过该压力值。对应的爆破压力，直径为 1.5 m 和 1.8 m，由六层帘子布做骨架材料的高承载力气囊爆破压力值应分别不小于 0.39 MPa 和 0.33 MPa。爆破压力值越大越安全。

表 3-3 列出了 GB/T 33487—2017 对气囊性能参数的要求。

表 3-3　气囊的性能参数

气囊型号	气囊直径/m	初始压力/kPa	额定工作压力 P_e/kPa	压缩变形率达 70%、内部压力为额定工作压力 P_e 值时，每米长度气囊的承载力/(kN/m)	最小爆破压力/kPa
QP3	0.8	25	130	114	390
	1.0	18	100	110	300
	1.2	15	85	112	260
	1.5	13	70	115	210
	1.8	11	60	118	180
QP4	0.8	35	170	149	510
	1.0	25	130	143	390
	1.2	20	110	145	330
	1.5	16	90	148	270
	1.8	14	80	158	240
QP5	0.8	48	210	184	630
	1.0	35	170	186	510
	1.2	28	140	185	420
	1.5	20	110	181	330
	1.8	16	90	178	270
QG6	0.8	56	245	215	740
	1.0	45	200	219	600
	1.2	32	165	217	490
	1.5	25	130	215	390
	1.8	20	110	218	330
	2.0	18	100	220	300
QG7	1.0	55	240	264/257/255	720
	1.2	45	200		600
	1.5	31	160		480
	1.8	25	130		390
	2.0	23	116		348

注：额定工作压力 P_e 允许有±5%的偏差，压缩变形率允许有±2%的偏差。初始压力为参考值。

3.3.2 压缩性能曲线

气囊受到径向压缩时,其压缩变形量与直径的百分比值称为压缩变形率。气囊承重时,随着承载物重量的增大,气囊压缩变形率增加,内部压力也增大。气囊压缩性能曲线反映了气囊内部压力随压缩变形率增加的变化情况。某型号气囊压缩性能曲线如图 3-5 所示。

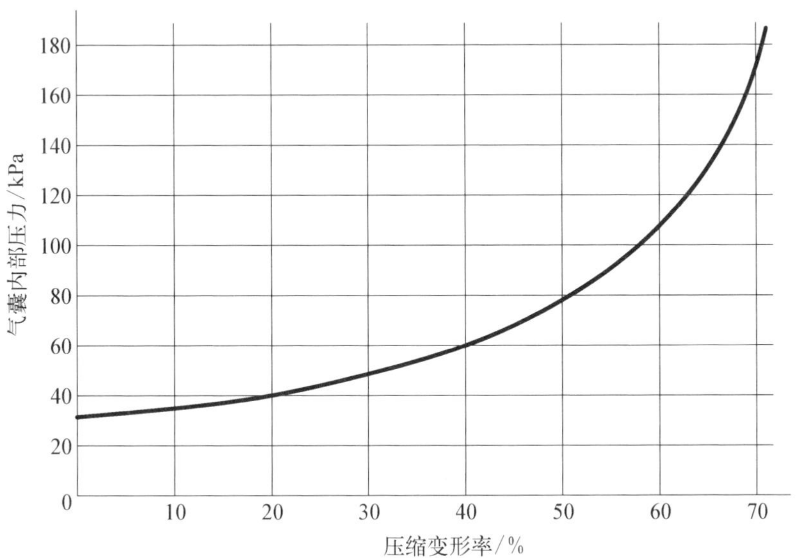

图 3-5 某型号气囊压缩性能曲线

3.3.3 气囊承载力

在无永久变形或损坏条件下,气囊受压时所能够承载的最大载荷称为气囊承载力。

承载力是表示气囊性能的重要指标。承载力越大,气囊可以承载的船舶下水吨位就越大,就要求其强度越高。气囊承载力与气囊内部压力大小和气囊与船底接触面积有关,是二者的乘积。可用下式表示:

$$R = pS \tag{3-1}$$

式中:R ——气囊承载力/kN;

p ——气囊内部压力/kPa;

S ——气囊与船底接触面积的正投影/m^2。

用气囊作为船舶下水的承载器具时，多数情况下，起墩时船底平面与船台地面平行，气囊断面呈正扁圆体(见图 3－6)。气囊压得越扁，其工作高度越低，与船底接触面积越大，则气囊承载力也就越大。在船舶建造的全过程中，船墩的高度要求达到 0.8 m，太低对焊接、油漆、检验等工作都有难度。目前大于万吨级的船，凡用气囊下水，绝大多数选用气囊直径 $D=1.5$ m 的气囊，船墩高度以 0.8～0.85 m 为最佳。

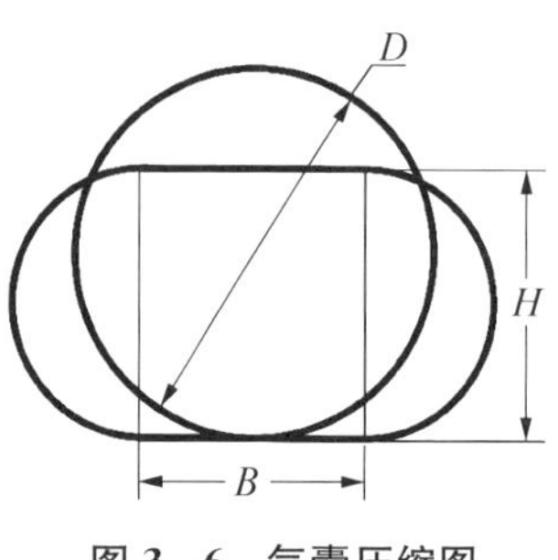

图 3－6　气囊压缩图

当船底平面与船台地面平行时，气囊受压后，与船底接触宽度 B 可由以下公式求得

$$B=\frac{\pi}{2}(D-H) \tag{3-2}$$

气囊与船底接触面积：

$$S=BL=\frac{\pi}{2}(D-H)L \tag{3-3}$$

$$R=pS=p\,\frac{\pi}{2}(D-H)L \tag{3-4}$$

式中：D ——气囊直径/m；

L ——气囊长度/m；

H ——气囊压缩后的高度，又称工作高度/m。

计算实例

一个直径 $D=1.5$ m 的气囊，其工作高度(相当于船墩高度)为 0.8 m，18 m 长的气囊当内部压力达到 0.13 MPa 时，求其承载力 R。

在平底船底下，通过计算可得气囊与船底接触宽度：

$$B=3.14\times(1.5-0.8)/2=1.099\ \text{m}$$

长度为 18 m 的气囊与船底接触面积：

$$S=1.099\times 18=19.782\ \text{m}^2$$

$$R=p\times S=0.13\times 19.782\times 1\,000=2\,571.66\ \text{kN}$$

气囊承载力还有一个概念，那就是气囊能够承载重物的重量。船舶的重量即质量,其单位为 t。为了符合国内造船工程的习惯,气囊承载力的单位也可以用吨(t)来表示。为此目的,将式(3-4)改写成

$$R = 1.57p(D-H)L\frac{1\,000}{9.8} \approx 160p(D-H)L \tag{3-5}$$

注意:按式(3-5)求得的 R 值单位为 t。

将以上数据代入得

$$R = 160 \times 0.13 \times (1.5 - 0.8) \times 18 = 262.08\ \text{t}$$

从以上计算可知,当已知气囊内部压力 p (MPa)、气囊直径 D (m)和气囊工作高度 H (m)时,就可直接计算出气囊承载力。

每米长度的气囊承载力称为单位长度承载力,其与压缩量 $Z(Z = D - H)$ 和工作压力 p 的关系如表 3-4 所示,注意表中的单位长度气囊承载力的单位为 t/m。

表 3-4 单位长度气囊承载力与压缩量 Z 和工作压力 p 的关系

p/MPa	压缩量 Z/m												
	0.3	0.4	0.5	0.6	0.7	0.8	0.9	1.0	1.1	1.2	1.3	1.4	1.5
	单位长度气囊承载力/(t/m)												
0.05	2.40	3.20	4.00	4.80	5.60	6.40	7.20	8.00	8.80	9.60	10.40	11.20	12.00
0.06	2.88	3.84	4.80	5.76	6.72	7.68	8.64	9.60	10.56	11.52	12.48	13.44	14.40
0.07	3.36	4.48	5.60	6.72	7.84	8.96	10.08	11.20	12.32	13.44	14.56	15.68	16.80
0.08	3.84	5.12	6.40	7.68	8.96	10.24	11.52	12.80	14.08	15.36	16.64	17.92	19.20
0.09	4.32	5.76	7.20	8.64	10.08	11.52	12.96	14.40	15.84	17.28	18.72	20.16	21.60
0.10	4.80	6.40	8.00	9.60	11.20	12.80	14.40	16.00	17.60	19.20	20.80	22.40	24.00
0.11	5.28	7.04	8.80	10.56	12.32	14.08	15.84	17.60	19.36	21.12	22.88	24.64	26.40
0.12	5.76	7.68	9.60	11.52	13.44	15.36	17.28	19.20	21.12	23.04	24.96	26.88	28.80
0.13	6.24	8.32	10.40	12.48	14.56	16.64	18.72	20.80	22.88	24.96	27.04	29.12	31.20
0.14	6.72	8.96	11.20	13.44	15.68	17.92	20.16	22.40	24.64	26.88	29.12	31.36	33.60
0.15	7.20	9.60	12.00	14.40	16.80	19.20	21.60	24.00	26.40	28.80	31.20	33.60	36.00
0.16	7.68	10.24	12.80	15.36	17.92	20.48	23.04	25.60	28.16	30.72	33.28	35.84	38.40

3.3.4 估算气囊承载力的图谱

当额定工作压力不变时,单位长度气囊承载力与压缩量 Z 呈线性关系,为

了计算方便，可以绘制成如图 3-7 至图 3-11 所示的图谱(各图中气囊直径 D 分别为 0.8 m、1.0 m、1.2 m、1.5 m、1.8 m)。图中横坐标是工作高度，纵坐标是单位长度气囊承载力，图中每一条斜线对应一个额定工作压力 P_e。

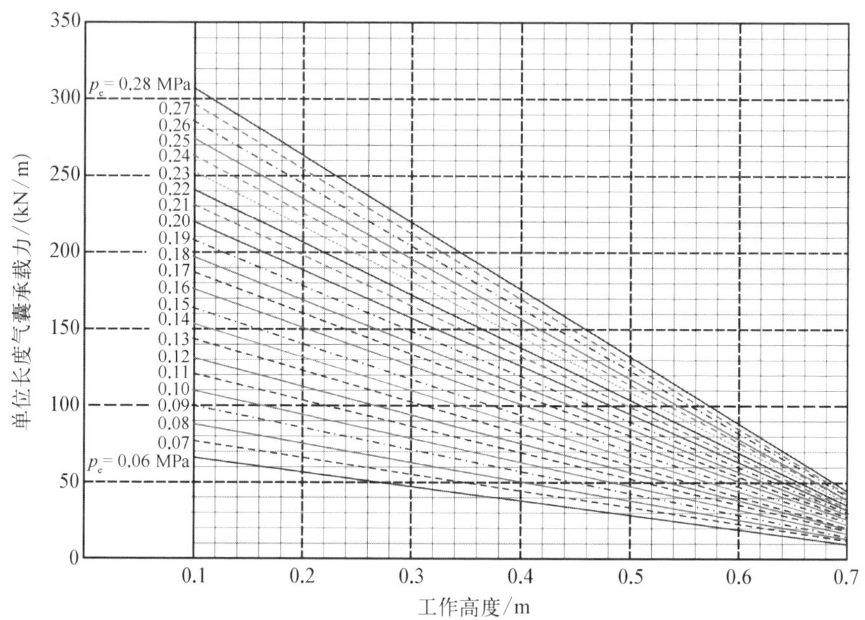

图 3-7　单位长度气囊承载力的计算图谱(D=0.8 m)

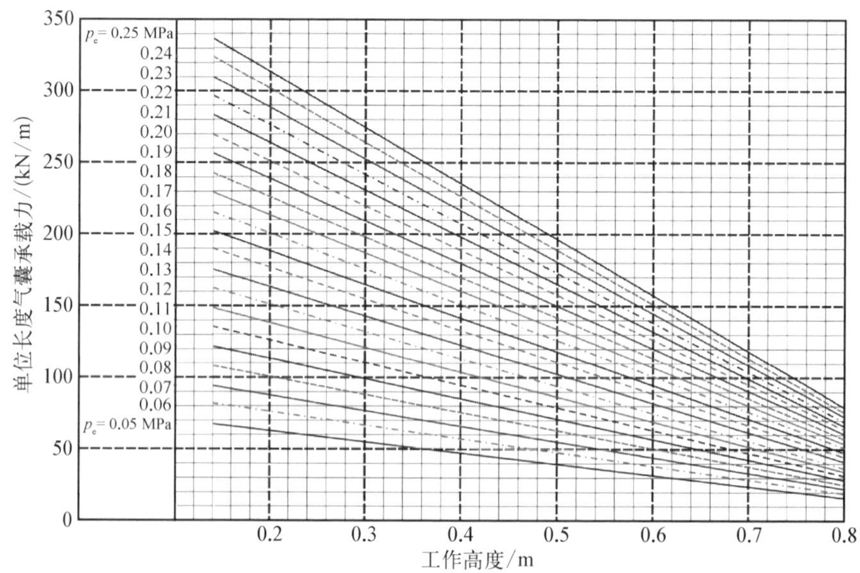

图 3-8　单位长度气囊承载力的计算图谱(D=1.0 m)

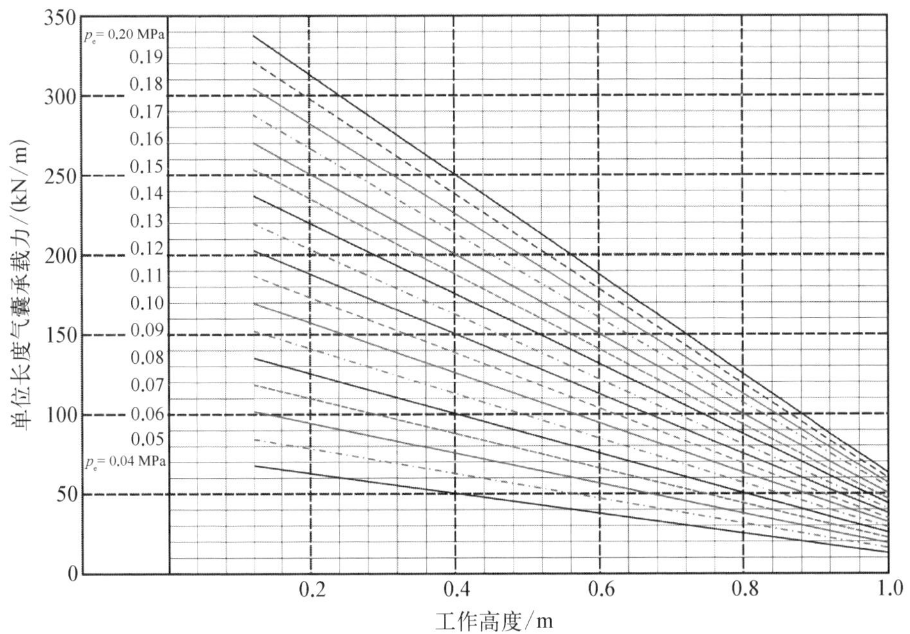

图 3-9 单位长度气囊承载力的计算图谱(D=1.2 m)

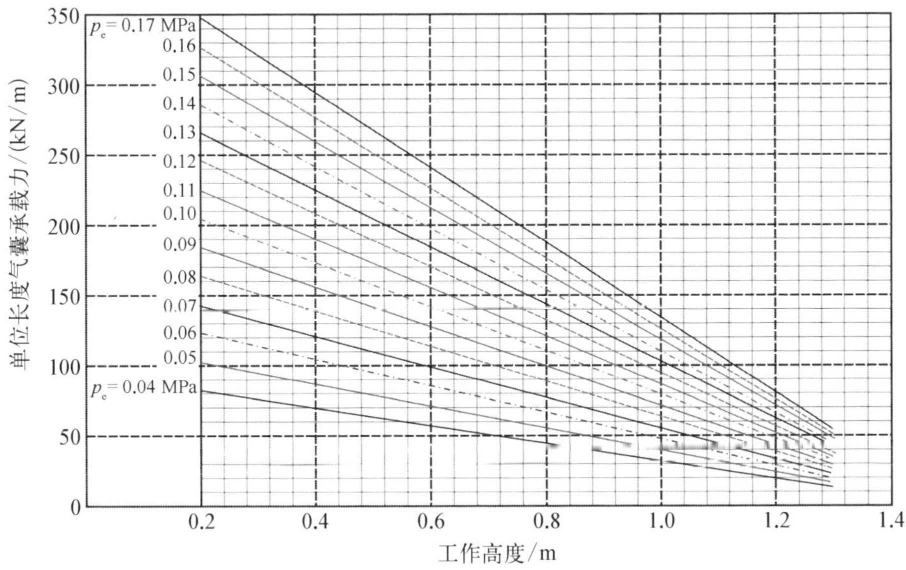

图 3-10 单位长度气囊承载力的计算图谱(D=1.5 m)

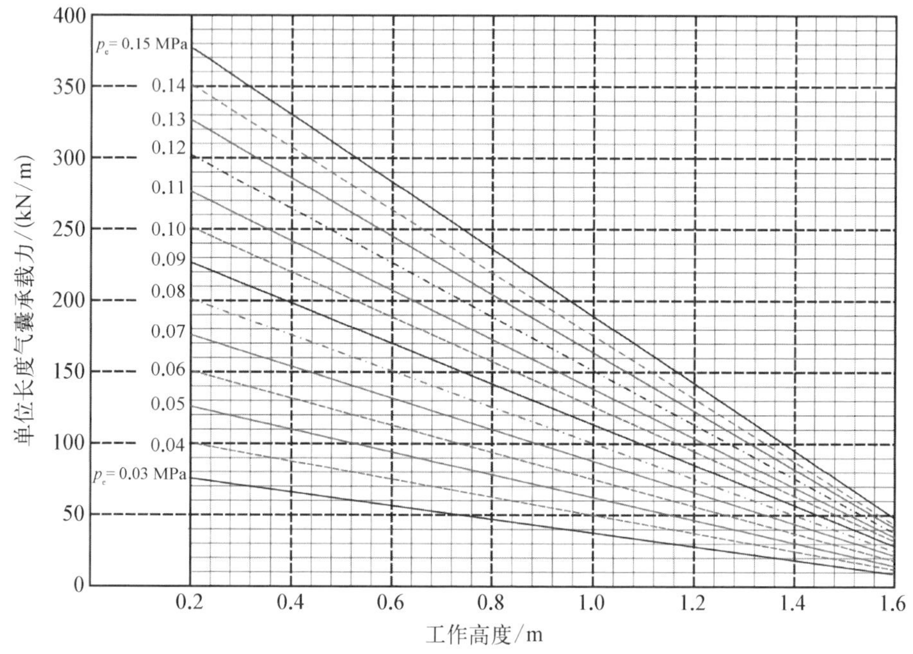

图 3-11　单位长度气囊承载力的计算图谱(D=1.8 m)

3.4　结构

气囊筒体是用多层浸胶帘子布环绕贴敷而成的。其中橡胶起黏接密封作用,而帘子布层则主要承受拉力强度,故称骨架材料。帘子布自身的抗拉强度以及布置方向都会影响气囊承载能力。

3.4.1　气囊内应力

气囊类似其他充气胶布制品或盛装液体的胶布制品,其壁厚远远小于筒体的直径。按照薄膜理论,气囊体壁上只承受拉伸应力,不发生任何弯曲应力。其受力状态类似于表面张力的双轴向拉伸,平行于气囊纵长方向的拉伸应力称为轴向应力;环绕圆周方向的拉伸应力称为周向应力。帘线胶布计算应力的计量单位不是 MPa 或 kN/m^2,而是 kN/m,即以单位长度的抗力来衡量。

设 σ_f 为囊壁单位长度的轴向应力(kN/m);σ_c 为囊壁单位长度的周向应力(kN/m)。以下假定气囊无限长,忽略两端壁并且不计囊壁的弹性伸缩。

1) 气囊自由状态即无压缩时的内应力

当直径为 D 的气囊，内部压力为 p 时，可以导出轴向应力和周向应力的表达式(3－6)和式(3－7)，应力示意图如图 3－12 所示。

$$\sigma_f = \frac{p\,\dfrac{1}{4}\pi D^2}{\pi D} = \frac{1}{4} pD \tag{3-6}$$

$$\sigma_c = \frac{pDL}{2L} = \frac{1}{2} pD \tag{3-7}$$

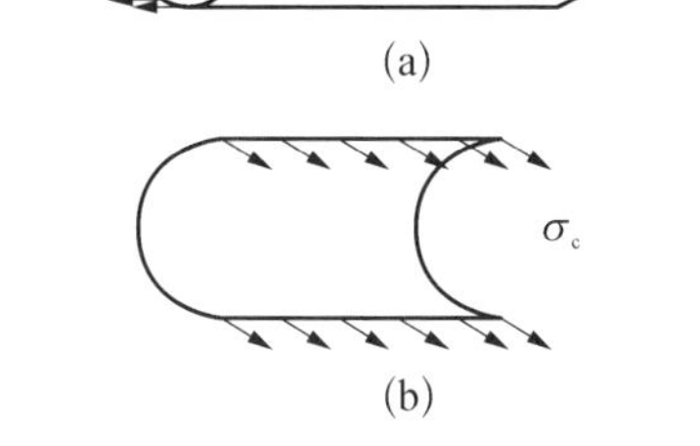

图 3－12 应力示意图

(a) 轴向应力；(b) 周向应力

气囊充气试验和爆破试验时，气囊均为自由状态，故其周向应力与轴向应力之比 $\dfrac{\sigma_c}{\sigma_f} = 2$。

2) 气囊在船底下工作时的应力

假设船底与地面平行并整个气囊都被压成正扁圆柱状态(见图 3－6)，其轴向应力和周向应力如图 3－13 所示，压缩后工作高度为 H，导出此状态的计算公式：

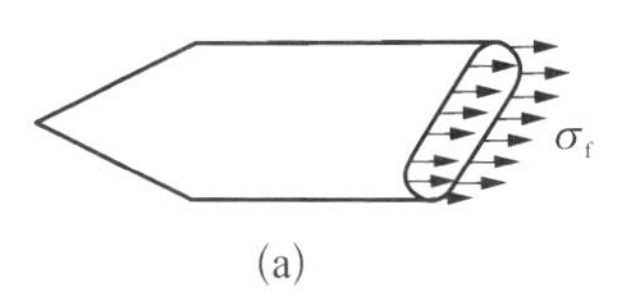

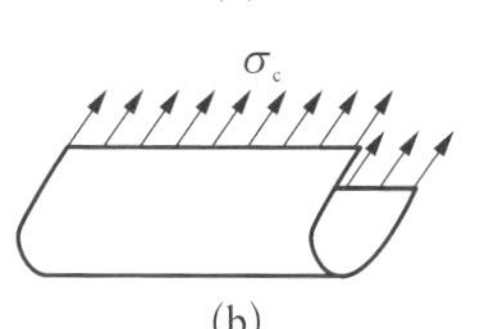

图 3－13 正扁圆柱状气囊两种应力

(a) 轴向应力；
(b) 周向应力

$$\sigma_f = \frac{p\left(BH + \dfrac{1}{4}\pi H^2\right)}{\pi D} \tag{3-8}$$

将式(3－2)代入得

$$\sigma_f = \frac{p\left[\dfrac{\pi(D-H)H}{2} + \dfrac{\pi H^2}{4}\right]}{\pi D} = \frac{pH(2D-H)}{4D} \tag{3-9}$$

同理得

$$\sigma_c = \frac{pLH}{2L} = \frac{pH}{2} \tag{3-10}$$

$$\frac{\sigma_c}{\sigma_f} = \frac{2D}{2D-H} = \frac{2}{2-\dfrac{H}{D}} \tag{3-11}$$

从以上推算可知，气囊壁的周向应力与轴向应力之比随工作高度与直径之比的变化而变化，即二者之比是 $\left(\frac{H}{D}\right)$ 的函数：$\frac{\sigma_c}{\sigma_f} = f\left(\frac{H}{D}\right)$。

3.4.2 气囊最佳帘线缠绕角选取

如上计算，均以囊壁的长度作计算单位，计算时假设其各方向都能承受相同的拉伸力，但实际所制作的气囊的帘子布层只有沿经线方向承受拉力，其纬线方向不承受拉力。气囊结构设计应根据帘子布的这一特点和式(3-11)所示的工作特点，合理布置各层帘子布的方向，以达到使用要求。

若气囊只用于爆破试验和各种充气试验，此时工作高度 $H = D$，即 $\frac{H}{D} = 1$，该状态时，$\frac{\sigma_c}{\sigma_f} = 2$。对这类气囊，用两层帘子布绕圆周贴，再用一层帘子布顺轴向贴，就能达到以上要求。但它不适用于在船底实际工作的气囊，因为气囊实际工作时，其受力情况远比理想状态复杂，要求各向强度大体均衡，所以研制了缠绕型气囊。

缠绕型气囊由于其结构合理，且每层帘子布从一端到另一端都是一根线连续没有接头，因此一直是气囊下水中的最佳产品。与相同层数、相同材料的其他结构气囊相比，缠绕型气囊承载能力高，从万吨级船开始，船舶下水时多数都应用它，尤其在关键位置，则必须应用该种气囊。

最早的缠绕型气囊由一层纵向铺设的帘子布和两层斜向缠绕帘子布共 3 层帘子布组成骨架。斜向缠绕帘子布第一层从左到右，与纵轴形成角度 β，后一层从右到左，与纵轴也形成角度 β。帘子布的缠绕角 β 如图 3-14 所示。

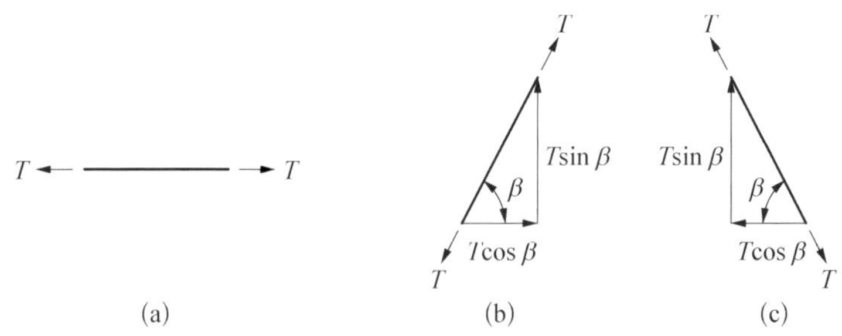

图 3-14　帘子布的缠绕角 β

(a) 纵向铺设层；(b) 斜向缠绕第一层；(c) 斜向缠绕第二层

纵向帘线层只承受轴向应力,斜向帘线层有两个分力:轴向分力乘以 $\cos\beta$,周向分力乘以 $\sin\beta$。因此,3 层缠绕型气囊的周向分力 T_c 与轴向分力 T_f 之比为

$$\frac{T_c}{T_f}=\frac{2\sin\beta}{2\cos\beta+1} \tag{3-12}$$

周向分力与轴向分力之比实际上应与周向应力与轴向应力之比一致。

3 层缠绕型气囊典型工作高度与最佳帘线缠绕角的关系如表 3-5 所示。

表 3-5 三层缠绕型气囊典型工作高度与最佳帘线缠绕角的关系

工作高度 H	压缩比 H/D	对应应力比 $\frac{\sigma_c}{\sigma_f}=\frac{2}{2-H/D}$	气囊横截面	最佳帘线缠绕角 β	3 层帘子布的布置示意图
D	1	2		90°	
$\frac{D}{2}$	$\frac{1}{2}$	$\frac{4}{3}$		76.7°	β β
$\frac{D}{4}$	$\frac{1}{4}$	$\frac{8}{7}$		70.9°	β β
0	0	1		66.2°	β β

表中最佳帘线缠绕角 β 是根据 3 层结构周向分力与轴向分力之比 $\frac{T_c}{T_f}=\frac{2\sin\beta}{2\cos\beta+1}$ 与对应 $\frac{H}{D}$ 的应力比求得。当 $\frac{H}{D}=1/2$ 时,从 $\frac{2\sin\beta}{2\cos\beta+1}=\frac{4}{3}$ 求得 $\beta=76.7°$。

从表 3-5 可知,气囊从压缩初期到完全被压缩,两层斜向缠绕的帘子布的最佳缠绕角应从 90°(垂直纵轴)逐渐减小至 66.2°,这是一个变化过程,因此不同工作高度要求不同的最佳缠绕角度。

随着气囊下水船舶重量的增加,气囊壁中帘子布的层数也不断增加,济南昌

林气囊容器厂有限公司目前最多有 7 层的气囊。根据推算，10 万吨级以内的类似巴拿马型的常规船舶都可以采用气囊下水。

多层帘子布的最佳帘线缠绕角应该与 3 层的求取方法相同，将每层周向分力、轴向分力综合在一起。二者之比等于式(3-11)，就可以求取 β。表 3-6 中列出了多层帘子布气囊最佳帘线缠绕角的计算结果。

表 3-6　多层帘子布气囊最佳帘线缠绕角的计算结果

层数	布置方法	周向分力/轴向分力	$\frac{H}{D}$	$\frac{\sigma_c}{\sigma_f}=\frac{2}{2-H/D}$	斜向缠绕帘子的最佳帘线缠绕角 β/(°)	直径 1.5 m 的气囊在缠绕架上的设计布宽 B_T/m
3	一纵二斜	$\frac{2\sin\beta}{2\cos\beta+1}$	0.57	1.398 6	78.4	0.97
			0.4	1.25	74.3	1.32
			0.3	1.176 5	72.03	1.53
4	一纵三斜	$\frac{3\sin\beta}{3\cos\beta+1}$	0.57	1.398 6	70.2	1.69
			0.4	1.25	66.3	2.07
5	一纵四斜	$\frac{4\sin\beta}{4\cos\beta+1}$	0.57	1.398 6	66.2	2.077
	二纵三斜	$\frac{3\sin\beta}{3\cos\beta+2}$	0.57	1.398 6	87.3	0.222
6	二纵四斜	$\frac{4\sin\beta}{4\cos\beta+2}$	0.57	1.398 6	78.4	0.97
			0.4	1.25	74.3	1.32
			0.3	1.176 5	72.03	1.53
7	二纵五斜	$\frac{5\sin\beta}{5\cos\beta+2}$	0.57	1.398 6	73.4	1.40
			0.4	1.25	69.35	1.76
			0.3	1.176 5	67.4	1.96

表 3-6 对 3～7 层的气囊的常用工作高度，不同布置方法对应的气囊最佳帘线缠绕角进行了计算，其中周向分力与轴向分力的比值为

$$\frac{T_c}{T_f}=\frac{u\sin\beta}{u\cos\beta+v} \tag{3-13}$$

式中：u ——斜向缠绕的帘子布层数；

v ——纵向(轴向)布置的帘子布层数。

$$T_c = uT_m \sin\beta \tag{3-14}$$

$$T_f = (u\cos\beta + v)T_m \tag{3-15}$$

式中：T_m ——单层帘子布的抗拉强度/(kN/m)；

T_c ——多层气囊周向的抗拉强度/(kN/m)；

T_f ——多层气囊轴向的抗拉强度/(kN/m)。

表 3-6 最后一列是对常用直径 1.5 m 的气囊在缠绕架上的设计布宽 B_T 的计算：

$$B_T = \frac{\pi D}{\tan\beta} = \frac{4.71}{\tan\beta} \tag{3-16}$$

实际缠绕时所使用的布宽 b_T 为

$$b_T = B_T \sin\beta \tag{3-17}$$

通过表 3-6 的计算方法，其他层数和不同高度的缠绕型气囊最佳帘线缠绕角也可以用相同原理算得。

下面介绍 b_T 的用法。如图 3-15 所示是缠绕气囊的机架，工人制作气囊时，可以根据需要制作气囊的尺寸和层数，裁剪好的帘子布的宽度为 b_T，从上起

图 3-15 缠绕型气囊的机架

点 A 开始向下缠绕，下面须留出宽度 $A'B=B_T/2$，再继续向上缠绕。帘子布的缠绕方法如图 3-16 所示。

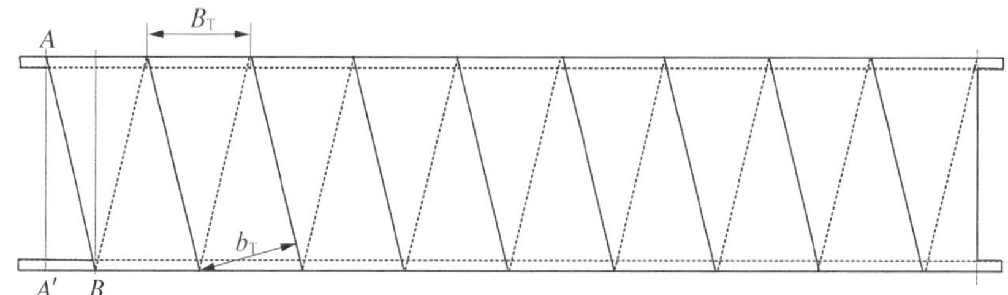

图 3-16　帘子布的缠绕方法

作为用于船舶气囊下水的船用气囊，由于船舶载重量不同(几十吨至几万吨)，其船墩高度也不同，因此气囊的应用场合与方法各有不同，常用的工作高度与气囊直径比很难做出统一的标准，只能视具体情况酌情处理。

以下仅就万吨级船常用的两种工作状态（H/D）进行计算。

20 多年，用于万吨级船下水的气囊，其直径多为 1.5 m、起墩高度为 0.8～0.85 m。起墩时有 30%～40%的气囊处于负荷最重的时刻，一般都达到额定工作压力，且工作时间长，有时甚至会超过十几个小时。

在入水阶段，气囊自由滚动带动船体入水时，当船体重心到达折角型坡道的拐点时，拐点上及其附近少数几个气囊最低出现 $H/D=0.3$ 情况，此时气囊内部压力最高，是起墩时的 2 倍以上，但这是短暂的，仅几秒钟(脱钩后整个气囊下水过程一般 3 分钟左右完成)，而且仅有 5%～8%的气囊会发生该种状况。

一个气囊不能在起墩状态和下水状态都具有最佳缠绕角，在实际使用时，通常选择起墩状态时具有最佳缠绕角。例如：直径为 1.5 m 的 6 层缠绕型气囊，选取起墩时 $H/D=0.57$ 为设计依据，主要是为了可以长期重复使用，但必须保证 $H/D=0.3$ 时的强度。通过强度校核，当工作高度 $H=0.3D$ 时，气囊的内部压力高达 300 kPa，安全系数仍然有充足保障。

当然，以上只是根据理论计算而来的结果，实际生产中 β 角太大或太小都会造成制造工艺上的困难，此外还要看帘子布原料规格是否有计算要求的强度规格等实际问题。所以不一定可以达到完全依照理论计算的要求，但只要做到接近最佳帘线缠绕角就能有较好的效果。

3.4.3 强度校核

这里只能对帘子布层做强度校核，不包括橡胶强度，也不能代表气囊全部强度。以下取直径 1.5 m 六层缠绕气囊（两层纵向，四层以 $\beta=78.4^{\circ}$ 缠绕气囊）为例进行校核。

帘子布线密度 m，每 100 mm 宽度内有 90 根帘子线，每米有 900 根帘子线。

每根帘子线抗拉强力为 284.2 N，经过 135℃硫化和缠绕加工后抗拉强力下降约 40.5%，每根帘子线抗拉强力 $T=284.2\times(100-40.5)/100=169.1\ \text{N}=0.1691\ \text{kN}$。

1) 起墩时的强度校核

$H=0.85$ m，额定工作压力 $P_e=130$ kPa。

轴向应力：

$$\begin{aligned}\sigma_f&=P_e\left[\frac{\pi}{2}(D-H)H+\frac{\pi}{4}H^2\right]\\&=130\times[1.57\times(1.5-0.85)\times0.85+0.785\times0.85^2]\\&=186.5\ \text{kN/m}\end{aligned}$$

六层帘子布在轴向的抗拉强度：

$$\begin{aligned}T_f&=(u\cos\beta+v)T_m=(u\cos\beta+v)Tm\pi D\\&=(4\times\cos78.4^{\circ}+2)\times0.1691\times900\times3.14\times1.5=2\,010\ \text{kN/m}\end{aligned}$$

轴向安全系数：

$$K_f=\frac{T_f}{\sigma_f}=\frac{2\,010}{186.5}=10.8$$

周向应力：

$$\sigma_c=P_eH=130\times0.85=110.5\ \text{kN/m}$$

六层帘子布在周向的抗拉强度：

$$T_c=2mu\sin\beta\cdot T=2\times900\times4\times\sin78.4^{\circ}\times0.1691=1\,192.6\ \text{kN/m}$$

周向安全系数：

$$K_c = \frac{T_c}{\sigma_c} = \frac{1\,192.6}{110.5} = 10.8$$

2) 压缩到最低工作状态时的强度校核

当压缩到 $H = 0.45$ m 时，工作压力 $p = 300$ kPa，这时周向力和轴向力都发生变化。

$$\sigma_f = p\,\frac{\pi}{2}(D-H)H + \frac{\pi}{4}H^2$$
$$= 300[1.57(1.5-0.45)0.45 + 0.785 \times 0.45^2] = 270.2\ \text{kN/m}$$
$$\sigma_c = pH = 300 \times 0.45 = 135\ \text{kN/m}$$

此时帘子布层的结构已不再发生变化，其抗拉能力应与起墩时相同。所以轴向安全系数 $K_f = 2\,010/270.2 = 7.4$；周向安全系数 $K_c = 1\,192.6/135 = 8.8$。

通过以上校核可知：当压缩到最低工作状态时虽然内压提高很多，与起墩时相比，安全系数略有下降，但就帘子布本身而言其强度仍有充分保障。

3.5 试验

3.5.1 试验项目

气囊的外观、尺寸、气密性在产品出厂时应逐个进行检验。对于开发新产品的型式试验，除上述内容外，还应包括压缩试验、单位长度承载力试验和爆破试验。

3.5.2 试验方法

1) 试验条件

试验应在下列条件下进行：

试验环境温度：20℃±10℃；

试验介质：清洁的干燥空气，爆破试验的试验介质应为干净的淡水。

试验用仪器及精度应符合下列要求：

压力仪表：1.5 级压力表，测量误差小于读数的±5%；

试验机：测量误差小于读数的±2%。

2）尺寸偏差检验

将气囊在空载状态下充气，使压力达到说明书提供的工作压力值，用分度值为1 mm的钢卷尺测量气囊直径和长度。直径应至少在气囊中间段的两个以上部位测量，并取平均值。

3）气密性检验

将气囊在空载状态下充气，使压力达到说明书提供的工作压力值，1 h后记录气囊内压，与充气值进行比较，压力降应不大于5%。

4）压缩试验

把气囊置于试验机工作台上（见图3－17），工作台的长度和宽度应能保证试验气囊受到最大压缩时，其压缩平面全部落在工作台台面上。试验按下列顺序进行：

图3－17　压缩性能试验台

（1）对试验气囊充气到标准规定的初始压力值，启动试验机，垂直于气囊施加作用力至气囊压缩变形率达到70%，观察气囊是否正常。

（2）缓慢减少试验机作用力，待气囊依靠自身的弹性完全恢复到自由状态高度，记录气囊内压。

（3）继续垂直于气囊施加作用力，直至气囊压缩变形率达到70%为止。在气囊压缩和恢复过程中，每隔 10%的变形量，记录试验机作用力、气囊内压以及气囊压缩变形率。

试验气囊的直径应采用实际尺度。若气囊过大，难以安装在试验机上，则可采用缩小的气囊进行，但其缩尺比应保证试验具有代表性，试验气囊的直径应不小于实际气囊直径的 1/2，试验气囊的长度应不小于试验气囊直径的 3 倍。

5）单位长度承载力试验

在经充气到初始压力值的气囊囊体某处画两条周向平行标线，标线间的距离为 1 000 mm±5 mm，标线离囊头与囊体相贯线的距离应大于气囊直径的 1/4。试验按下列顺序进行：

（1）气囊置于试验机工作台上，垂直于气囊施加作用力，直至气囊压缩变形率达到 70%为止，保持 5 min。记录气囊内压 p_1；测量并记录气囊两条标线间的囊体与试验机工作台之间的接触面宽度 B_1。B_1 应在两条标线间的不同部位测量 3 次，取算术平均值。

气囊单位长度承载力 R_h 按式(3-18)计算：

$$R_h = B_1 p_1 \tag{3-18}$$

式中：R_h ——气囊单位长度承载力/(kN/m)；

B_1 ——囊体与试验机工作台之间的接触面宽度/m；

p_1 ——气囊内压/kPa。

（2）观察气囊是否正常，如无异常情况，继续增大试验机作用力，直至气囊内压达到气囊额定工作压力值的 125%。保持 5 min，观察气囊的任何部分，应无裂缝或其他损坏。

（3）缓慢减少试验机作用力，试验机作用力减为零，气囊完全恢复到自由状态高度。

在气囊压缩和恢复过程中，每隔 10%的变形量，记录气囊的压缩高度及气囊内压；测量并记录气囊两条标线间的囊体与试验机工作台之间由压缩压力形成的接触面宽度 B_1。

6）爆破试验

试验气囊处于自由状态，气囊爆破试验现场见图 3-18。使气囊充水、加压直至破裂，记录气囊破裂时的水压。如图 3-19 所示是气囊爆破时的情景。

图 3-18 气囊爆破试验现场

图 3-19 气囊爆破时的情景

3.6 气囊的选用

购买新气囊时，应提出对直径、长度和工作压力的要求，其中长度指气囊体长度而不包括两端气囊头长度，额定工作压力与帘子布层数有关，要根据制造厂家的说明书选择。

气囊能重复使用，选购气囊时就应根据下水船舶的船型、重量、主尺度等要素决定。当需要在多种型号的船舶下水中使用时，应取其中典型船舶要素来决定气囊的规格型号。

3.6.1 气囊的规格型号

1) 气囊直径

标准规定气囊直径(D)有 0.8 m、1.0 m、1.2 m、1.5 m、1.8 m 五种。有特

殊要求可在订货时与生产厂商协商确定或定制。

选取气囊的直径，主要是根据船墩高度决定。船舶起墩是气囊全部工作过程中最重要的阶段，此时要将全船重量顶起来并高出船墩高度，所以气囊直径必须比船墩高度大出 0.5～0.7 m，否则气囊的承载力太小。

目前直径 1.2 m 以下的气囊只能用于小船下水，万吨级船下水都用直径 1.5 m 或 1.8 m 的气囊。当船墩高度 $H \leqslant 0.9$ m 时，多选用直径 1.5 m 的气囊；当船墩高度 $0.9\text{ m} < H < 1.1\text{ m}$，要参考船舶自重、船墩布置距离选用直径 1.5 m 或 1.8 m 的气囊；当船墩高度 $H > 1.1$ m 时，船舶重量又比较大，则选用直径 1.8 m 的气囊为宜。

2) 气囊体长度

小型船舶下水使用的气囊，一般选择气囊体长度略大于船舶型宽。可以按以下公式选择气囊长度：$B < L < B + D$（此处 B 为船舶宽度，L 为气囊体长度，D 为气囊直径），如图 3－20 所示。

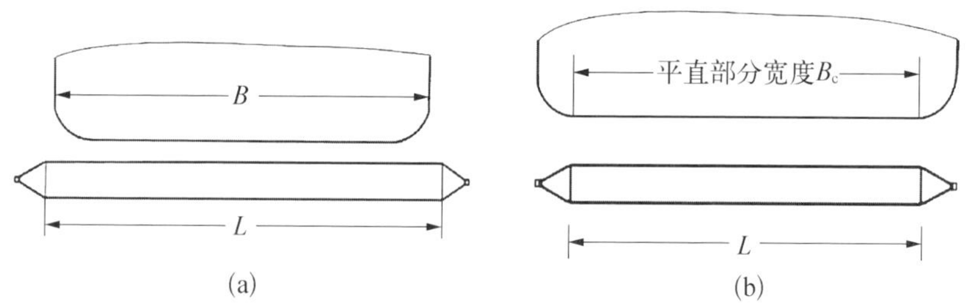

图 3－20　按照不同船舶的宽度选择气囊体长度

(a) 小型船舶气囊体长度选择；(b) 中型船舶气囊体长度选择

当应用于方形系数较小的拖船、渔船等船舶时，为了移船过程中有良好的横向稳性，气囊囊头必须伸出舷侧，每侧伸出长度应略大于气囊直径，这样船舶下水时更为安全。

对中型船舶，气囊头伸出船舶舷侧不宜过长，如以货船为代表的方形系数 $C_B > 0.75$ 以上的常规船型，气囊体最佳长度应与中部船底平直部分宽度 B_c（不包舭部圆弧部分）相等。

对大型常规船型，目前气囊厂受设备条件限制，气囊体长度达不到船舶的宽度。若订购气囊体长度时，应取厂家产品的最大长度，船舶下水时气囊采取交错布置或对接布置。

3) 额定工作压力

额定工作压力与帘子布性能和层数有关,标准对不同层数帘子布结构的气囊产品提出了最低额定工作压力值。各气囊厂商企业标准应当不低于相关的国际/国家标准。

4) 单位长度承载力

单位长度承载力是气囊的重要指标,船舶气囊下水工程队在船舶实施气囊下水前,需要进行下水计算。按照船舶下水重量,计算出气囊需要的总承载力,再确定气囊的数量。表 3-7 提出了选择气囊单位长度承载力与下水船舶总重量的关系以及相应气囊帘子布层数,可供参考。

表 3-7 依据下水时船舶总重量选择气囊单位长度承载力

船舶下水时重量/t	气囊单位长度承载力/(kN/m)	相应帘子布层数/层
≤500	110	3
500～1 500	145	4
1 500～5 000	180	5
≥5 000	210	6

3.6.2 气囊质量的鉴别

对于气囊质量,应按照国际/国家标准和企业标准进行逐项检验,以下就一些重点进行讲述。

1) 外观

气囊外观应光顺,无裂纹、气泡、重皮、杂质以及明显的污垢。

观察橡胶硫化状态,有无欠硫和过硫现象。欠硫的气囊从外观看颜色灰白,用手触划,能留下一道凹痕;过硫则胶体脆硬、弹性差、呈黑红色。

2) 帘子布

帘子布材料的性能从帘子布的出厂检验证书上查找出。其单丝的抗拉强度应不小于 205 N,这是最低要求。

帘子布线密度要求每 100 mm 宽度为(90±5)根。

3) 气密性

根据国际/国家标准规定,将气囊充气达到额定压力值,1 h 后压力下降应不

大于 5%。也可以充气后用肥皂水抹气囊嘴表面，观察有无气泡发生。

3.7 保管与修补

3.7.1 保管

气囊应有制造厂技术检验部门盖章的产品合格证和产品使用、维护说明书。气囊的标志应包括产品名称、型号规格、产品编号、工作压力、重量、制造厂名称和出厂日期。

1) 包装与运输

气囊放气后折叠捆扎包装，短途搬运时，应采取在自然状态吊运、抬运，严禁在地上拖移；长途运输时，应垫好或用托盘固定好；空运时通常外包编织袋。

2) 储存

气囊长时间不用时，应洗净晾干，内充、外涂滑石粉，放置在室内干燥、阴凉、通风处。气囊应伸开平放，不得堆放，亦不得在气囊上堆压重物。

存放气囊的地方应远离热源。适宜的保管温度为－10～30℃。

气囊不能与酸、碱、油脂和有机溶剂接触。

3) 使用记录

气囊能重复使用。为了更好发挥其作用，应对每一个气囊做使用记录，记录应包括两部分：

(1) 破损情况、破损长度、损坏原因以及修补后试压记录。

(2) 记录每一个气囊每次使用中受压情况(重载、中等载荷或轻载)。

实际工作压力(起墩、移船等可控状态的检测压力以及脱钩入水过程中的计算压力)超过额定工作压力的是重载，实际工作压力未超过 80%额定工作压力的为轻载。对万吨级船在折角型船台下水时，重心达到拐点时，重心下承压的前后 5～8 个气囊一般可视为重载，而在艏前的气囊一般都是轻载，其他一般属中等载荷。

实际使用过程中可根据气囊制造厂产品质量情况，经过重载区使用一定次数(如 20 次)的气囊就应换到中等载荷区使用；再应用一定次数(如 20 次)就只能在轻载区使用。上述“20 次”是参考数，使用单位可根据使用强度和条件决定。

(3) 修补过重新使用的气囊，一般不再用于重载区，可按修补长度使用于中等载荷区或轻载区。

3.7.2 修补

气囊的破损形式一般可分为纵向裂缝(裂缝沿气囊长度方向延伸)、横向裂缝(裂缝沿圆周方向延伸)、钉眼(包括直径 10 cm 以内的圆盘形损伤),如图 3-21 所示。

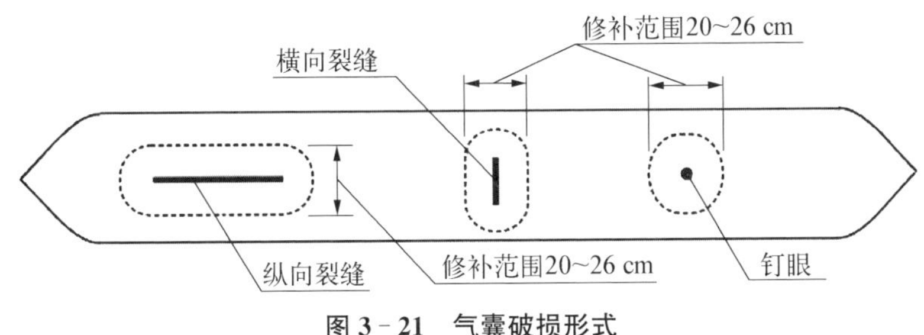

图 3-21 气囊破损形式

气囊如有局部破损,可进行修补。修补步骤如下:

1) 清洗气囊表面

用水冲洗气囊,使破损处内外表面清洁,无泥沙、油污等污垢,然后晾干表面。当整个气囊放在水中清洗时,注意浸泡时间不要超过 10 min。

2) 铺设挂胶帘子布

挂胶帘子布是指在帘子线表面涂覆过生胶的胶皮。修补气囊使用的挂胶帘子布的材质应与原气囊材质相符(气囊制造厂根据客户要求可提供同材质的挂胶帘子布),帘子布的布线角度应与囊体壁内原帘子布的布线角度一致。铺设方法视破损形式有所不同。操作步骤如下(见图 3-22):

(1) 划出修理范围,作为打磨表面的界限。修理范围要向裂缝四周扩展,不要遗漏暗伤。扩展范围视气囊帘子布层数及损伤范围而不同,通常为 20~26 cm。

(2) 打磨修补部分表面,直到露出纤维线为止,但不要损伤纤维线。

(3) 对于较长的裂缝要先用帘子线进行缝合,缝针孔位置距裂缝 2~3 cm,缝针间距约 10 cm。

(4) 用汽油清洗需修补部分的表面并晾干。

(5) 涂一层胶浆。胶浆用生胶浸泡在汽油中调制而成。生胶与汽油的重量比通常取 1:5,涂第一层时宜略稀一些(生胶与汽油重量比可取 1:8)。待第一层胶浆晾干后,再涂抹略稠的胶浆并晾干。

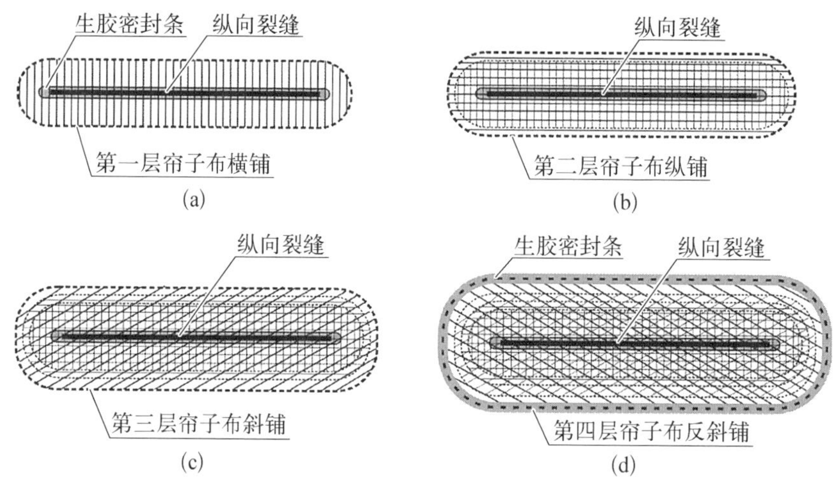

图 3-22 气囊修补步骤

(a) 第一层帘子布横铺;(b) 第二层帘子布纵铺;(c) 第三层帘子布斜铺;(d) 第四层帘子布反斜铺

(6) 用厚度 1 mm、宽度比裂缝大 1 cm 的生胶条封闭裂缝。

(7) 刷一遍汽油并晾干。

(8) 对于纵向裂缝,先用宽约 10 cm 的挂胶帘子布垂直于裂缝方向贴敷一层,如图 3-22(a)所示。对于横向裂缝和钉眼可直接进行第(10)步操作。

(9) 刷一遍汽油并晾干。

(10) 平行于纵向铺一层挂胶帘子布。裂缝周围的搭接范围应大于 5 cm,并且四周要剪贴成圆角,如图 3-22(b)所示。

(11) 刷一遍汽油并晾干。

(12) 斜向铺一层挂胶帘子布。帘子线的方向应与囊壁内的斜向帘子线(或称增强纤维)方向相同。周围的搭接范围应比前一层挂胶帘子布大 1 cm,并且四周要剪贴成圆角,如图 3-22(c)所示。

(13) 再刷一遍汽油并晾干。

(14) 再斜向铺一层挂胶帘子布。帘子线与纵中轴线平行线的夹角和上一层帘子线与纵中轴线平行线的夹角相等,但旋转方向相反。若上一层为逆时针方向旋转 30°,则这一层为顺时针方向旋转 30°,如图 3-22(d)所示。周围的搭接范围应比上一层挂胶帘子布再大 1 cm,并且四周要剪贴成圆角。

对于 3 层及 4 层帘子布纵向裂缝的气囊,可结束铺设挂胶帘子布的工作,转入第(17)步。对于 4 层帘子布横向裂缝及钉眼损伤的气囊继续做第(15)、

(16)步。

(15) 再刷一遍汽油并晾干。

(16) 垂直于纵向铺一层挂胶帘子布。周围的搭接范围应比上一层挂胶帘子布再大 1 cm,并且四周要剪贴成圆角。

对于 5 层帘子布以下的气囊至此可结束铺设挂胶帘子布的工作,转入第(17)步。对于 5 层帘子布气囊需重复第(9)(10)步再铺一层纵向的挂胶帘子布,周围的搭接范围应比上一层挂胶帘子布再大 1 cm,并且四周要剪贴成圆角;然后转入第(17)步。

对于 6 层帘子布的气囊需重复第(11)～(14)步,再铺两层斜向挂胶帘子布。每一层挂胶帘子布周围的搭接范围应比上一层挂胶帘子布再大 1 cm,并且四周要剪贴成圆角。然后转入第(17)步。

(17) 压实铺层,把铺层之间的空气挤出来,排干净。

(18) 在最后一层挂胶帘子布的四周涂一遍汽油,并用厚 1 mm,宽 2～3 cm 的生胶条把边缘封闭起来,如图 3－22(d)所示。

3) 进行热压

一般修补气囊可采用如图 3－23 所示的简易工作平台。在平台上支起一个门式框架,并配有垫板、沙袋(可用废汽车内胎装满沙子代替)、千斤顶及加热板。加热板为厚 25 mm、长 0.5 m、宽 0.4 m 的铁板,四周倒成圆角。与气囊接触面

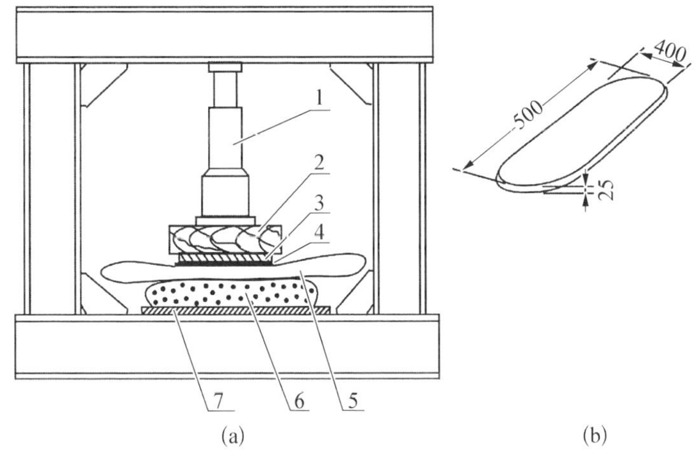

1—千斤顶;2—木垫块;3—加热铁板;4—棉布垫;5—气囊;6—沙袋;7—铁垫板。

图 3－23 修补气囊装置

(a) 修补气囊的简易热硫化平台;(b) 加热铁板

的棱边也要倒成圆弧。

将待硫化的气囊修补部位按图示方式对准中心。同时将铁板加热，用温度计测量铁板的温度，当温度升至150℃±5℃时，即可将铁板取下放在棉布垫上，对准硫化部位，用千斤顶施加压力（0.6 MPa左右），待铁板缓缓冷却，硫化过程即可完成（硫化时间40 min左右）。如果需要硫化的面积较大，超过了加热铁板的有效长度，则先硫化中心，再顺序向两边硫化。接续硫化时，加热铁板重叠前次部位为15 mm。

4）检验

检查修补处是否黏合密实，不允许内部有气泡、脱层或海绵体等缺陷。加热区新胶不允许有老化龟裂、欠硫或过硫现象。外观检验合格后做气压试验，试验压力取额定压力的1.2倍。

警示：大面积破损后修复的气囊，应降低工作压力使用！

5）修补不宜

为确保气囊工作安全，有下列情况之一者不宜修补：

（1）从出厂之日起，超过8年以上者。

（2）严重违反使用规定，超过保证的额定工作压力而爆破者。

（3）气囊破损严重，如横向裂缝长度超过圆周长1/3，纵向裂缝长度超过2 m或产生十字形破损裂缝者。

（4）表面严重老化、龟裂、发黏、帘线已腐烂者。

4 牵引装置

船舶采用气囊上、下水以及移船时都需要由卷扬机通过钢丝绳来牵引船舶，控制船舶的稳定和移动。

4.1 牵引力的计算

4.1.1 牵引力的理论计算

首先要建立一个统一的坐标系，即船舶的尾部朝向左边，船舶下水的方向也是自右向左行进。船舶需要的牵引力大小，由船舶在坡道上的下滑力和气囊在坡道上的滚动阻力等因素决定，下水和上岸的牵引力计算是有区别的。

4.1.1.1 船舶下水

理论上，船舶下水时，影响船舶下行的力由三部分组成：船舶重力在坡道上形成的下行分力、气囊滚动的阻力和制动力(俗称刹车力)。船舶在坡道上的受力分析如图 4-1 所示。

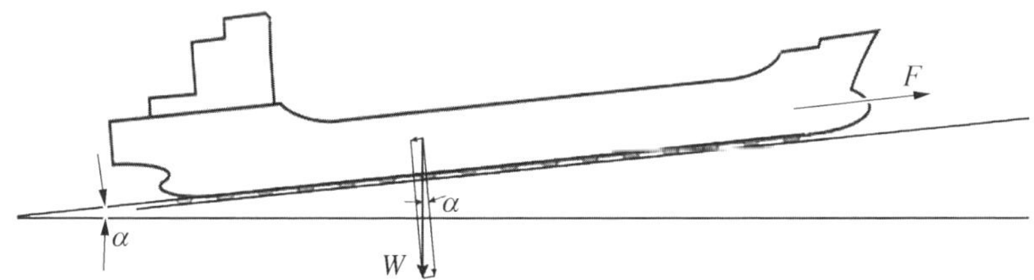

图 4-1 船舶在坡道上的受力分析

如图 4-1 所示可导出如下计算公式：

$$F = W \cdot g \cdot \sin\alpha - \mu \cdot W \cdot g \cdot \cos\alpha + W\frac{v}{t} \qquad (4-1)$$

式中：F ——船舶所需的牵引力(平行于坡道)/kN；

W ——船舶下水时的重量/t；

g ——重力加速度/(m/s^2)；$g=9.81\ m/s^2$；

α ——船舶龙骨坡度/(°)；

μ ——气囊在坡道上的滚动阻力系数；

v ——刹车时的移船速度/(m/s)；

t ——卷扬机刹车时间/s。

实际上,钢丝绳的牵引力不一定与坡道平行,可能存在一个小的夹角。譬如,钢丝绳的牵引绞车放在地坪或略高于地坪的水平基座上,钢丝绳牵引船舶的一端固定于舭龙骨上,或通过锚链孔、焊接于船首的特制耳板来牵引船体(见图4-2)。此时,牵引索的方向与F力的方向形成一个夹角β,若考虑到采用滑轮组的影响和附加的安全裕度,则卷扬机钢丝绳牵引力的要求为

$$F_W \geqslant \frac{K \cdot F}{N_C \cdot \cos\beta} \tag{4-2}$$

式中：F_W ——卷扬机钢丝绳的牵引力/kN；

K ——安全系数；

N_C ——滑轮组上的钢丝绳道数；

β ——牵引钢丝绳与船舶龙骨线之夹角,一般应不大于6°。

图4-2　钢丝绳牵引案例

实际应用时，因为制动时间 t 很难确定，且移船速度一般较小，因此制动力可不予考虑，计算误差不会太大，足以在安全系数范围内得到补偿。

4.1.1.2 船舶上岸

牵引船舶上岸时，除了克服船舶在坡道上的下行分力外，还要克服气囊的滚动阻力，因此牵引力比下水时要大得多，但可不考虑制动力，按式(4-3)计算：

$$F = W \cdot g \cdot \sin\alpha + \mu \cdot W \cdot g \cdot \cos\alpha \tag{4-3}$$

4.1.2 船舶下水及上岸时的牵引力估算

对万吨级以上的大型船舶在小坡度坡道下水和上岸时，推荐用式(4-4)和式(4-5)来估算牵引力(按国内造船企业习惯，以下把 F 和 W 的单位统一用"吨"表示)。

下水时，船舶尚处于静态，需要的牵引力按式(4-4)估算：

$$F = k_1(W \cdot \sin\alpha - k_2\mu \cdot W \cdot \cos\alpha) \tag{4-4}$$

牵引船舶上岸时，需要的牵引力按式(4-5)估算：

$$F = k_1(W \cdot \sin\alpha + k_3\mu \cdot W \cdot \cos\alpha) \tag{4-5}$$

式中：W ——船舶自重，上岸的船舶，特别要注意船舱内油污水等增加的重量/t；

α ——船舶龙骨倾角(需说明的是，船舶龙骨倾角不等于坡道倾角。当船舶被气囊抬起时，由于船首尾重量的不均衡性加上气囊的弹性，要想控制船的倾角与坡道相同是有一定难度的，由于差别很小，因此用坡道倾角来取代龙骨倾角虽有一点误差，但不致影响计算的实用性)/(°)；

μ ——气囊滚动阻力系数；

k_1 ——安全系数 ($k_1 = 1.5 \sim 2.0$)，目前多数取 2；

k_2 ——船舶气囊下水操作工艺影响系数，与气囊压力、摆放平行度等有关；

k_3 ——船舶气囊上岸操作工艺影响系数，与气囊压力、摆放平行度等有关。

$W \cdot \sin\alpha$ 反映的是船舶自身产生的下滑力，只要船体下水时的重量计算

准确，船体的下滑力就能正确地计算出来。船舶龙骨坡度越大，下滑力就越大。

气囊下水坡道的坡度大多都很小，船舶下滑力可采用近似方法估算，即如下水重量为 W 吨的船舶在坡度为 1/60 的下水坡道上，船舶产生的下滑力大约为 $W/60$ t。

牵引力计算式(4－4)和式(4－5)中的气囊滚动阻力系数 $k_2\mu$ 和 $k_3\mu$ 目前还没有精确的计算方法。随着下水船舶重量的增大，各种影响因素的变化程度更难于掌控。但已经知道，气囊滚动时，除克服它自身变形产生的阻力外，与地面粗糙程度、气囊工作压力、气囊厚度(层数)、气囊摆放中心线与船体中心线的垂直度等相关。实践经验表明，气囊滚动阻力系数可以用一个大致的定值 μ 来表示，至于气囊工作压力以及气囊中心线与船体中心线垂直度等因素可用操作工艺影响系数来概括，下水用 k_2 表示，上坡用 k_3 表示。气囊下水时，众多气囊很难做到全部摆放平行，且与船体中心线垂直，所以会有不同大小的阻力，再加上气囊工作压力不同等都会影响阻力大小，把这些因素均考虑为操作工艺影响系数。

在实践中，已经产生了相同的船型在相同坡度的坡道下水时，有些船能自行下水，而有些船不能。如 57 000 DWT 散货船自重 10 800 t，在坡度 1.2/100 的坡道就出现以上两种情况。这些船在 1.3/100 的坡道上全部都能自行下水，由此可知，气囊滚动阻力系数接近 0.012，但必定小于 0.012。

为了提供计算使用，根据近年来万吨级船(3 万～8 万吨)在 1/80～1/60 的水泥坡道、使用 $D=1.5$ m 气囊、船墩高度 0.8～0.85 m、工作气压 0.13～0.16 MPa 的下水实践中所取得的经验数据，推荐如下：

$$k_2\mu = 0.0065 \sim 0.0085$$

$$k_3\mu = 0.012 \sim 0.016$$

用气囊上岸(坡)时，阻力系数增大，且由于不确定因素多，所以设定的范围也大。因为上岸时，铺摆气囊是在船前进运动中随时补充进去，有的还在水中工作，将气囊摆放得很规整是一件困难的工作，要与船中心线垂直是一件更困难的事，所以滚动阻力必定要增大。

这里提出以上两个气囊滚动系数供选用参考。其中上岸操作工艺系数 k_3 还有待今后使用过程中进一步修订。

牵引力计算在船舶气囊上、下水中非常重要。如果牵引失败会导致伤害人命、损坏船体等严重后果，对以上经验系数还望同行积极积累数据加以修订，初次使用者可取较高安全系数值。

计算实例

70 000 DWT 货船尺度、重量和坡道参数：船舶总长 L_{OA}：222.00 m；型宽 B：32.26 m；型深 D：18.00 m；设计吃水 d：11.30 m；下水重量 W：13 000 t；主坡道坡度：1.36%。

70 000 DWT 船下水坡道如图 4－3 所示。

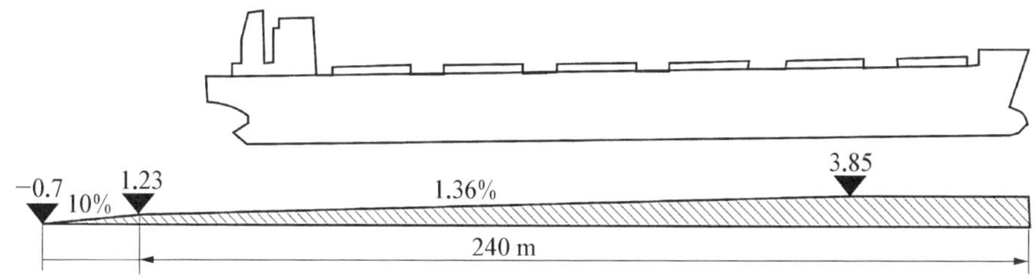

图 4－3　70 000 DWT 船下水坡道

钢丝绳的牵引力等于下行力 F，按式(4－4)计算：

$$F = k_1(W \cdot \sin\alpha - k_2\mu \cdot W \cdot \cos\alpha)$$

取 $k_1 = 1.5$，$W = 13\,000 \times 9.81 = 127\,530$ kN，$\alpha = 0.78°$，$k_2\mu = 0.008\,3$，代入上式得

$$\begin{aligned} F &= 1.5 \times (127\,530 \times 0.013\,6 - 0.008\,3 \times 127\,530 \times 1) \\ &= 1.5 \times (1\,734.4 - 1\,058.4) = 1\,014 \text{ kN} \end{aligned}$$

从这个计算实例可以看出，若坡道的坡度增加，钢丝绳牵引力的增长率将明显高于坡度的增长率，达到一个难以接受的情况(见表 4－1)。因此，船舶的吨位越大，建议坡道的坡度越小。

表 4－1　坡度与下滑力增长的幅度

坡度角 α /(°)	坡度 $\tan\alpha$	增长率/%	下滑力 F /kN	增长率/%
0.78	0.013 6	100	1 014	100
1	0.017 5	128	1 760	174

（续表）

坡度角 α /(°)	坡度 $\tan\alpha$	增长率/%	下滑力 F /kN	增长率/%
1.25	0.021 8	160	2 582	254
1.5	0.026 2	193	3 424	337

4.2 卷扬机

4.2.1 结构和型号

4.2.1.1 电动卷扬机结构

卷扬机又叫绞车，是由人力或机械动力驱动卷筒、卷绕绳索来完成牵引工作的装置。由于其结构简单、制造成本低廉、操作方便、对作业环境适应性强，因此广泛用于矿山、工地、车站、码头等地进行重物提升和牵引作业。

卷扬机分为手动卷扬机、电动卷扬机、建筑卷扬机、微型卷扬机等。主要产品有：JM 电控慢速大吨位卷扬机、JG 电控高速卷扬机、JK 电控快速卷扬机、JKL 手控快速溜放卷扬机、2JKL 手控双筒快速溜放卷扬机、JT 调速卷扬机等。电动卷扬机由电动机、联轴节、制动器、减速齿轮箱和卷筒组成，它们共同安装在机架上（见图 4－4）。船舶上、下水牵引用卷扬机都取慢速型。

1—电动机；2—块式制动器；3—减速齿轮箱；4—多层卷绕卷筒。

图 4－4 卷扬机构造

卷扬机实际上是一个独立的牵引机构，因为牵引距离长，钢丝绳在卷筒上为多层卷绕，容绳量一般在 100 m 以上。卷扬机可通过另设的导向滑轮改变方向，也可另设滑轮组使牵引能力成倍增加。此外，一般卷扬机设有两个制动器，除高速轴上的块式制动器外，在低速轴上还装有带式制动器。

4.2.1.2 卷扬机产品标记

卷扬机的产品标记由形式、类组、特性、主要参数及变型更新代号组成，标记如下：

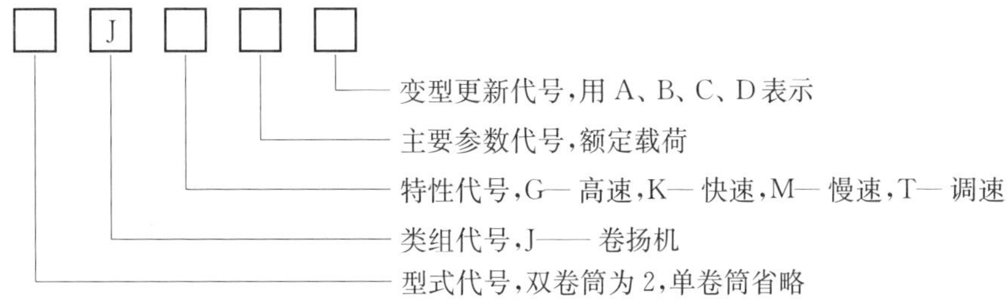

如钢丝绳额定拉力为 10 t 的电控单筒慢速卷扬机表示为

卷扬机 JM10

4.2.2 卷扬机的选择

卷扬机的基本参数有额定牵引力、工作速度、容绳量。

额定牵引拉力由卷扬机标准规定;工作速度为卷筒卷入钢丝绳的速度;容绳量为卷扬机的卷筒中能够卷入的钢丝绳长度。

每台卷扬机的铭牌上都标有对某种直径钢丝绳的容绳量,选择时必须注意。如果实际使用的钢丝绳直径与铭牌上标明的直径不同,还必须进行容绳量校核。

卷扬机按其卷筒转动速度分为慢速卷扬机和快速卷扬机,船舶气囊上、下水时使用的卷扬机,一般选择电动慢速卷扬机。工作时,控制其放缆速度为 9～13 m/min。

卷扬机基座依靠地牛牢固地固定。

选择卷扬机时,首先根据上、下水船舶的重量、坡道角度等参数计算出需要的钢丝绳牵引力 F_W 后,可根据有关厂商提供的电动慢速卷扬机基本参数表(见表 4-2)进行选择,确定卷扬机型号。

表 4-2 常用电动慢速卷扬机基本参数

型号	钢丝绳额定拉力/kN	钢丝绳额定速度/(m/min)	钢丝绳直径/mm	外形尺寸/mm		
				长	宽	高
JM10	100	10	31	2 520	2 150	1 380
JM12.5	125	10	34	2 850	2 200	1 550
JM16	160	10	37	3 750	2 400	1 850
JM20	200	10	43	3 950	2 560	1 950

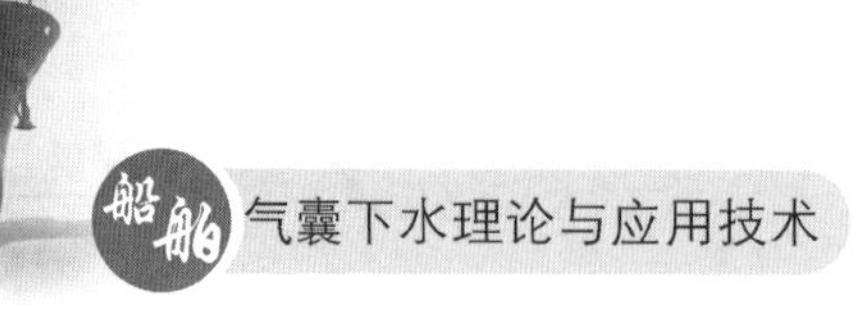

（续表）

型　号	钢丝绳额定拉力/kN	钢丝绳额定速度/(m/min)	钢丝绳直径/mm	外形尺寸/mm		
				长	宽	高
JM25	250	9	48	4 350	2 800	2 030
JM32	320	9	56	4 500	2 850	2 100
JM50	500	9	65	4 930	3 050	2 250

4.2.3　卷扬机的安全操作规程

为保证船舶上、下水安全，卷扬机应按下列规程进行操作：

(1) 卷扬机应固定专人操作。卷扬机操作工必须熟悉本机构造原理、性能、操作方法、保养规则和安全规程，持证上岗。

(2) 卷扬机安装时，基座必须平稳牢固，与地牛连接可靠，并应搭设工作棚。操作人员的位置应能看清指挥人员和需要移动的船舶。

(3) 使用卷扬机前，要检查机械传动部分、工作机构、电气系统以及润滑部位是否良好，经空车试运转并进行相应调整合格，进行负载试运转，确认无误后，方准进入正常作业。

(4) 卷扬机滚筒上的钢丝绳应排列整齐，严禁使用有接头的钢丝绳。钢丝绳如果缠乱需进行重缠时，严禁用手、脚引导缠绳。放绳时，钢丝绳在卷筒上必须保留 3 圈以上。

(5) 作业时所用钢丝绳不准穿土或拖地，以防表面沾满泥土而加剧磨损，严禁人员从作业的卷扬机前通过，更不准横跨正在使用中的钢丝绳。

(6) 电气设备要安装在卷扬机和操作人员附近，接地保护装置要良好，电缆不得有破裂、漏电。

(7) 卷扬机工作中发生下列情况时，必须立即停车检修：① 发现电气设备漏电；② 起动器的触点发生火弧或烧毁；③ 电动机在运行中温升过高或有异常的声音；④ 电压突然下降；⑤ 防护设备脱落；⑥ 制动设备失灵或不够灵敏。

(8) 严禁在机械运转过程中进行设备的维修、保养作业。

(9) 操作工作业时要思想集中，严禁与他人嬉笑打闹。操作工严禁擅自离开岗位，必须离开时，要拉闸断电，锁好闸箱。

(10) 听从指挥，明确信号，确认安全方可作业。作业中，如遇停电，应切断电源;作业完毕或休息时,应切断电源,锁好闸箱。

4.2.4 卷扬机的固定

在船台、滑道工程中,为了拉曳船舶上、下水,以及在陆上移船,须在适当位置设置有系环的牵引设备,这种设备的基础称为地牛(也称地锚)。地牛是船台工程的重要附属设施,其基础的坚固、可靠性直接影响到船舶上、下水操作能否安全正常地进行,故在施工方案设计和实际应用过程中,对地牛应加以慎重考虑,切不可疏忽大意。

卷扬机由地牛固定。地牛的设计负荷应该大于牵引力 1.5～2 倍。

地牛结构(见图 4-5)由系环和基础两部分组成,可根据不同的设计拉力负荷及条件要求,采用不同的结构形式,一般可分为以下几种:

图 4-5 地牛结构

(1) 重力式地牛:即利用结构重量产生的摩擦力及前面的被动土压力来维持地牛的稳定。其优点是负荷适用范围大、施工简单,可与挡土墙、船台地面兼并使用,从而可大大降低成本。

(2) 锚碇式地牛:即在地牛的后方一定距离处,设置锚碇板(或锚碇桩),并用锚系杆与地牛连接,借以传递拉力的一部分或全部于锚碇结构上,从而使地牛本身结构不致过于庞大。其一般适用于地牛拉力较大的情况或通过经济性比较确认较合适时采用。

(3) 装配式地牛:即结构形式为可吊装的钢筋混凝土块体,多用于滑道末端供倒拉空载船台车入水之用。在桩基滑道施工过程中,倒拉地牛可预先和装配式井字梁结合施工,即把井字梁末端的横向联系梁的尺度适当加大,并埋设倒拉地牛拉环,实现倒拉地牛作用。

(4) 桩式地牛：为拉曳小型船舶上、下水，可先在船台顶端挖一沟槽，内打数根木桩(或金属桩)，木桩后水平搁置一根或数根横木，拉船缆即可固定于横木上，实现船舶上、下水的牵引固定。这种结构形式的地牛即为桩式地牛，其优点是体积小、成本低、易操作，常被小型船厂采用。近来，随着气囊上、下水技术的不断发展，利用临时性场地进行修造船的业务越来越多。在实践中，为提高桩式地牛的负荷，通常采用板桩式地牛，即将一定尺度的钢板桩(板架结构)埋入土中，然后将与其相连的固定缆绳伸出地面，形成地牛基础，其拉力负荷可大大增加。一般土质设置此型地牛，单位承载负荷可达 5 t/m^2 以上。因此，这种地牛得到了较为广泛的使用。

用于牵引或系固下水船舶的地牛一般在船台前端，能承担船舶下水的全部牵引力需求。它的主体部分，一般都由面积较大的混凝土埋在地下，利用地下土壤侧面压力将混凝土挤住，露在地上部分有一定数量(两个以上)的拉环供绞车、滑轮组等系接固定。地牛最高处台面应露出地面 10 cm 左右，注意拉环埋入处不能积水，否则日久将锈蚀地牛的金属件，降低牵引能力。地牛要注意日常保养，经常除锈与涂漆。

地牛设计方法相对比较复杂，一般情况下应由专业的设计部门负责完成。地牛选用时，首先应了解其形式和许用负荷，许用负荷应不小于 2 倍的实际负荷，以确保下水的安全。

4.3 钢丝绳

钢丝绳具有重量轻、挠性好、使用灵活、韧性好、能承受冲击载荷、高速运行中没有噪声、破断前有断丝预兆等优点，是船舶气囊上、下水作业时应用最广泛的挠性构件。

钢丝绳频繁用于各种作业场所，因此易磨损、易腐蚀。如果钢丝绳的选择、维护、保养和使用不当，容易发生钢丝绳断裂，造成伤亡事故或重大险情。因此，正确掌握使用钢丝绳的方法是十分重要的。

4.3.1 构造

钢丝绳是用多根直径为 0.3～3 mm 的高强度碳素钢钢丝拧成股，再以绳芯为中心，由一定数量股捻绕成螺旋状绳的挠性绳索。

钢丝绳承受载荷的作用，其性能主要由钢丝决定。钢丝是碳素钢或合金钢通过冷拉或冷轧而成的圆形（或异形）丝材，具有很高的强度和韧性，并根据使用环境条件不同对钢丝进行表面处理。

钢丝绳绳芯的作用是增加钢丝绳弹性和韧性、润滑钢丝、减轻摩擦，提高使用寿命。常用绳芯为有机纤维（如麻、棉）、合成纤维、石棉芯（高温条件）或软金属等材料。

常用钢丝绳的截面为圆股，如图 4-6 所示。除了圆股外，还有三角股、椭圆股和扁股等异型股。与圆股相比，它们有较高的强度，与卷筒或滑轮绳槽的接触性能好，使用寿命长，但制造较复杂。

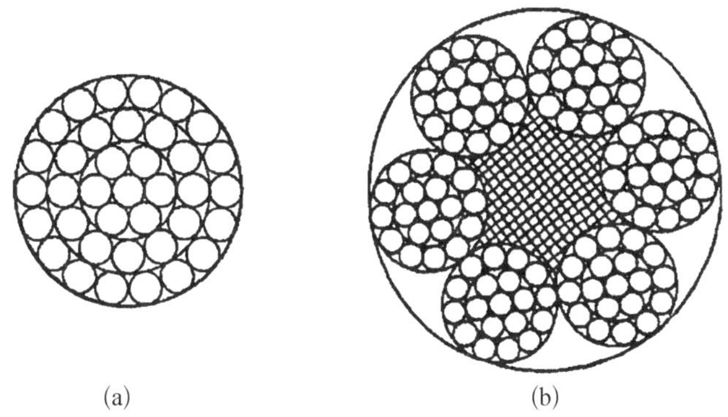

图 4-6 圆股钢丝绳截面示意图

(a) 单股 37 丝；(b) 6 股 19 丝

4.3.2 分类

钢丝绳可按用途需要选择其直径、绳股数、每股钢丝数、抗拉强度和足够的安全系数，它的规格型号可在有关手册中查得。钢丝绳的分类方法较多，各国的分法不同，常见的有按钢丝绳结构、捻向、表面、用途、强度等分类。钢丝绳品种的多样性，反映了其用途的多样化。

我国钢丝绳按其股数和股外层钢丝的数目分类，钢丝绳的规格是用整数、字母、符号按规定次序连接组合表示。此种分类的基本思想是通过规格分类直接展示钢丝绳内部结构组成。例如：钢丝绳规格 6×61+FC-1670，指的是 6 股，每股有 61 丝，FC 指的是纤维芯，钢丝公称抗拉强度为 1 670 MPa。船舶气囊上、下水作业中最常用的是 6×19 和 6×37 钢丝绳。

按钢丝绳芯材料不同,钢丝绳可分为麻芯、石棉芯和金属绳芯三种。船舶气囊上、下水作业中常采用麻芯钢丝绳。麻芯中浸有润滑油,起减小绳股及钢丝之间的摩擦和防腐蚀的作用。

按钢丝表面处理不同,钢丝绳又可分为光面和镀锌两种,船舶气囊上、下水作业中常用光面钢丝绳。

按绕捻方法,钢丝绳可分为左同向捻、右同向捻、左交互捻、右交互捻等。股捻的方向与股内钢丝捻的方向相同称同向捻(也称顺绕绳),股捻的方向与股内钢丝捻的方向相反称交互捻(也称交绕绳)。交互捻钢丝绳,其丝捻成股与股捻成绳的方向相反,由于股与绳的捻向相反,使用中不易扭转和松散。

按拧绕的层次,钢丝绳可分为单绕绳、双绕绳和三绕绳。单绕绳由若干细钢丝围绕一根金属绳芯拧制而成。单绕绳的挠性差,反复弯曲时易磨损折断,主要用作不运动的拉紧索。双绕绳由钢丝拧成股后再由股围绕绳芯拧成绳。常用的绳芯为麻芯,制绳前绳芯浸涂润滑油,可减少钢丝间互相摩擦所引起的损伤。双绕绳挠性较好,制造简便,应用最广。三绕绳以双绕绳作股再围绕双绕绳芯拧成绳。三绕绳挠性好,但制造较复杂,且钢丝太细,容易磨损,故很少应用。

按钢丝绳股结构分类,钢丝绳可分为点接触绳、线接触绳和面接触绳。点接触绳的各层钢丝直径相同,但各层螺距不等,所以钢丝互相交叉形成点接触,在工作中接触应力很高,钢丝易磨损折断,但其制造工艺简单。线接触绳的股内钢丝粗细不同,将细钢丝置于粗钢丝的沟槽内,粗细钢丝间成线接触状态;绳股内钢丝直径相同的同向捻钢丝绳也属线接触绳。由于线接触绳接触应力较小,因此钢丝绳寿命长,同时挠性增加。与点接触绳相比,线接触钢丝绳较为密实,所以相同直径的钢丝绳,线接触绳破断拉力大些。面接触绳的股内钢丝形状特殊,采用异形断面钢丝,钢丝间呈面状接触。其优点是外表光滑,抗腐蚀和耐磨性好,能承受较大的横向力;但价格昂贵,故只能在特殊场合下使用。

4.3.3 钢丝绳的选用

船舶气囊上、下水使用的钢丝绳,除外层钢丝的磨损外,主要因绕过滑轮组和卷扬机卷筒时反复弯曲引起金属疲劳而逐渐折断。因此,滑轮或卷筒的直径与钢丝绳直径的比值是决定钢丝绳寿命的重要因素。比值大,钢丝弯曲应力小,寿命长,但机构庞大,因此必须根据使用场合确定适宜的比值。

同直径的钢丝绳相比较,公称抗拉强度越低,每股绳内钢丝越多,钢丝直径越细，则绳的挠性越好，但钢丝绳易磨损。反之，每股绳内钢丝直径越粗，则钢丝绳挠性越差，钢丝绳耐磨损。因此，不同型号的钢丝绳，它的使用范围也不同。根据牵引作业的实际需要，一般情况下，船舶气囊下水用钢丝绳的选用可考虑以下原则：

(1) 6×19 钢丝绳一般用于受弯曲载荷较小或遭受磨损的工况。

(2) 6×37 钢丝绳用于穿绕滑轮组和牵引用索具、捆扎各种物件和设备，适用于绳索受弯曲时使用。

同向捻钢丝绳，表面较平整、柔软，具有良好的抗弯曲疲劳性能，比较耐用；其缺点是绳头断开处绳股易松散，悬吊重物时容易出现旋转，易卷曲扭结，因此在吊装中不宜单独采用。

4.3.4 钢丝绳的拉力计算

某一规格的钢丝绳允许承受的最大拉力是有一定限度的，超过这个限度，钢丝绳就会被破坏或拉断，因此在工作中需对钢丝绳的受力进行计算。

4.3.4.1 钢丝绳的破断拉力

钢丝绳的破断拉力可由钢丝绳产品标准查出。如表 4-3 为国家标准 GB/T 20118—2006《一般用途钢丝绳》中提供的 6×19(a)类钢丝绳的最小破断拉力。附录 C 还提供其他类型钢丝绳的最小破断拉力。

表 4-3 6×19(a)类钢丝绳的最小破断拉力

钢丝绳公称直径/mm	参考重量/(kg/100 m)			钢丝绳公称抗拉强度/MPa											
				1 570		1 670		1 770		1 870		1 960		2 160	
				钢丝绳最小破断拉力/kN											
	天然纤维芯钢丝绳	合成纤维芯钢丝绳	钢芯钢丝绳	纤维芯钢丝绳	钢芯钢丝绳	纤维芯钢丝绳	钢芯钢丝绳	纤维芯钢丝绳	钢芯钢丝绳	纤维芯钢丝绳	钢芯钢丝绳	纤维芯钢丝绳	钢芯钢丝绳	纤维芯钢丝绳	钢芯钢丝绳
6	13.3	13.0	14.6	18.7	20.1	19.8	21.4	21.0	22.7	22.2	24.0	23.3	25.1	25.7	27.7
7	18.1	17.6	19.9	25.4	27.4	27.0	29.1	28.6	30.9	30.2	32.6	31.7	34.2	34.9	37.7
8	23.6	23.0	25.9	33.2	35.8	35.3	38.0	37.4	40.3	39.5	42.6	41.4	44.6	45.6	49.2
9	29.9	29.1	32.8	42.0	45.3	44.6	48.2	47.3	51.0	50.0	53.9	52.4	56.5	57.7	62.3
10	36.9	35.0	40.6	51.8	55.9	55.1	59.5	58.4	63.0	61.7	66.6	64.7	69.8	71.3	76.9
11	44.6	43.5	49.1	62.7	67.6	66.7	71.9	70.7	76.2	74.7	80.6	78.3	84.4	86.2	93.0

（续表）

钢丝绳公称直径/mm	参考重量/(kg/100 m)			钢丝绳公称抗拉强度/MPa											
				1 570		1 670		1 770		1 870		1 960		2 160	
				钢丝绳最小破断拉力/kN											
	天然纤维芯钢丝绳	合成纤维芯钢丝绳	钢芯钢丝绳	纤维芯钢丝绳	钢芯钢丝绳	纤维芯钢丝绳	钢芯钢丝绳	纤维芯钢丝绳	钢芯钢丝绳	纤维芯钢丝绳	钢芯钢丝绳	纤维芯钢丝绳	钢芯钢丝绳	纤维芯钢丝绳	钢芯钢丝绳
12	53.1	51.8	58.4	74.6	80.5	79.4	85.6	84.1	90.7	88.9	95.9	93.1	100	103	111
13	62.3	60.8	68.5	87.6	94.5	93.1	100	98.7	106	104	113	109	118	120	130
14	72.2	70.5	79.5	102	110	108	117	114	124	121	130	127	137	140	151
16	94.4	92.1	104	133	143	141	152	150	161	158	170	166	179	182	197
18	119	117	131	168	181	179	193	189	204	200	216	210	226	231	249
20	147	144	162	207	224	220	238	234	252	247	266	259	279	285	308
22	178	174	196	251	271	267	288	283	305	299	322	313	338	345	372
24	212	207	234	298	322	317	342	336	363	355	383	373	402	411	443
26	249	243	274	350	378	373	402	395	426	417	450	437	472	482	520
28	289	282	318	406	438	432	466	458	494	484	522	507	547	559	603
30	332	324	365	466	503	496	535	526	567	555	599	582	628	642	692
32	377	369	415	531	572	564	609	598	645	632	682	662	715	730	787
34	426	416	469	599	646	637	687	675	728	713	770	748	807	824	889
36	478	466	525	671	724	714	770	757	817	800	863	838	904	924	997
38	532	520	585	748	807	796	858	843	910	891	961	934	1 010	1 030	1 110
40	590	576	649	829	894	882	951	935	1 010	987	1 070	1 030	1 120	1 140	1 230

注：最小破断拉力总和＝钢丝绳最小破断拉力×1.214(纤维芯)或1.308(钢芯)。

在有些场合，钢丝绳生产企业提供的是按照每根钢丝的抗拉强度计算出的钢丝绳破断拉力总和。这时，应考虑由于钢丝绳捻制使每根钢丝受力不均匀，在实际使用中，整根钢丝绳的破断拉力参考下式计算：

$$T_P = \Psi \cdot \sum T_i \tag{4-6}$$

式中：T_P ——钢丝绳的实际破断拉力/kN；

$\sum T_i$ ——钢丝绳规格表中提供的钢丝破断拉力总和/kN；

Ψ ——钢丝捻制不均匀折减系数，对 6×19 绳，$\Psi=0.85$；对 6×37 绳，$\Psi=0.82$。

4.3.4.2 钢丝绳的许用拉力

为了保证船舶气囊上、下水作业的安全，钢丝绳许用拉力只是其破断拉力的几分之一。钢丝绳的许用拉力按下式计算：

$$[T]=T_{\mathrm{P}}/K \tag{4-7}$$

式中：$[T]$ ——钢丝绳许用拉力/kN；

K ——安全系数。

钢丝绳的安全系数是破断拉力与许用拉力之比。下面列出了不同用途钢丝绳的安全系数，供参考：

(1) 系船、拖拉用的大绳：$K=3.5\sim4$。

(2) 卷扬机、滑轮组用牵引钢丝绳：$K=5\sim6$。

(3) 捆绑吊索用钢丝绳：$K=8\sim10$。

4.3.5 钢丝绳的附件

在使用钢丝绳时常需用套环和绳夹作为附件。

4.3.5.1 钢丝绳用套环

钢丝绳用套环有型钢套环、普通套环和重型套环三种，如图 4-7 所示。使用时，钢丝绳的一端嵌在套环的凹槽中，形成环状，用以保护钢丝绳承载时免受损伤。

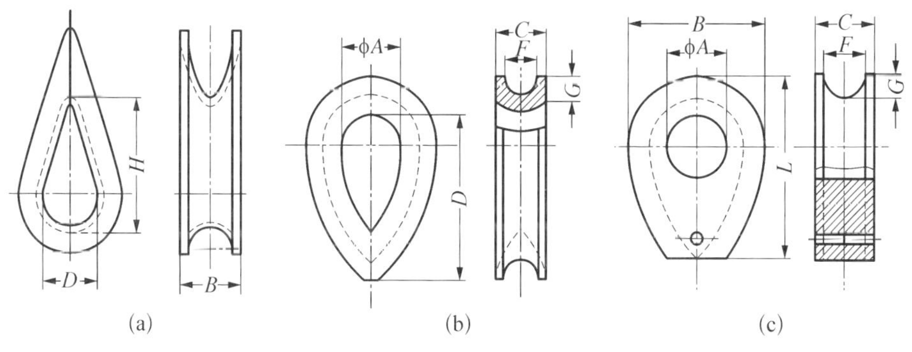

图 4-7 钢丝绳套环

(a) 型钢套环(市场产品)；(b) 普通套环(标准产品)；(c) 重型套环(标准产品)

4.3.5.2 钢丝绳绳夹

绳夹用于固定钢丝绳末端卡接。使用时，把绳端弯成圆环状后，在并列压紧的状态下，以卡的方式连接起来，其连接处的拉力应大于该钢丝绳的许用拉力。

钢丝绳采用绳夹卡接时，绳夹的数量、绳夹间的距离与钢丝绳的直径有关，直径越大，绳夹数越多，其间距也增大，可参考表 4-4 数值选用。最后一个绳夹距绳头应不小于 0.14 m。

表 4-4 绳夹数量和间距

公称尺寸 /mm	绳夹数量 /个	绳夹间距 /mm	公称尺寸 /mm	绳夹数量 /个	绳夹间距 /mm
6	2	70	26	5	170
8	2	80	28	5	180
10	3	100	32	6	200
12	3	100	36	7	230
14	3	100	40	8	260
16	3	120	44	9	290
18	4	120	48	10	310
20	4	120	52	11	330
22	4	140	56	12	350
24	5	150	60	13	370

注：公称尺寸为该绳夹适用的钢丝绳直径。

钢丝绳装设绳夹时，绳夹夹板应在受力的一侧，如图 4-8(a)所示，U 形螺栓圆环应卡在绳端头的一侧，不得正反交叉。如图 4-8(b)所示为保安绳夹的安装方法。装保安绳夹的目的，一是便于及时发现绳夹的松动，二是在非正常受力时自动投入工作，起保险作用。

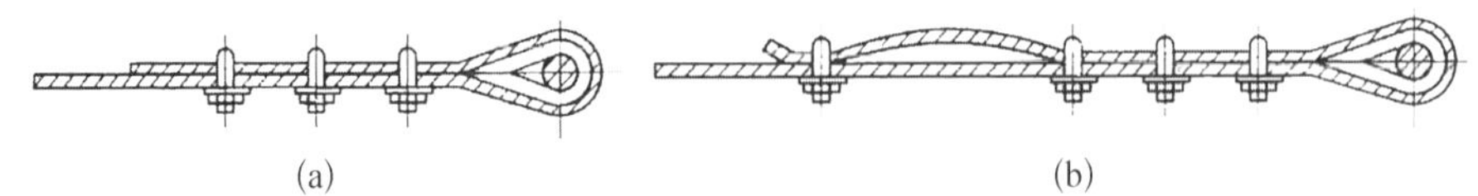

图 4-8 钢丝绳装设绳夹示意图

(a) 绳夹安装方法；(b) 保安绳夹安装方法

绳夹固定后，各绳夹均拧紧至一定的紧度，待钢丝绳受力后应再次紧固，以将钢丝绳直径压扁 1/3 左右为宜。

严禁使用与钢丝绳直径不匹配的绳夹。

4.3.6 钢丝绳的使用和保养

1) 使用注意事项

(1) 钢丝绳的使用寿命与使用方法有很大的关系，应做到按规定使用，禁止拖拉、抛掷，使用中不准超负荷，不准使钢丝绳发生锐角折曲，不准急剧改变速度，避免冲击载荷。

(2) 钢丝绳使用前应进行检查，检查范围包括钢丝绳的磨损、锈蚀、拉伸、弯曲、变形、疲劳、断丝、绳芯露出的程度，确定其安全拉力。

(3) 钢丝绳使用中，应随时观察，若发现钢丝绳表面有油滴挤出，表示钢丝绳已承受相当大的力，这时应停止继续使用。

2) 保养注意事项

(1) 钢丝绳盘好后应放在清洁干燥的地方，不得重叠堆置，防止扭伤。

(2) 钢丝绳有铁锈和灰垢时，用钢丝刷刷去并涂油。

(3) 钢丝绳每使用 4 个月涂油 1 次，涂油时最好用热油(50℃左右)浸透绳芯，再擦去多余的油脂。

(4) 钢丝绳端部用钢丝扎紧或用熔点低的合金焊牢，也可用铁箍箍紧，以免绳头松散。

4.3.7 钢丝绳的报废

钢丝绳是保障船舶气囊上、下水安全的重要用品，因此钢丝绳必须经常检查，按相关规定要求定期更换。

疲劳是引起钢丝绳损坏的主要原因。断丝则往往是在疲劳发生后再使用一个时期才开始出现。对于结构比较简单的钢丝绳，断丝主要发生在外表。而对于结构比较复杂的钢丝绳，断丝大多数发生在内部，因而是“不可见的”断裂。

从安全考虑，不允许钢丝绳具有无限长的寿命。当出现下列情况时，钢丝绳应报废。

1) 断丝

如果断丝紧靠在一起形成局部聚集，即断丝聚集在小于钢丝绳直径 6 倍的绳长范围内，或者集中在任一支绳股里，那么，即使断丝数比较少，钢丝绳也应予以报废。当绳端或其附近出现断丝时，即使数量很少也表明该部位应力很高，可能是由于绳端安装不正确造成的，应查明损坏原因。如果绳长允许，应将断丝的部位切去重新合理安装。

2) 绳股断裂

如果出现整根绳股断裂，则钢丝绳应报废。

3) 绳径减小

当钢丝绳的纤维芯损坏或钢芯(或多层结构中的内部绳股)断裂而造成绳径显著减小时，钢丝绳应报废。

4) 弹性减小

在某些情况下(通常与工作环境有关)，钢丝绳的弹性会显著减小，不宜继续使用。弹性减小通常伴随下述现象：① 绳径减小；② 钢丝绳捻距伸长；③ 由于各部分相互压紧，钢丝之间和绳股之间缺少空隙；④ 绳股凹处出现细微的褐色粉末；⑤ 虽未发现断丝，但钢丝绳明显的不易弯曲和直径减小比起单纯由于钢丝磨损而引起的要快得多。上述这些情况会导致钢丝绳在动载作用下突然断裂，故应立即报废。

钢丝绳的弹性减小是较难发觉的，如检验人员有任何怀疑，则应征询钢丝绳专家的意见。

5) 弯折

弯折是钢丝绳在外界影响下引起的角度变形，发生这种变形的钢丝绳应立即报废。

6) 外部及内部磨损

产生磨损的两种情况：① 内部磨损及压坑，这种情况是由于绳内各个绳股与钢丝之间的摩擦引起的，特别是当钢丝绳经受弯曲时更是如此；② 外部磨损，钢丝绳外层绳股的钢丝表面的磨损，是由于它在压力作用下与滑轮和卷筒的绳槽接触摩擦造成的，这种现象在加速和减速运动时，钢丝绳与滑轮接触的部位特别明显，并表现为外部钢丝磨成平面状。

磨损使钢丝绳的断面积减小因而强度降低。当外层钢丝磨损达到其直径的40%时，钢丝绳应报废；当钢丝绳直径相对于公称直径减小7%或更多时，即使未发现断丝，该钢丝绳也应报废。

7）外部及内部腐蚀

腐蚀在海洋或工业污染的大气中特别容易发生。它减少了钢丝绳的金属面积从而降低了破断强度，还将引起表面粗糙并从中开始发展裂纹以至加速疲劳。严重的腐蚀还会引起钢丝绳弹性的降低。

外部钢丝的腐蚀可用肉眼观察，当表面出现深坑，钢丝相当松弛时应报废。

内部腐蚀比经常伴随它出现的外部腐蚀较难发现，但下列现象可供识别：① 钢丝绳直径的变化，钢丝绳在绕过滑轮的弯曲部位直径通常变小，但对于静止段的钢丝绳则常由于外层绳股出现锈迹而引起钢丝绳直径的增加；② 钢丝绳外层绳股间的空隙减小，还经常伴随出现外层绳股之间断丝。

如果有任何内部腐蚀的迹象，则应由主管人员对钢丝绳进行内部检验，若确认有严重的内部腐蚀，则钢丝绳应立即报废。

8）局部损坏

微小的损坏，特别是各绳股中的应力处于良好平衡时，用常规的检验方法无法判定，这种情况会引起钢丝绳的强度大大降低。因此，有任何内部细微损坏的迹象时，均应对钢丝绳内部进行检验予以查明，一经证实损坏，则该钢丝绳就应报废。

9）变形

钢丝绳失去正常形状产生可见的畸形称为“变形”，这种变形部位（或畸形部位）可能引起变化，它会导致钢丝绳内部应力分布不均匀。

从外观上区分钢丝绳的变形，主要可分为下述几种：

（1）波浪形。钢丝绳的纵向轴线成螺旋线形状，这种变形不一定导致强度降低，但如变形严重则会产生跳动造成不规则的传动，时间长了会引起磨损及断丝。出现波浪形时，在钢丝绳长度不超过 $25d$ 的范围内，若 $d_e \geqslant 4d/3$，则钢丝绳应报废，式中 d 为钢丝绳的公称直径；d_e 是钢丝绳变形后包络的直径。

（2）笼状畸变。这种变形往往出现在具有钢芯的钢丝绳上，当外层绳股发生脱节或变得比内部绳股长的时候就会发生这种变形。笼状畸变的钢丝绳应立即报废。

（3）绳股挤出。这种状况通常伴随笼状畸变一起产生。绳股被挤出说明钢丝绳不平衡，绳股挤出的钢丝绳应立即报废。

（4）钢丝挤出。此种变形是一部分钢丝或钢丝束在钢丝绳背着滑轮槽的一侧拱起形成环状，这种变形常因冲击载荷而引起。若此种变形严重时，则钢丝绳应报废。

(5) 绳径局部增大。钢丝绳直径有可能发生局部增大，并能波及相当长的一段钢丝绳。绳径增大通常与绳芯畸变有关(如在特殊环境中，纤维芯因受潮而膨胀)，其必然结果是外层绳股产生不平衡，而造成定位不正确。绳径局部严重增大的钢丝绳应报废。

(6) 扭结。扭结是由于钢丝绳成环状在不可能绕其轴线转动的情况下被拉紧而造成的一种变形，其结果是出现捻距不均而引起格外的磨损，严重时钢丝绳将产生扭曲，极大降低了钢丝绳的强度。严重扭结的钢丝绳应立即报废。

(7) 绳径局部减小。绳径局部减小常常与绳芯的断裂有关，应特别仔细检验靠绳端部位有无此种变形。绳径局部严重减小的钢丝绳应报废。

(8) 部分被压扁。钢丝绳部分被压扁是由于机械事故造成的，严重时钢丝绳应报废。

(9) 由于热或电弧的作用而引起的损坏。钢丝绳经受了特殊热力的作用其外表出现可识别的颜色时，该钢丝绳应予以报废。

4.4 滑轮组

滑轮组有两个作用：省力、改变力的方向。

4.4.1 滑轮的分类与构造

1) 滑轮的分类

根据滑轮的中心轴是否移动，可将其分为动滑轮和定滑轮两类。定滑轮的中心轴固定不移动，其作用是改变钢丝绳的方向；动滑轮的中心轴可以移动，动、定滑轮都可绕其心轴转动。

2) 滑轮的制造方法与材料

滑轮通常由铸造而成。铸铁滑轮适于轻、中级工作机构，常用灰铸铁或球墨铸铁材料。铸铁滑轮对钢丝绳磨损小，但其强度较低，脆性大，碰撞容易破损；当工作机构级别较高时，采用铸钢滑轮。滑轮直径较大，铸造困难时，可采用焊接滑轮以减轻其自重。滑轮也可采用塑料、铝合金等材料。

船舶气囊上、下水作业时采用的滑轮一般是铸钢滑轮。

3) 滑轮的构造

滑轮由轮毂、轮辐、轮缘组成。轮缘(包括绳槽)是承载钢丝绳的主要部位，轮辐将轮缘与轮毂连接,整个滑轮通过轮毂安装在滑轮轴上。滑轮的合理结构保证钢丝绳顺利通过并不易跳槽。

4.4.2 滑轮组

若干动滑轮和定滑轮组成滑轮组。钢丝绳依次绕过定滑轮和动滑轮,可以达到省力或减速的目的。此外,还可以改变钢丝绳的运动方向。

在理想状态下,当卷扬机拉动钢丝绳运动时,钢丝绳随着动滑轮和定滑轮的转动,无摩擦地通过滑轮的绳槽。

按滑轮组的构造形式,根据绕入卷扬机卷筒的钢丝绳分支数可分为单联滑轮组和双联滑轮组。单联滑轮组绕入卷筒的钢丝绳只有一根,双联滑轮组绕入卷筒的钢丝绳有两根。船舶气囊上、下水使用的滑轮组一般是单联滑轮组,本书主要介绍单联滑轮组的情况。

1) 滑轮组的倍率

倍率是指滑轮组省力的倍数,也是减速的倍数,用 ε 表示。在不考虑摩擦的理想状态下, ε 值可按下式计算:

$$\varepsilon = \text{总牵引力} / \text{每根钢丝绳拉力} = \text{钢丝绳速度} / \text{重物移动速度}$$

单联滑轮组的倍率等于钢丝绳分支数。

滑轮组倍率大小,对牵引装置总体尺寸有较大的影响。倍率增加时,钢丝绳每个分支拉力减小,卷扬机卷筒直径也可减小。但在牵引距离一定时,卷筒长度要增加,而且在牵引速度不变时,需提高卷筒转数。因此,滑轮组倍率不是越大越好,而要根据牵引力和设备能力综合考虑确定。

2) 滑轮组的工作原理

滑轮组工作原理如图 4-9 所示。

第一种情况:虽然通过一只滑轮,但不省力,牵引速度与重物移动速度相同,通过的这只滑轮只改变牵引方向,没有其他作用。

第二种情况:将滑轮挂在重物一端,牵引速度是重物移动速度一倍,牵引力只有重物一半,即 $W/2$(在进行滑轮组的计算时,假设滑轮与其转轴之间没有摩擦力,下同)。

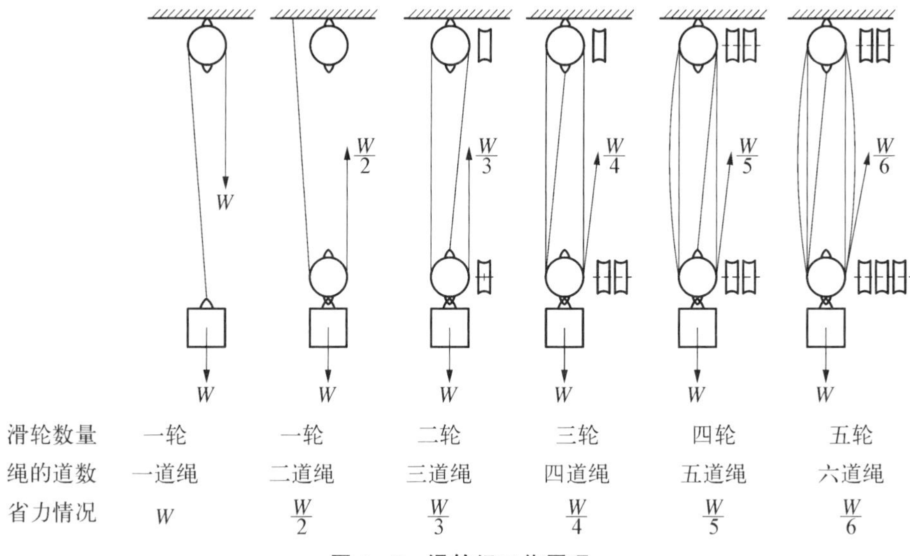

图 4-9 滑轮组工作原理

第三种情况：滑轮增加到 2 只，并且牵引从动滑动一端开始，在动滑轮上有三道牵引钢丝受力，所以牵引力是重物的 $W/3$，而牵引速度是重物移动速度的 3 倍。换言之，用 2 只滑轮三道绳可节省 2/3 的牵引力，但牵引速度即增加 3 倍。

通过上述分析可得到以下结论：

(1) 理论上，滑轮组用 N 只滑轮，绕在动滑轮上的钢丝道数是 $N+1$，重物重力为 W，牵引钢丝受力为 T，则

$$T=\frac{W}{N+1} \tag{4-8}$$

(2) 滑轮组的滑轮数为偶数时，定滑轮数等于动滑轮数，牵引起点从动滑轮组开始。当滑轮数为奇数时，动滑轮比定滑轮多 1 只，牵引起点从定滑轮组开始。

3) 滑轮组的效率

实际情况下，滑轮组的省力倍数比无摩擦的理想状况要小，滑轮的效率损失主要来自轴承摩擦阻力和钢丝绳僵性阻力，二者产生的内摩擦，消耗在钢丝绳的效率要比消耗在滑轮组的效率小些，因为钢丝绳对于卷筒只有单方面的绕进或绕出。但在具体计算时，滑轮与卷筒二者的效率常取同值。

对于单个滑轮，其效率是由绕进滑轮的钢丝绳分支拉力与绕出滑轮的钢丝

绳分支拉力之比值所决定。滚动轴承的滑轮效率为 0.98,滑动轴承的滑轮效率为 0.95。滑轮组效率与单个滑轮效率及倍率有关,滑轮组的效率见表 4-5。

表 4-5 滑轮组的效率

滑轮组倍率 ε	2	3	4	5	6	8	10
滚动轴承滑轮组效率 η	0.99	0.98	0.97	0.96	0.95	0.935	0.916
滑动轴承滑轮组效率 η	0.975	0.95	0.925	0.90	0.88	0.84	0.80

4) 滑轮组钢丝绳的拉力

在考虑滑轮的阻力后,应计算滑轮组钢丝绳每分支实际的拉力 T:

$$T=\frac{F_W}{\varepsilon \cdot \eta} \tag{4-9}$$

式中:T ——钢丝绳每分支所受的拉力/N;

F_W ——总牵引力/N;

ε ——滑轮组倍率;

η ——滑轮组效率。

4.4.3 滑轮组的穿绳绕法

滑轮组在工作时因摩擦和钢丝绳的刚性等原因,要产生运动阻力,致使每一分支跑绳的拉力不同。拉力最小的在固定端,拉力最大的在拉出端。

由于每一分支跑绳的拉力不同,会导致一系列问题。因此,穿绕滑轮组时,必须考虑动、定滑轮所承受的跑绳拉力均匀。穿绕方法不正确,会引起滑轮组倾斜而发生事故。

根据滑轮组的饼数确定其穿绕方法,常用的穿绕方法有:顺穿、花穿和双跑头顺穿,如图 4-10 所示。

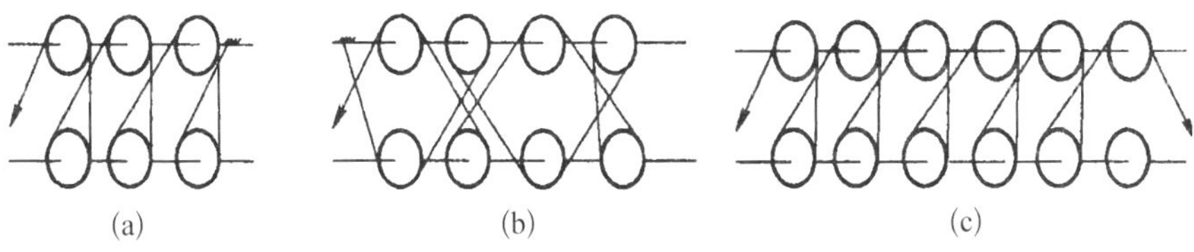

图 4-10 滑轮组穿绕方法

(a) 顺穿;(b) 花穿;(c) 双跑头顺穿

一般情况，3 饼及以下滑轮组宜采用顺穿；4～6 饼滑轮组宜采用花穿；7 饼及以上滑轮组宜采用双跑头顺穿。

4.4.4 滑轮组的使用要求

1) 滑轮组的一般要求

使用滑轮组需要注意以下事项：

(1) 滑轮直径与钢丝绳直径应匹配，满足以下公式：

$$D_L \geqslant (20 \sim 30)d \tag{4-10}$$

式中：D_L ——滑轮的名义直径；

d ——钢丝绳直径。

(2) 滑轮不应有缺损和裂纹，滑轮槽应光洁平整，不得有损伤钢丝绳的缺陷。使用前，应检查滑轮轴、拉板、吊钩等部分是否完好，转动是否灵活。

(3) 滑轮应配置防止钢丝绳跳出绳槽的装置。滑轮穿好后，应缓慢加力，待起重钢丝绳收紧后，检查有无卡绳现象。

(4) 滑轮组上的钢丝绳不得缠绕。滑轮组启动后，应使钢丝绳、吊钩中心与动、定滑轮的中心位于同一直线上。

(5) 滑轮的轮轴应经常保持清洁，并经常进行润滑，以减少磨损和锈蚀。

2) 滑轮组的报废

金属铸造的滑轮，出现下述情况之一时应报废：

(1) 裂纹。

(2) 轮缘不均匀磨损达 3 mm，或轮槽壁厚磨损达原壁厚的 20%，或滑轮轴磨损量达原直径的 3%。

(3) 因磨损使轮槽底部直径减小量达钢丝绳直径的 50%。

(4) 其他损害钢丝绳的缺陷。

4.4.5 脱钩器

脱钩器是串联在牵引系统中，用来使船舶快速脱离牵引控制的装置，如图 4-11 所示。滑轮组与船舶用脱钩器连接。船舶下水使用的脱钩器应有一定的强度，需要时能迅速使船舶脱开牵引钢丝绳。选用脱钩器的许用负荷应不低于实际负荷的 1.5 倍。

船舶下水实际操作中，往往同时有两根钢丝绳牵引船舶，需同时使用两只脱钩器。如果两只脱钩器打开的时间相差很长，另一根钢丝绳受力过大，会发生危险，所以应同步打开。

常见的机械式脱钩器有凸轮锁紧式和卡环锁紧式两种，用于船舶下水工程的脱钩器多为卡环锁紧式。

1—系船钢丝绳；2—脱钩器；3—滑轮组。

图 4-11 脱钩器连接系船钢丝绳和滑轮组

脱钩器使用应注意以下要领：

(1) 安装位置应正确。脱钩器应串联在船舶牵引主缆与滑轮组之间，且钩头应朝向水面一侧。

(2) U形卡环应转动灵活，与钩头接触面应能保持良好的自锁功能，大吨位脱钩器为防止自锁失效，可适当减小钩头上表面的坡度，以防止在移船过程中自滑脱开，造成事故。

(3) 起墩前(气囊充气之前)应保证牵引系统的有效连接并带紧，脱钩器钩头前端的保险销子必须安装到位，并对保险销子加以拴紧。为防止出现保险销被卡环前移挤紧难以拔出现象，可在卡环与保险销之间加垫小块楔形木块，以避免发生保险销卡滞现象。

(4) 拔出保险销前，应注意观察牵引系统的受力以及脱钩器的工作情况，拆除保险销时不得用力敲击脱钩器，以避免因振动造成卡环滑脱。

(5) 小型脱钩器可采用人工大锤打开。其他可采用机械牵引拉开，或将拉开脱钩的牵引绳一端相对固定，向下放船使脱钩器自动打开。两个或以上脱钩器联合工作时，应注意脱钩动作的同步性，以避免因脱钩动作不同步所造成的牵引系统受力不均、下水方向偏移等引发的事故。

5 下水坡道

船舶气囊下水坡道是指气囊能在其上滚动、带有一定坡度的道路，由包括船台部分在内的主坡道以及延伸进入水中的副坡道组成。

造船厂船舶建造时，对船台本身有一些特殊要求。例如：设有用于测量船舶建造过程变形量的基准与标杆、建造时需要的拉环等设施，同时还根据船舶建造能力要求船台具有相应的承载力。通常将船舶修造时的船台与下水坡道分别考虑。但船台往往是下水坡道的组成部分，应该包括在下水坡道之内。对下水坡道的要求，船台部分应同时满足。本章所述的坡道不涉及船台的要求，仅阐述气囊滚动道路的内容。

气囊下水船台的选址通常与其他纵向下水船台相同，应根据地理位置、地形地貌、地质情况、水文情况(包括潮汐、水位高度、流速与流向)、气候情况以及所建造的船舶类型与吨位决定。

5.1 气囊下水坡道发展演变

气囊用于船舶下水初期，船舶自重仅几十吨，气囊由帆布制成，其最大内压仅 0.02 MPa，只要人能够行走的泥地、沙地或草地等，将硬物清理干净，气囊就能在地面滚动从而达到船舶下水的目的。

随着气囊制造材料的改进，气囊工作压力逐渐提高，船舶下水重量也随之提高，从 500 t 发展到 1 000 t 以上。其间，多数船厂开始重视下水坡道的问题。在下水前用压路机或推土机等机械将坡道推平压实，以保证下水安全。

1998 年，在制定船舶行业标准 CB/T 3837—1998《船舶用气囊上排、下水工艺要求》时，对气囊下水的坡道提出了水平度和地面承载力的要求，并允许泥地、沙地等地面在小型船舶气囊下水中使用。但标准并没有对坡道的形式提出要求。当时，在船舶自重小于 1 000 t 的情况下采用气囊下水，并没有因坡道的形式而造成下水事故。只有极少数船厂发生过船尾进入河道泥浆区后，由于坡道承载能力不够导致气囊被压入泥中。显然，当船舶吨位增大后，未经压实的坡道就不能满足气囊下水的要求。

为此，一些船厂为了扩大生产，投资建造了气囊专用下水坡道。如江苏省淮阴市某船厂专门建造了 145 m 长的水泥气囊下水坡道，用于 1 000 吨分节驳采用气囊下水；浙江省舟山市某船厂也专门设计建造了水泥气囊下水坡道。

多数船厂投入较少费用对原下水坡道进行了简易改造。例如：1999 年广东省某船厂用 15 天的时间建造了一座简易船台与下水坡道，总长 145 m，宽 63 m，用压路机将地面压实，填上沙石和土，最后压平即投产使用。该厂利用此简易船台与下水坡道，建造了一艘自重 780 t 的集装箱船，并顺利用气囊下水。

随着船舶下水吨位的增大和船舶长度的增长，下水风险也逐渐增加。2002 年，万吨级船舶"舟海油 28"号在浙江省台州市用气囊下水成功。此后，2 万～3 万 DWT 的船舶开始采用气囊下水，原有简易的下水坡道存在很大风险。因此提出了万吨级船舶的气囊下水坡道设计方案，并先后为浙江、江苏、湖北等地的造船厂设计了大型船舶气囊下水坡道，取得了预期效果。许多地方的造船企业也纷纷效仿，设计并改造了下水坡道的结构与形式，保证了万吨级船舶的下水安全。

5.2　下水坡道设计要求

5.2.1　通用要求

船舶的行业标准 CB/T 3837—2011《船舶用气囊上排、下水工艺要求》对下水坡道提出了以下基本要求：

(1) 坡道表面在气囊滚动前应进行清扫，保证无铁钉等尖锐硬物。

(2) 坡道在水下应保持适当的长度，保证坡道末端有足够的水深。

(3) 坡道的地面承载力应大于气囊工作压力的 2 倍以上。

(4) 主坡道坡度应能使船舶在解脱牵引后自动下滑，副坡道的坡度与长度根据船舶类别、船舶下水时的水位高度、气囊直径等因素确定，并满足船舶气囊下水安全要求。

5.2.2 针对不同类别船舶的下水坡道要求

CB/T 3837—2011《船舶用气囊上排、下水工艺要求》按下水重量和长度的不同，把船舶分为四类(表 5-1)。

表 5-1 标准对下水船舶的分类等级表

类别	船舶重量及长度
Ⅰ类	下水重量>5 000 t，或长度>150 m 的船舶
Ⅱ类	下水重量大于 3 000 t 至 5 000 t，或长度大于 120 m 至 150 m 的船舶
Ⅲ类	下水重量 1 000 t 至 3 000 t，或长度大于 90 m 至 120 m 的船舶
Ⅳ类	下水重量≤1 000 t，或长度≤90 m 的船舶

Ⅰ类和Ⅱ类船舶采用气囊下水时，必须建造专门设计的钢筋混凝土下水坡道，左右高度差不应大于 20 mm。

Ⅲ类船舶采用气囊下水时，应该建造水泥混凝土路面，左右高度差不应大于 50 mm。

Ⅳ类船舶采用气囊下水时，下水坡道可为土坡，但应经压路机压平，左右高度差不大于 80 mm。

5.3 船舶入水过程分析

船舶解脱牵引后开始前移，气囊也随之前移。因气囊前移的距离为船体的一半，造成艉部伸在气囊外的悬臂长度逐步加大，船尾部的气囊从移船开始逐渐压扁，船体开始仰倾，龙骨坡度逐渐加大。这种现象通常叫作"艉下坠"。在艉部没有触水前，下水行程越远，"艉下坠"现象越严重，如图 5-1 所示。

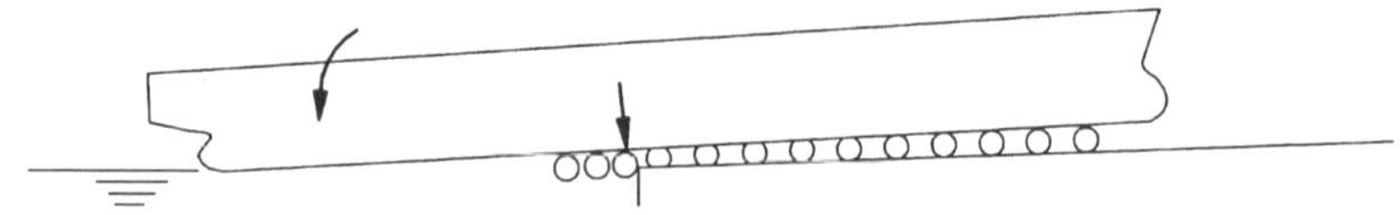

图 5-1 船舶气囊下水时的"艉下坠"现象

当船舶重心到达坡道拐点附近时，后半部气囊承载力很小，"艉下坠"将达到最大值，便会出现类似滑道下水中的"艉弯"现象。但由于气囊下水从启动开始就有艉倾角,在重心到达拐点前后(仅十几秒时间)倾角迅速增大。对于滑道下水,仅当船体浮力对滑道后端的力矩小于重力对同一点的力矩时会发生“艉弯”。“艉弯”是一个突发动作,在滑道下水中属于可避免的不正常现象。如果下水滑道伸入水下有足够的长度,则不会发生“艉弯”。而对于气囊下水,“艉下坠”是一种正常现象,是渐进过程且无法避免。因此,不能认为气囊下水中的“艉下坠”现象就是滑道下水中的“艉弯”现象。这是气囊下水和滑道下水的根本区别。

如果将下水开始后的时间作为横坐标,倾角作为纵坐标画成曲线,则形成纵倾角曲线。图 5－2 是 16 600 DWT 散货船气囊下水纵倾角计算曲线。图 5－3 是同一船型气囊下水实测纵倾角曲线。图中的纵倾角在船舶重心经过坡道拐点前后达到峰值。坡道坡度越小,水位越低,其峰值越高。此时,处于坡道拐点处的气囊工作高度最低,工作压力最高,也会对船底板造成较大内应力。通过多艘实船的测试表明,此时的船体总纵弯曲力矩和局部船底板内应力都达到了最大值。

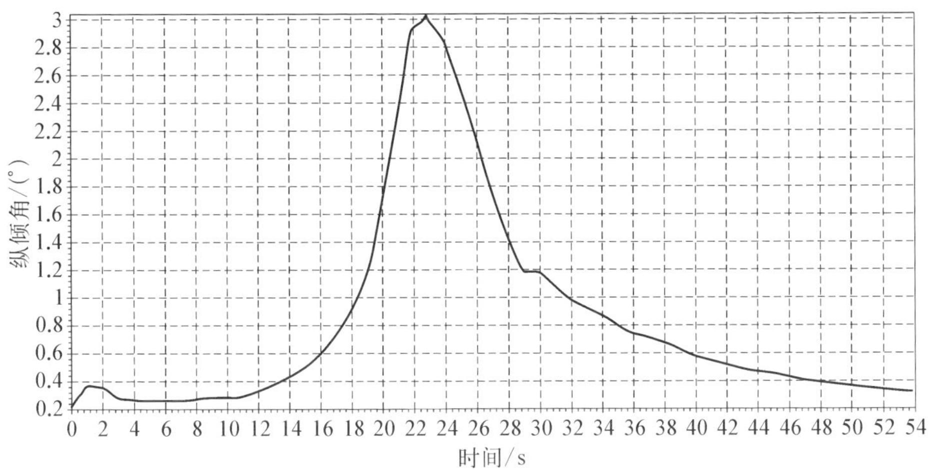

图 5－2　16 600 DWT 散货船气囊下水纵倾角计算曲线

由于采用时间作为横坐标,上述两图的纵倾角曲线显示比较陡峭。若转换成以船舶下水行程为横坐标,则曲线呈现平缓过渡的形态(见图 5－4),且最大纵倾角只有 3°,相当于常见的滑道下水角度。因此,不能认为这是艉部过度下坠的“艉弯”现象。

与此同时,“艉下坠”现象会将艏部抬高。若出现艏部的船底高度大于气囊直径,则气囊不能起到作用,艏部也有一段悬空,需要引起注意并尽量避免。

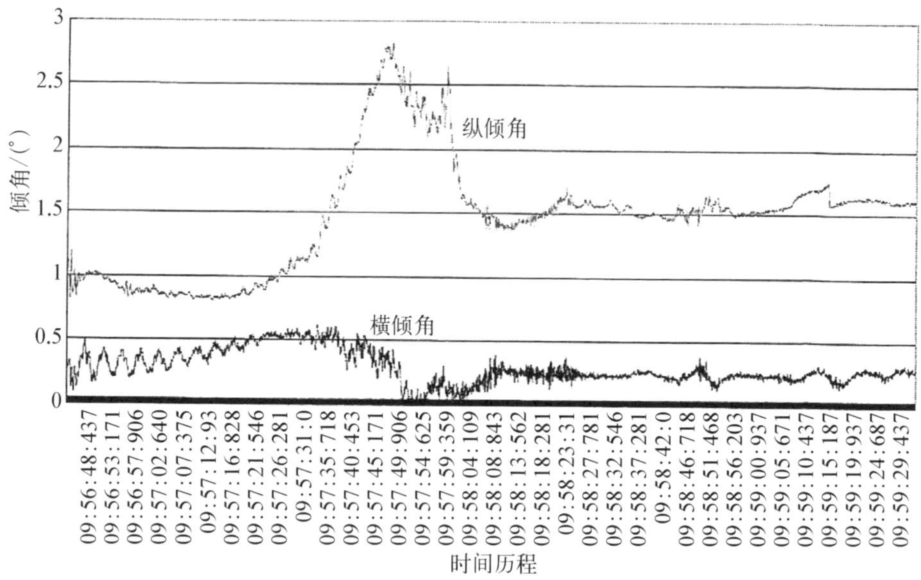

图 5-3　16 600 DWT 散货船气囊下水纵倾角曲线实测

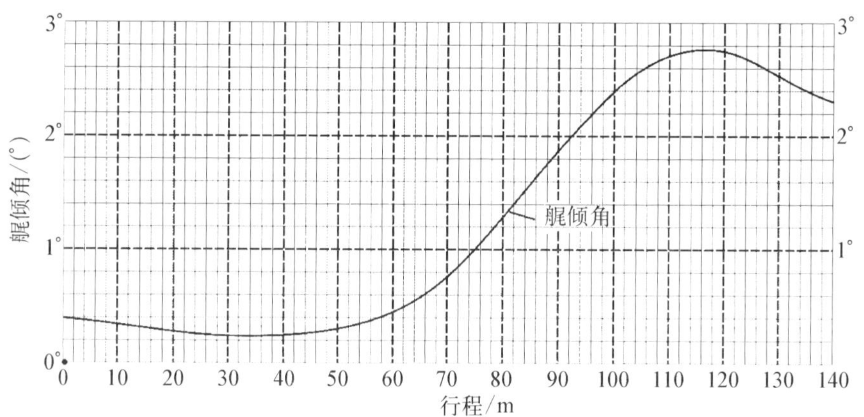

图 5-4　16 600 DWT 散货船实测气囊下水纵倾角曲线按行程转换后的形状

船舶继续向前移动，艉部浮力增大，抑制船体仰倾，艉部逐渐上浮，直到整个船体全部浮起。在艏部还没全部浮起前，艉部入水船体产生浮力很大，船尾部上抬，船体仰倾现象逐渐减小。此时，若艏部搁在坡道上未入水的气囊很少，则艏部下的气囊会承受较大压力（见图 5-5）。这种现象只可能发生在坡道坡度特别大的情况（如利用旧滑道进行气囊下水）或发生在一些特殊船型如重心偏向艏部的情况。近年来新设计的气囊下水坡道避免了这种现象的发生。

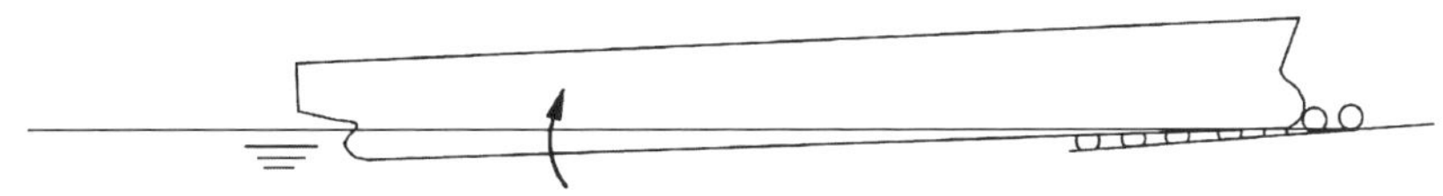

图 5-5 船舶气囊下水时可能出现的艏部受压

气囊下水的"艉上浮"现象与滑道下水的"艉上浮"现象有着本质的区别。滑道下水时的"艉上浮"是一个突发现象,导致艏部支点处的压力骤增,甚至造成艏支架损毁。滑道下水过程中,这种突发的"艉上浮"现象是不可避免的,属于正常现象。在气囊下水过程中,艉部入水后,船舶随着浮力的增加缓缓上浮,是一个连续的过程,不会产生突发的"艉上浮"现象,艏部气囊也不会出现超过额定工作压力的情况。

由此可见,下水坡道的形式、坡度的大小等对船舶安全入水起着重要作用。

5.4 折角型下水坡道

万吨级船舶应用气囊下水后,对坡道有了新要求,坡道的形式、坡度的选取以及承压能力是气囊下水成功的重要因素。

5.4.1 折角型坡道的形状

气囊下水与其他纵向下水一样,只要水位高以及坡道在水中有足够长度,则可认为是相对安全的,但这会造成基建投资过大。选取适当水位、改变坡道末端形式,可以相对缩短坡道的水下长度。目前,实践应用的两种典型下水坡道形式为多折线型的下水坡道和抛物线型的下水坡道(见图 5-6)。

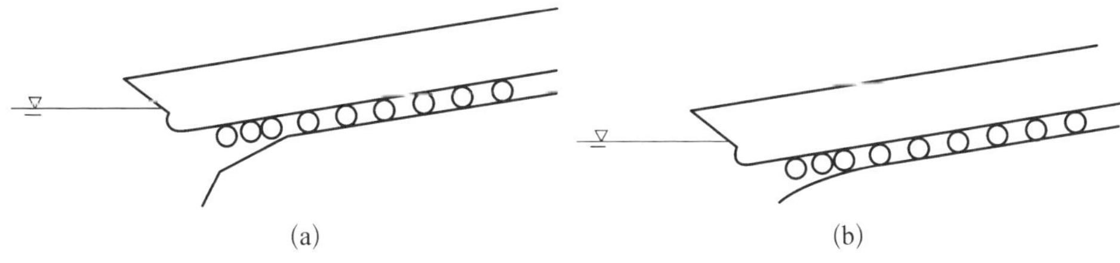

(a) (b)

图 5-6 多折线型下水坡道和抛物线型下水坡道示意图

(a) 多折线型下水坡道;(b) 抛物线型下水坡道

从理论上讲,抛物线型的坡道比多折线型的坡道在气囊下水时有较好的力学性能,因为抛物线只要有适合的曲率,且与上面的直线有恰当的连接,会使得船舶在下水过程中，得到比较理想的气囊支持力。但抛物线型的坡道对施工要求严格，也增加建造成本。

近几年，在实践中提出了单折角型坡道（见图 5-7）的方案，通过实船下水验证，这是一种较适合气囊下水的坡道。它由主坡道和一段较短的副坡道组成，副坡道虽短但其作用很大。万吨级船舶下水，特别在水位较低时，副坡道上的气囊起着相当重要的作用，能减少“艉下坠”现象的发生。而对一些重心靠前的特殊船型，艏吃水较大，副坡道的存在能明显改善艏跌落现象。即使出现这种现象，因此处有很多被船舶带入水中的气囊密集排列在副坡道末端，也能起到保护艏部的作用。

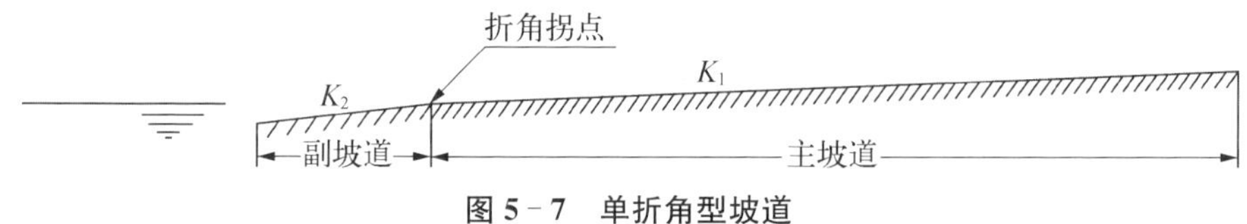

图 5-7　单折角型坡道

船体在主坡道上建造时，合拢的位置应尽量靠近折角拐点处，可减少气囊下水时的移船距离。这样既能减轻对艉部气囊的压力，又能使船体内应力降低。

5.4.2　坡道的参数

5.4.2.1　主坡道

主坡道的长度和坡度应综合考虑下水船舶长度、所在位置的地形、水文、气囊直径等诸多因素。对内河船厂，特别是上游沿岸的船厂，夏季、秋季水位与春季、冬季水位高度差太大，很难统一要求，只能针对当地具体情况具体处理。

主坡道的坡度 K_1 应达到船体在解脱牵引后能自行下水，但也不宜过大。坡度加大，牵引力就加大，容易发生事故，船台建造投资也加大。

关于 K_1 的选取：由于船体的下滑力是重量的分力，所以船体重量越大，其下滑力也越大，坡道的坡度相对可小一些。根据近年来万吨级船使用情况，K_1 的建议值列于表 5-2 中。

表 5-2　主坡道坡度 K_1 的建议值

载重量/t	10 000～30 000	30 000～50 000	50 000～70 000	>70 000
K_1	1/60～1/65	1/65～1/70	1/70～1/75	1/75～1/78

主坡道坡度的最后确定还应综合考虑原始场地的地形、地貌对施工条件、投资成本的影响，以及地质、水文、气象条件等诸多因素的影响，表 5－2 仅考虑了船舶重量对牵引力的要求。考虑其他因素，坡道可选取较大一些。以 57 000 t 下水为例，当坡度为 1/80 时，有时能自行启动，有时却不能自行启动，这与气囊摆放平行度等有关，说明此坡度的下滑力接近气囊滚动阻力。为此，57 000 DWT 船的下水坡度应取比 1/80 略大一些。

主坡道末端尽量设在设计水位之下。近年来，多数坡道都将折角拐点设在设计水位以下 0.3～0.5 m，并在此处建闸门，全年度内均能保证船舶正常建造和下水。

5.4.2.2　副坡道

副坡道长度通常根据水下船舶的长度和末端气囊的有效支撑情况来确定。以 57 000 DWT 散货船气囊下水为例，副坡道一般设置 5 个气囊，若选用直径 1.5 m 的气囊，取副坡道长度 13～15 m；若选用直径 1.8 m 的气囊，取副坡道长度 14～18 m。

副坡道的坡度 K_2 应适中，不宜过大或过小。若太大，末端气囊就不起作用，如图 5－8 所示。直径 1.5 m 气囊，坡度 1/10 以后就可能出现这种情况。若太小，即小于船体倾斜后的最大倾角，副坡道上的气囊就会出现最末端一个气囊压缩量大于拐点上气囊的压缩量。这种情况，不但气囊有危险性，同时还对坡道末端造成很大压力，容易发生事故。根据近年来 3 万～8 万 DWT 的艉机型货船下水实例，当水位到达与折角拐点齐平时，船体龙骨最大坡度在 1/32～1/28 范

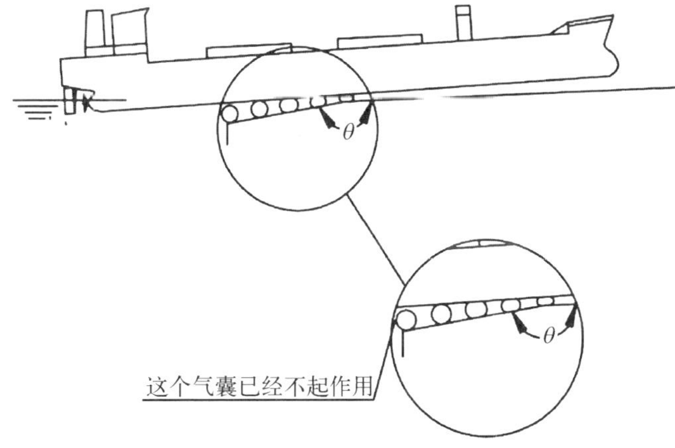

图 5－8　船舶入水时副坡道的作用

围内，副坡道坡度应小于 1/25 为宜，以尽量减少水下坡道的长度，降低基建成本。

副坡道设计时，应根据船型、地质、水文等设计资料，从技术、经济等多方面进行充分的分析、计算、论证，应尽可能兼顾多种船型气囊下水的条件要求。为降低船台投资成本，副坡道在满足技术可行性条件要求的前提下，坡道长度应尽量缩短。但是，坡度越大(坡道越短)，船舶在下水过程中容易产生“艉下坠”及拐点处气囊压力过大的现象。因此，一般副坡道坡度不宜大于 1/10，通常选取 1/20～1/15 之间。以直径 1.5 m 气囊为例，多数取 $K_2=1/20\sim1/15$。如果大于 1/15 或小于 1/20 时应特别慎重考虑。以上数值是根据近年来艉机型万吨级船，多数使用 $D=1.5$ m 气囊，最高气压 0.13～0.16 MPa，船墩高度 0.8～0.85 m 总结出来的，今后应用更大直径的气囊和增高船墩高度后可能会有新的变化。

5.4.3 坡道的承压能力

下水坡道必须有足够的承压能力，其承压能力应达到气囊可能出现的最大内压的 2 倍以上。

对重量大于 3 000 吨或船长大于 120 m 的船舶，气囊下水坡道应由专门设计的钢筋混凝土建成。船舶入水瞬时，尤其在坡道末端不仅受力大，而且受压不均匀，所以必须设计成钢筋混凝土结构。

下水坡道如果承压能力不足，船舶下水时，由于船舶重量引起的气囊内压传递到坡道，坡道就会被压塌、压裂，后面的气囊滚动碰到水泥混凝土裂缝时，开裂的混凝土裂缝会像刀刃一样，将气囊割破，并引发事故。

5.4.4 船台的承载力

船台的承载力设计是根据拟建造船舶的工艺载荷、墩木、移船设备等重量分布情况以及建造工艺的分段划分、布墩设计方案等多种因素确定的。一般情况下，规范的船台地面承载力因需要满足坐墩的强度要求，地面承载力均在 20 t/m^2 以上。例如：5 000 吨级船台的地面承载力要求一般在 25～35 t/m^2 之间，万吨级以上船台的地面承载力要求一般在 30～45 t/m^2 之间。因此，船台的承载力均能满足气囊下水的承载力要求。

在气囊下水船台设计时，地面承载力只要考虑满足坐墩要求即可。对已有船台的气囊下水工艺方案设计时，对船台地面的承载力校核，可根据下水船舶的重量及支墩的数量按下列方法进行简单校核：船舶重量/支墩的底面积总和＝支墩底面的平均承载力。

只要支墩底面的平均承载力大于起墩状态的气囊工作压力即可满足气囊下水要求。

5.5　沿海船厂下水坡道设计案例

船舶气囊下水船台设计是一项集船舶工艺、水文、地质、水工、环境保护等多学科领域为一体的复杂工程。从船厂选址开始，就应综合考虑地质、地貌、水文、气候等诸多因素对船台综合性能的影响。沿海地区大都存在潮汐现象，其船台设计应尽可能利用潮汐规律的有利因素，采取乘高潮位下水、利用低潮位施工的设计理念，从而大大降低船台建设的成本。下面介绍的是地处山东沿海荣成湾西部的一家船厂采用气囊下水时船台和坡道的设计案例。

5.5.1　总体概况

拟建船台位于黄海的荣成湾西部南岸，该场地原为荣成湾某船厂的轨道式船台区。一期工程中 35 000 DWT 气囊船台场地为回填区。现有船台区的陆域长度约为 350 m。

船台建造完工后，可同时进行两条 35 000 DWT 以下的散货船，30 000 DWT 及以下的多用途船、集装箱船，16 500 DWT 油船等艉机型船，空船重量 10 000 t 以下的船舶建造，年生产能力可下水 4～6 条。船台还可以承接驳船、双体船等超宽特殊船舶的建造。

5.5.2　地质及水文情况

拟建的船台区中心线基本为南北朝向，船台区域地势比较平坦，基础均为回填石或沙土，陆域场地标高基本在 2.7 m 左右，船台区港池内地标深基本在 4.0～4.9 m 之间，海域底面也相对比较平缓，比较有利于气囊船台的设计与施工。从提供的水文资料看，石岛湾潮流基本属于正规半日潮流，浅水分潮流比较显著，但湾内流速较小，该湾表层余流大致呈西进东出之势，对该区域的施工及船舶下水作业几乎没有较大影响。船台海域水深较浅，较难满足 35 000 DWT 及以上船舶的下水及靠泊需要。为此，在厂区规划和施工设计中，广泛收集船型资料，对码头的水深、岸线标高等做进一步的论证分析，以确保方案设计准确、合理。

根据拟建船台所在地域，船台设计的水位是参照最邻近的“成山角潮汐表”的水位变化进行统计分析确定的，具体的水位统计数据如表 5-3 所示。为达到全年下水的条件，根据统计结果计算分析后确定，3.5 万 DWT 船舶下水的乘潮水位为+1.25 m，这样即使在潮位较低的 1、2 月份也将有近 10 天的下水水位，完全能够满足安全下水的水位条件要求。

表 5-3 成山角潮汐水位统计资料 单位：m

月 份	1月	2月	3月	4月	5月	6月	7月	8月	9月	10月	11月	12月
平均高潮位	1.22	1.24	1.29	1.36	1.45	1.55	1.64	1.67	1.63	1.54	1.42	1.27
平均低潮位	0.08	0.16	0.23	0.29	0.31	0.37	0.42	0.47	0.42	0.40	0.26	0.15
最高潮位	1.35	1.43	1.53	1.60	1.66	1.70	1.74	1.82	1.86	1.80	1.65	1.44
最低潮位	−0.06	−0.01	0.12	0.11	0.13	0.17	0.22	0.40	0.39	0.18	0.06	−0.07

对以上水位统计数据进行分析得出以下结论：全年最高潮位为+1.86 m，全年最低潮位为−0.07 m，潮差基本在 1.05～1.2 m 之间。

5.5.3 相关船型资料

根据船厂委托设计的要求，对 9 000～35 000 DWT 的船舶资料进行了收集分析，目的是根据造船市场需求，确定拟建船台的工艺参数。共收集了 20 余种船型资料，现对其中具有代表性的船型重点进行了统计、分析和比较，具体如表 5-4 所示。

表 5-4 9 000～35 000 DWT 的船舶数据

船型名称	主 要 尺 度	估计下水状态
9 000 t 多用途船	$L_{OA}=100.5$ m; $L_{BP}=95.0$ m; $B=20.4$ m; $D=11.10$ m; $T_S=6.25$ m	$W\approx 3\,500$ t; $T_F=1.0$ m $T_A=3.3$ m
12 000 t 多用途船	$L_{OA}=136.8$ m; $L_{BP}=128.0$ m; $B=22.4$ m; $D=11.0$ m; $T_S=7.8$ m	$W\approx 4\,000$ t; $T_F=1.0$ m $T_A=3.7$ m
12 000 t 油船	$L_{OA}=134.85$ m; $L_{BP}=126.0$ m; $B=22.0$ m; $D=10.60$ m; $T_S=7.5$ m	$W\approx 4\,000$ t; $T_F=0.8$ m $T_A=3.7$ m

(续表)

船型名称	主 要 尺 度	估计下水状态
12 400 t 散货船	$L_{OA}=135.0$ m; $L_{BP}=128.0$ m; $B=22.6$ m; $D=8.60$ m; $T_S=5.5$ m	$W\approx 3\,680$ t; $T_F=0.8$ m $T_A=3.8$ m
16 000 t 散货船	$L_{OA}=134.85$ m; $L_{BP}=126.0$ m; $B=23.1$ m; $D=13.50$ m; $T_S=5$ m	
319 TEU 集装箱船	$L_{OA}=149.0$ m; $L_{BP}=139.0$ m; $B=18.0$ m; $D=10.60$ m; $T_S=7.5$ m	
412 TEU 集装箱船	$L_{OA}=121$ m; $L_{BP}=110.0$ m; $B=20.2$ m; $D=8.50$ m; $T_S=6.20$ m	
1 700 TEU 集装箱船	$L_{OA}=189.0$ m; $L_{BP}=176.42$ m; $B=26.5$ m; $D=14.2$ m; $T_S=9.0$ m	$W\approx 4\,000$ t; $T_F=0.8$ m $T_A=3.7$ m
20 000 t 多用途船	$L_{OA}=169.0$ m; $L_{BP}=158.0$ m; $B=25.2$ m; $D=14.1$ m; $T_S=9.5$ m	$W\approx 7\,650$ t; $T_F=0.8$ m $T_A=4.4$ m
27 000 t 木船/散货船	$L_{OA}=172.0$ m; $L_{BP}=164.0$ m; $B=26.0$ m; $D=13.4$ m; $T_S=9.52$ m	$W\approx 7\,450$ t; $T_F=0.8$ m $T_A=4.5$ m
30 000 t 多用途船	$L_{OA}=192.0$ m; $L_{BP}=180.0$ m; $B=26.7$ m; $D=15.5$ m; $T_S=9.85$ m	$W\approx 10\,500$ t; $T_F=0.8$ m $T_A=4.8$ m
34 000 t 散货船	$L_{OA}=180.0$ m; $L_{BP}=176.75$ m; $B=30.0$ m; $D=14.7$ m; $T_S=9.10$ m	$W\approx 9\,900$ t; $T_F=0.8$ m $T_A=4.8$ m
35 000 t 肥大型散货船	$L_{OA}=185.0$ m; $L_{BP}=175.0$ m; $B=32.0$ m; $D=15.4$ m; $T_S=9.5$ m	$W\approx 11\,500$ t; $T_F=0.8$ m $T_A=4.8$ m
35 000 t 浅吃水散货船	$L_{OA}=195.0$ m; $L_{BP}=185.0$ m; $B=32.0$ m; $D=15.2$ m; $T_S=10.0$ m	$W\approx 11\,800$ t; $T_F=0.8$ m $T_A=4.9$ m

注：L_{OA} —船舶总长；L_{BP} —两柱间长；B —船舶型宽；D —船舶型深；T_S —船舶设计吃水；W —船舶下水时重量；T_F —船舶下水时的艏吃水；T_A —船舶下水时的艉吃水。

5.5.4 主要参数

5.5.4.1 船台形式及主要尺度

考虑到船台建造区域的地势平坦，地面标高与下水时的水面高差很少，设计时本着减少工程量、降低成本、方便施工的原则，经综合分析后认为，此船台形式宜选为半坞式船台。

(1) 船台总长度(包括主坡道和副坡道)：$L \approx 240$ m(较机械化滑道式船台缩短近 100 m)。

(2) 半坞船台(相对干区直线段)长度[①]：$L_1 = 195$ m。

(3) 船台宽度：$B = 68$ m(可适当增加，以满足超宽的特殊型船的建造)。

(4) 船台坡度(主坡道坡度)：$K_1 = 1/65$(可依靠重力下水)。

(5) 挡水坞门水平段长度：$L_D = 3$ m(根据坞门设计宽度确定)。

(6) 副坡道长度：$L_G \approx 46$ m。

(7) 副坡道坡度：$K_2 = 1/20$。

(8) 船台区标高。

顶端标高：+3.4 m(设计正常下水水位：+1.25 m)；

船台末端(坞门)标高：+0.4 m；

副坡道顶端标高：+0.4 m；

副坡道末端标高：−1.9 m(可在低潮水位进行水下施工)。

如图 5-9 所示为船台方案布置。

5.5.4.2 船台布置

在 68 m 宽的船台(具体宽度应结合 300 t 龙门起重机的轨道基础设计确定)上设置两条 35 000 DWT 船舶建造流水线(船位)。中心线、拉桩、起重、动力设施的配套设计按常规船台设计方案进行。船台末端处设置挡水坞门，两船位可分别设置坞门，船位中间设置与船台地面设计标高一致的纵向挡水墙体，以方便两船的不同时间下水操作。按气囊下水工艺要求，为保证气囊起墩及布置调整时的安全，做到对船舶落坐气囊后的有效控制，两船位顶端的中心线处分别设置一座许用拉力负荷为 80 t 的地牛基础(带拉环等附件)，并按要求配置卷扬机设备。

5.5.4.3 船台基础设计的强度要求

(1) 船台合拢区段(上段 195 m)：合拢区船台按一般船台设计负荷要求进行设计(主要根据船型资料中的空船重量分布情况及船厂条件、工艺水平、布墩数量、墩木形式等综合考虑)。

(2) 气囊载荷工作段(纵标 200～250 m 段)的设计承压：$p \geqslant 0.20$ MPa；考虑到水下段施工复杂，气囊的水下工作段允许有不大于 50 mm 不均匀的基础沉降。

---

① 半坞船台的长度，即为船台顶端至坞门的距离。

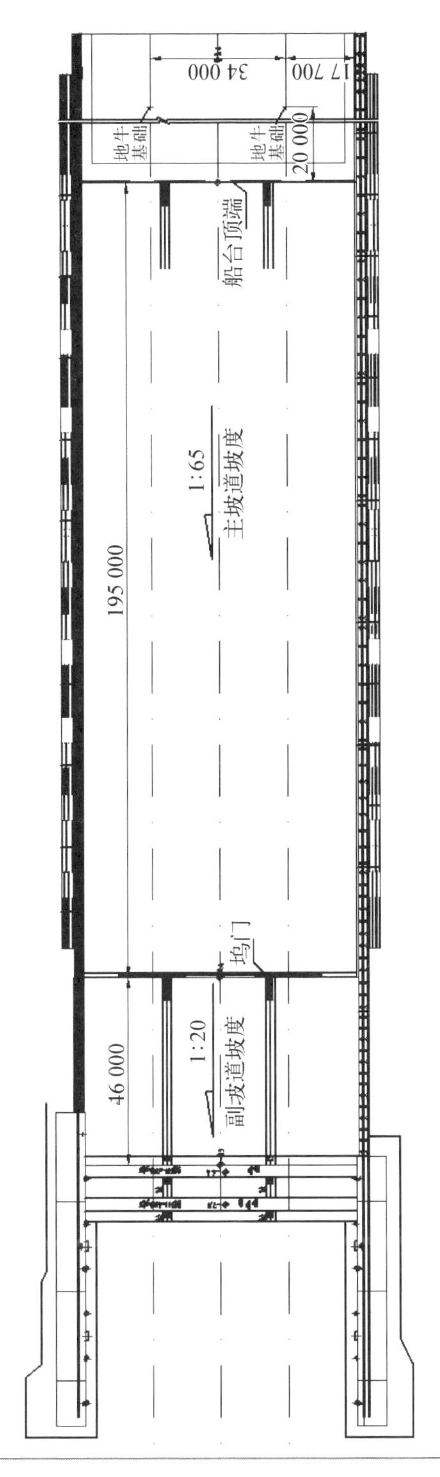
34 000
17 700
地牛基础
地牛基础
20 000
船台顶端
1:65
主坡道坡度
195 000
坞门
1:20
副坡道坡度
46 000

图 5-9 船台方案布置

5.5.4.4 船台建设方案说明

(1) 为节省工程投资费用,减少水下施工的难度和工作量,可调整施工进度和时间要求,先进行水上船台的设计和施工建设,完工后即可进行船台合拢生产。坞门及入水段建设可乘便于水下施工的季节进行施工。这样可相对缩短建设周期。

(2) 坡道的水下末端标高设计为−1.9 m以上,可乘低潮位季节借助于简单的围堰进行施工。

5.5.5 气囊下水方案

本工艺适用于34 000 DWT散货船在其半坞式气囊下水船台上建造完工后的气囊下水操作,同类或其他类似型船的下水可参照执行。

1) 船型主要参数

总长:$L_{oa}=180.0$ m;型宽:$B=30.0$ m;型深:$D=14.70$ m;空船重量:$W=9\,138$ t;吃水:$T_F=0.68$ m;$T_A=4.428$ m。

2) 船台参数和设备设施

船台坡度:$K_1=1/65$;副坡道坡度:$K_2=1/20$;起墩高度:$H=0.85$ m。

执行气囊下水所需的设施/设备配置如表5-5所示。

表5-5 主要设施/设备配置表

序号	设备、设施名称	规格/型号	数量	备　　注
1	气囊	QG7 1.5×18	50	下水工程队自带
2	充气装置		4	下水工程队自备
3	脱钩器	100 t	2	下水工程队自带
4	系泊缆(尼龙缆绳)	$\phi 50\times 100$ m	2	下水后定位
5	双饼滑车	3×40	2	牵引控制用
6	单饼滑车	40	2	
7	卷扬机(绞车)	JC150(15 t)	2	钢缆随卷扬机配,长度不少于500 m,配夹头
8	艏部固定缆	$\phi 52\times 100$ m	1	脱钩前固定船用(配备夹头)
9	拖船	735 kW以上	2	下水后牵引船定位

3) 气囊布置方案

(1) 气囊布置及承载力计算。选用济南昌林气囊容器厂有限公司生产的

QG7 1.5×18 的气囊 50 个，布置间距 3.5 m 左右。艉部气囊间距可适当减少，间距在 2.8～3 m 为宜。

① 起墩状态的气囊承载力。起墩高度：$H=0.85$ m。

$$Q=\frac{\pi(D-H)}{2}\cdot L\cdot p\cdot N\cdot\frac{C_B}{g}$$
$$=\frac{3.14\times(1.5-0.85)}{2}\times 18\times 160\times 50\times\frac{0.815}{9.81}$$
$$=12\,208\ \text{t}$$

起墩状态的气囊安全系数：$K=12\,208/9\,138=1.336>1.2$(满足标准要求)。

② 下水状态的气囊承载力。气囊工作高度：$H=0.5$ m。

$$Q=\frac{\pi(D-H)}{2}\cdot L\cdot p\cdot N\cdot\frac{C_B}{g}$$
$$=\frac{3.14\times(1.5-0.5)}{2}\times 18\times 160\times 50\times\frac{0.815}{9.81}$$
$$=18\,782\ \text{t}$$

下水状态的气囊安全系数：$K=18\,782/9\,138=2.05>1.2$(满足标准要求)。

(2) 牵引力估算。瞬间最大下滑力：

$$F_{max}=W\cdot\sin(\arctan K_1)=9\,318\sin\left(\arctan\frac{1}{65}\right)=140\ \text{t}$$

为了保证下水的安全，牵引力实取瞬间最大下滑力为设计牵引负荷：

$$F_{max}=140\ \text{t}$$

4) 下水作业环境要求

下水作业环境应当满足下水作业要求，风力应不大于 5 级，能见度应不小于 1 000 m，夜间和大雾、大风、大雨天气不应进行下水作业，具体应视现场的环境条件综合考虑并采取一定的有效措施，以确保下水作业的安全。

5.6 内河船厂下水坡道设计案例

本案例是内河船厂(长江岸边)一座 30 000 DWT 气囊下水船台(兼坡道)总体设计方案。内河船厂由于所处的岸坡条件有特殊性，不能完全按照前面所述的要求来设计气囊下水的船台和坡道。通过本特例介绍气囊下水船台设计的基本思路和因地制宜的做法。

5.6.1 总体概况

本案例场地位于长江南京段江岸，处于新、旧防洪大堤之间的空旷低洼地，此场地的平均原始地面标高约为+4.50 m。6 年统计平均高水位约为+7.03 m（7 月份），最低水位约为+1.35 m（1 月份）。

客户要求以 30 000 DWT 散货船作为设计的目标船型，其主要尺度如下：

总长 $L_{OA}=180$ m；型宽 $B=28$ m；下水船舶重量 $W=9\,000$ t。

根据场地的具体条件，本案例在基本满足船体建造合拢（干区）要求船台长度的前提下，既保证船舶下水过程中使气囊合理有效承载，又尽可能地减少坡道长度，降低建造成本，因此采用了多折线型（船台）坡道设计方案。

5.6.2 地质及水文情况

拟建船台区的江堤向江心约 120 m 处为一段坡度为 1/30～1/35 的缓坡，缓坡末端江底标高即为提供的原始设计标高的基准 0 位，0 位向下为盆沿状陡峭的江底。距离设计方案的船台坞门约 125 m，枯水季节的 12 月份至来年 3 月份此处水深不足 4 m，水深条件较差。

船台及下水区域江底为深度淤泥基础，淤泥深度为 20 m 左右。江水流速较大，季节高低水位差比较大，6 年统计为 3.5 m 左右，有利于水下基础的施工。

由于本地长江水位记载数据不全，因此采用邻近地区的长江水位统计资料进行分析，求得一年中各个月份的平均水位系数，利用这个系数和当地的有限记录数据推算出一年中各个月份的平均水位，如表 5-6 所示。

表 5-6 设计场地长江水位推算表

水位	月份											
	1月	2月	3月	4月	5月	6月	7月	8月	9月	10月	11月	12月
平均水位系数	0.491	0.501	0.563	0.632	0.756	0.874	1.036	1	0.938	0.812	0.626	0.525
2000 年水位/m	3.376	3.444	3.871	4.345	5.198	**6.037**	**6.90**	**6.875**	**7.425**	5.583	4.304	3.609

（续表）

水　位	月　份											
	1月	2月	3月	4月	5月	6月	7月	8月	9月	10月	11月	12月
2001 年水位/m	3.09	3.153	3.543	3.977	4.758	**6.80**	6.520	**6.293**	5.901	5.110	3.394	3.304
2002 年水位/m	3.694	3.770	4.236	4.755	**6.995**	**7.015**	**7.555**	**7.524**	**7.810**	6.109	4.710	3.95
2003 年水位/m	3.511	3.582	4.025	4.519	**6.225**	**6.154**	**7.970**	**7.150**	6.707	5.806	4.476	3.754
2004 年水位/m	3.321	3.388	3.808	4.274	**5.959**	**6.223**	**6.718**	**6.763**	6.344	5.492	4.234	3.551
2005 年水位/m	3.602	3.675	4.130	4.636	**6.149**	**6.696**	**6.518**	**7.336**	6.881	5.967	4.592	3.851
6 年平均水位/m	3.432	3.547	3.921	4.417	5.881	6.488	7.03	6.99	6.844	5.678	4.285	3.607

注：表中加粗的数字是实际记录值；未加粗的数字是推算值，是用该年 8 月份的水位记录值乘以第一行的平均水位系数得到的。

5.6.3　气囊下水船台的设计方案

根据客户提供的资料进行分析、计算，初步确定船台的主要参数。

5.6.3.1　主要尺度

船台总长度：$L \approx 270$ m。

其中，船舶建造段长度（相对干区直线段）180 m（相对干区是指除了 5—10 月的 5 个月份之外，其余 7 个月的平均水位均在此船台的末端标高以下）；设计坡度为 1/50（可以依靠重力自行下水）；过渡变坡段长度：60 m；设计坡度：1/35；坞门口水平段长度：1.5～2 m（根据坞门设计要求确定）；副坡道长度：60 m；设计坡度：1/18。船台区标高：顶端标高：＋9.0 m；坞门处标高：＋4.257 m；入水斜坡段末端标高：＋0.353 m。

具体如图 5－10 所示。

5.6.3.2　船台基础设计

船台区水上段 180 m 基础按常规船台设计负荷要求进行设计，主要根据船型资料中的空船重量分布、工艺设备布置、布墩区域、数量以及墩木形式等综合考虑。

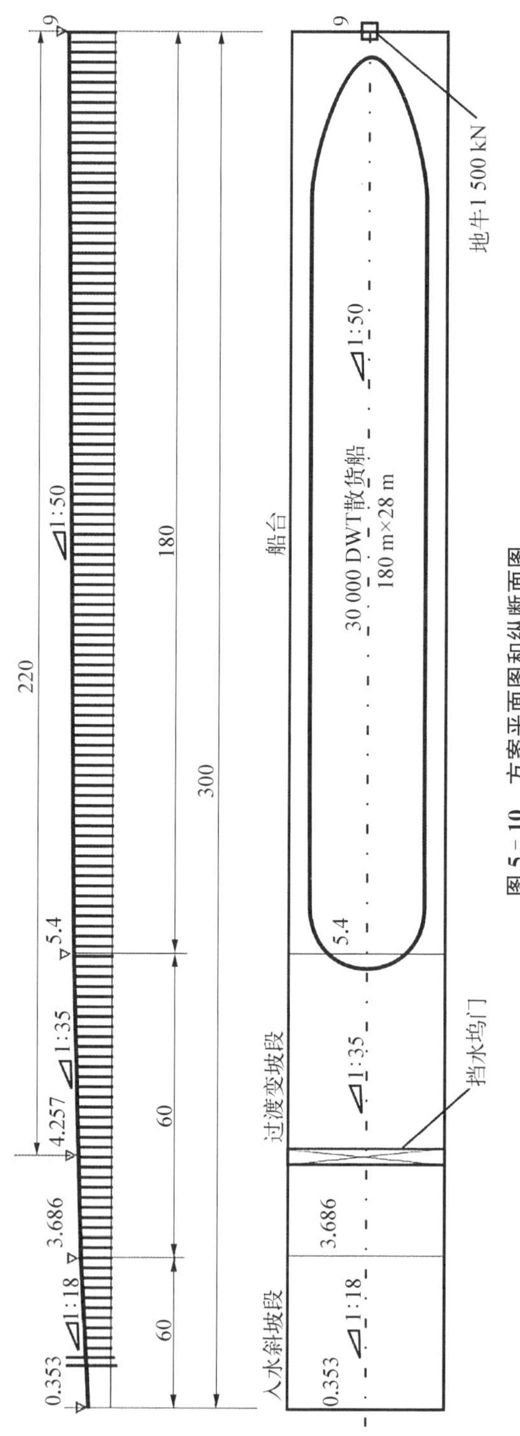

图 5-10　方案平面图和纵断面图

气囊下水坡道段(180 m 以下段)纵标 180～270 m 段的设计承压 $p \geqslant$ 0.20 MPa;考虑到水下段施工复杂,水下坡道段允许有不大于 50 mm 不均匀的基础沉降。

船台顶端坞壁的中心线处设置一座许用拉力负荷为 1 500 kN 的地牛基础,带拉环等附件。

为防止船舶下水后因水流作用而使船舶向下漂移,于坞门西部岸壁处设置一个额定负荷不少于 400 kN 的系缆桩地牛基础。

5.6.3.3 气囊下水方案

由于 30 000 DWT 船舶是一个设计目标,具体船型资料不全,不可能进行完整的工艺设计。气囊下水方案应针对具体的船型进行,这里只提出涉及船台设计的重要参数和原则工艺。

1) 气囊布置方案

(1) 船台支墩高度:按规范要求,船舶建造支墩高度≥800 mm;考虑到气囊起墩方便,设计起墩高度为 800～850 mm。

(2) 适用气囊:选用高强度 QG6 1.5×18 气囊,数量 35～40 个。

(3) 气囊间距:2.8～3.5 m,具体应根据下水船舶的形状、重量、重心等资料来确定。

2) 原则工艺

(1) 气囊布置:按设计方案要求的间距及位置将气囊拉入船底。

(2) 将船舶与船台顶端的地牛通过钢丝绳、拖钩进行有效连接并予以带紧。

(3) 对气囊进行充气,一次充气压力不宜过高,可充至 0.07 MPa 左右,充气操作应按照从艉至艏的顺序进行。

(4) 继续有针对性的充气和调整气囊的工作压力及工作高度,将船体完全抬起,待船底高于船墩 50 mm 左右时进行撤墩操作。

(5) 撤墩结束后应对场地进行清理,清除障碍物和尖硬杂物,以免影响气囊滚动或扎伤气囊。

(6) 待检查工作到位且确认无障碍后,在钢丝绳的牵制下缓慢向下移船,待船舶下移到艉柱接近水面时,将脱钩器打开使船自由下滑入水。

(7) 将下水后的船舶进行有效牵制,转移至系泊区,下水结束。

6 操作工艺

船舶采用气囊下水要做到既安全，又顺利，完全取决于操作工艺的设计，需事先做好气囊数量的确定和布置方案、牵引力的计算和布置方案、起墩操作、移船操作以及船舶入水后制动等准备工作。

6.1 工艺准备

为保证安全，船舶下水前必须进行船舶气囊下水计算和制定可靠的下水方案。

6.1.1 气囊计算

1) 气囊数量

气囊的数量可按式(6-1)计算：

$$N = K_1 \frac{W \cdot g}{C_B \cdot R \cdot L_d} \tag{6-1}$$

式中：N—— 滚动气囊的数量/个；

K_1——系数，$K_1 \geqslant 1.2$；

W——下水船舶重量/t；

g——重力加速度/(m/s^2)；

C_B——船舶方形系数；

R——单位长度气囊的许用承载力/(kN/m)；

L_d——在船舶舯剖面处气囊囊体与船舶接触长度/m。

船舶移位时还应增加接续气囊。接续气囊的数量，视移船距离与操作习惯而定，一般取 2～4 个。

2) 气囊间距

滚动气囊中心线之间的距离称为气囊间距，视下水船舶自重及重量分布情况确定，一般为 3～6 m。气囊间距小有利于船舶结构受力均匀，但也不能过密，以防止气囊在滚动过程中压叠在一起，可用式(6-2)和式(6-3)来校核其间距。

$$\frac{L}{N-1} \leqslant k \cdot 6 \tag{6-2}$$

$$\frac{L}{N-1} \geqslant \frac{\pi D}{2} + 0.3 \tag{6-3}$$

式中：L ——船底能摆放气囊的实际长度/m；

D ——滚动气囊公称直径/m；

N ——船底滚动气囊的数量/个；

k ——系数（钢质船：$k=1$；木质船、铝质船、玻璃纤维增强塑料船：$k=0.8$）。

气囊数量以及气囊的间距确定后，可以此计算气囊排列后的总长度，与船底平直部分的长度相比，后者大于前者就能用气囊下水，否则要另选气囊型号。对于船底平直部分特别短的少数特殊船型，采用气囊下水时应采取特殊的工艺措施。

3) 气囊内压的安全性评估

Ⅰ类船舶（见表 5-1）采用气囊下水须做安全性评估。应对所有气囊在下水全过程中的内压变化进行测算，计算其中出现最大内压的位置与压力最高值，提供可行性报告。

6.1.2 编制操作工艺

编制船舶气囊下水操作工艺方案一般由造船厂和气囊下水工程队共同承担。

1) 造船厂提供的资料

船舶下水前造船厂应提供以下资料：

(1) 船舶总布置图和型线图。

(2) 船舶下水重量和重心位置。

(3) 静水力曲线及邦戎曲线数据表。

(4) 船台和下水坡道的主要参数。

(5) 船舶建造时的船墩高度和布墩形式。

(6) 下水坡道沉降报告和潮位参数(包括水深)。

2) 确定船舶起墩时的气囊数量和气囊充气压力

根据计算,确定起墩时气囊数量以及气囊充气压力。船舶起墩时气囊的充气压力不能大于气囊的额定工作压力。

3) 下水方案的编制

船舶下水前应编制下水方案,下水方案包括以下内容:

(1) 下水船舶的尺度、重量、重心、下水场地及水域条件。

(2) 气囊规格、数量、承载力、气囊的布置方案。

(3) 牵引力计算、牵引耳板设置、绞车及钢丝绳的布置方案。

(4) 起墩方案和撤墩程序。

大型船舶除以上内容外,还应编制应急预案。

下水方案应书面报有关管理部门批准后实施。

6.1.3 船舶气囊下水操作过程

(1) 准备工作:将气囊、牵引器具、充气设备等设施运至现场待用,并检查气囊的完好性。

(2) 牵引:将船舶与船台顶端的卷扬机通过钢丝绳、脱钩器进行有效的连接并予以带紧;卷扬机由地牛固定。

(3) 气囊布置:按设计方案要求的间距及位置进行气囊的布置。

(4) 对气囊进行充气:第一次充气压力不宜过高,不高于设计方案的70%,以后再逐步调整到位。充气操作应按照从艉至艏的顺序进行。

(5) 撤墩:继续充气,待气囊压力充至临近起墩工作压力时,应根据船首尾被顶升情况,有针对性地充气和调整气囊的压力及工作高度,以至将船体完全平衡抬起。待船底高于船墩,船舶重量全部承压于气囊上时,开始撤墩。

(6) 场地清理:撤墩结束后应对场地进行清理,清除障碍物及尖硬杂物,以免影响气囊滚动或扎伤气囊。

(7) 调整船舶姿态:在下水前根据需要调整船舶姿态,包括离地面高度、纵倾和移动位置,按要求进行气囊的工作压力调整。

（8）下水：待检查工作到位且确认合格后进行下水准备。当水位高度到达预定位置时发出下水令，将脱钩器打开释放缆绳，气囊滚动，将船舶移位入水。

（9）将下水船舶进行有效牵制，回收气囊，下水结束。

6.2 下水操作工艺要求

6.2.1 牵引和固定船舶

船舶用气囊下水，首先要将船首用地牛拉住，即使在坡度很小的坡道下水，为了防止意外事故也要先把船拉住。对于小型船舶，拉住船舶的钢丝绳可从艏部系固于拖桩等强力构件上；对较大的船舶，可牵引在舭龙骨或临时焊装的专用耳板上。

根据计算得出的牵引力大小选取固定装置形式。卷扬机、脱钩器、滑轮组、系船钢丝绳等所有零部件强度均应满足牵引力要求。

卷扬机后端用钢缆与地牛拉住，前端卷筒上的钢缆按计算要求将滑轮组串联在一起。其中定滑轮用地牛拉住，再将动滑轮组用卸扣与脱钩器相连。系船的粗钢缆通过脱钩器与动滑轮组连接，便于脱卸。

目前大多数采用气囊下水的沿海船厂，建造船舶时都尽量使船尾靠近主坡道的末端，所以高潮位时，潮位线就能漫过主坡道末端到达船尾。此时解脱牵引，船就能直接下水，无须移船工序。也有少数船台，当潮位较低时需要移船，但移船距离较短，一般在 10～30 m。

至今 30 000 DWT 以下的船舶，少数达到 50 000 DWT 的船舶都不焊装专用耳板，直接在舭龙骨前端割眼孔，改装作牵引耳板，其形式如图 6－1 所示。当下水坡道较大时，应校核舭龙骨强度，如果强度不足则应另焊装专用耳板。

需要注意的是舭龙骨的焊接质量，并且在舭龙骨上割眼孔后，上下要加覆板加强。内孔要光滑以防擦伤钢缆或卸扣，上下加强覆板的孔沿必须倒圆角。原舭龙骨板割的孔应略大于加强覆板的孔（见图 6－1），同时还要

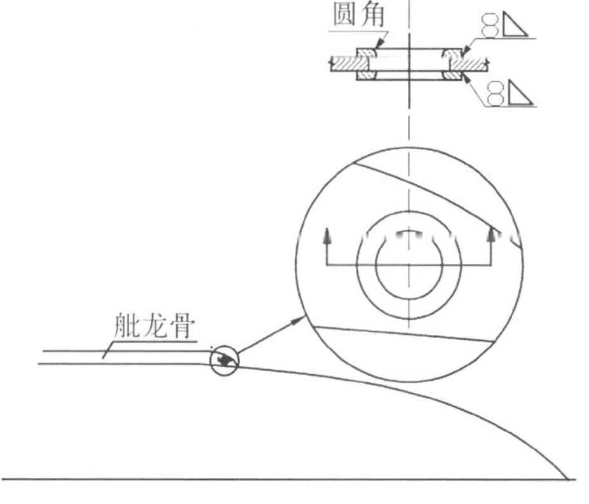

图 6－1 船体舭龙骨端部开牵引孔的要求

检查该处船体内部纵横骨架与船壳板的焊接质量，要求都用双面焊。

随着气囊下水船舶重量逐渐加大以及有些船舶建造场地与海(河)岸距离较远，入水前有一道移船工序。为了更安全，在艏部前端选一处或左右舷对称位置上各选一处内部有纵横强力骨架的外板上临时焊接牵引耳板，下水完毕后割除。牵引耳板的形状和尺寸由有关标准确定，板厚及宽度应根据牵引力大小确定。牵引耳板的位置不能太高，否则牵引索与水平线夹角太大会减小牵引力(该夹角要求不超过 6°)。因耳板下水后要割除，其位置选取要尽量考虑后期施工方便。

牵引耳板的解决方案应与船厂技术人员共同商定，并由专业焊工完成。

6.2.2 清理坡道和船底

气囊是橡胶制品，尖硬的物体对气囊危害极大。下水坡道上不能有带尖角的钢板、焊条头等尖硬物体；船底板上马脚、焊瘤等也必须打磨平整。总之，要清除船底下以及移船经过的所有场地上的一切杂物，以及阻碍气囊滚动的障碍物，而后，才能进行下水操作。

6.2.3 布置气囊

1) 合理的气囊间距

按照下水工艺方案要求计算确定气囊间距。对于下水前没有进行过精确计算的船舶，气囊布置通常按下列经验操作：对钢质船气囊间距不超过 6 m；对木船、玻璃纤维增强塑料船、铝合金船气囊间距不超过 4.8 m，同时要求相邻气囊压扁后，其间隙仍应大于 0.3 m，以防气囊滚动时互相挤轧而发生部分气囊破损。

2) 气囊的铺放要求

应按船舶下水操作工艺规程，严格按计算要求将指定规格和型号的气囊铺在相应位置。

(1) 所有气囊摆放时必须垂直船体中心线，与肋骨线平行，气囊的不平行度偏差不大于 100 mm。

(2) 当气囊长度大于等于船宽时，气囊长度的中间应与船体中心线保持一致，偏差不大于 100 mm。

3) 气囊的排列方式

滚动气囊的排列方式有三种：单列排列、交错排列和对接排列。船舶下水时气囊排列方式取决于船舶宽度和气囊长度。

(1) 当船宽小于或等于气囊有效长度时,采用单列排列方式。大多数船舶下水均采用这种方式,如图 6-2 所示。

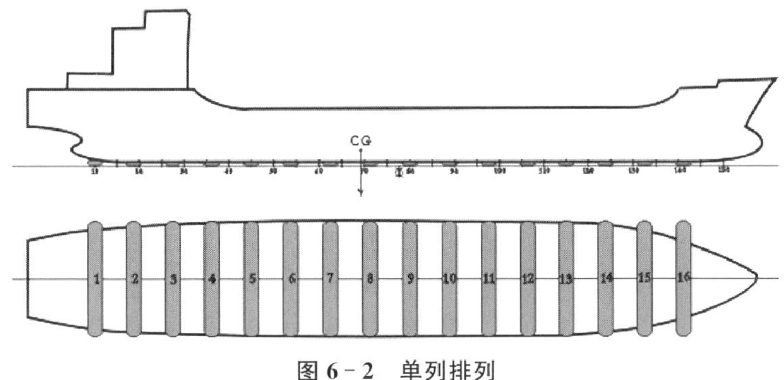

图 6-2 单列排列

(2) 当船宽大于一个气囊长度且小于等于两个气囊长度时,采用交错排列方式,如图 6-3 所示。

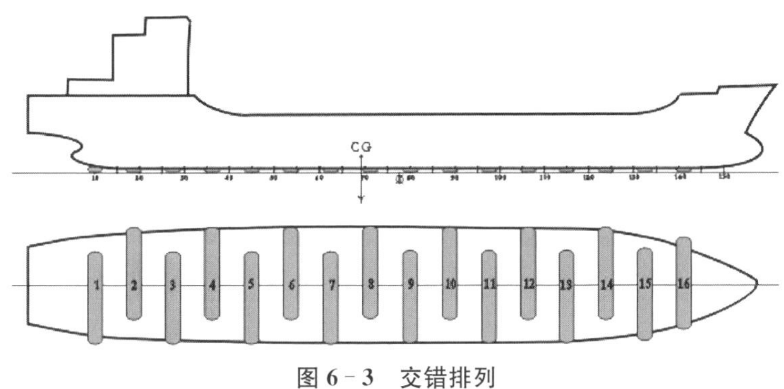

图 6-3 交错排列

(3) 当船舶宽度大于两个气囊长度时,可采用对接排列形式,两气囊对接处应有 1 m 以上间隙,如图 6-4 所示。

需要注意的是,当气囊滚到船首时有可能横向弹射出来,如图 6-5 和图 6-6 所示。这种现象发生在由于气囊长度不足,采用交错排列布置时居多。其起因是在中部的全部气囊长度都压在船底,当向前滚到一定程度,艏部线形开始削尖,导致这些偏置一侧的气囊有一端伸出露在船底外,其横断面相对压在船底下的横断面大,靠近船体向上斜升面或圆弧面处产生侧向力,一旦松动就会侧向弹射出来,容易造成人身伤亡事故,所以交错排列布置的气囊在不影响横倾的

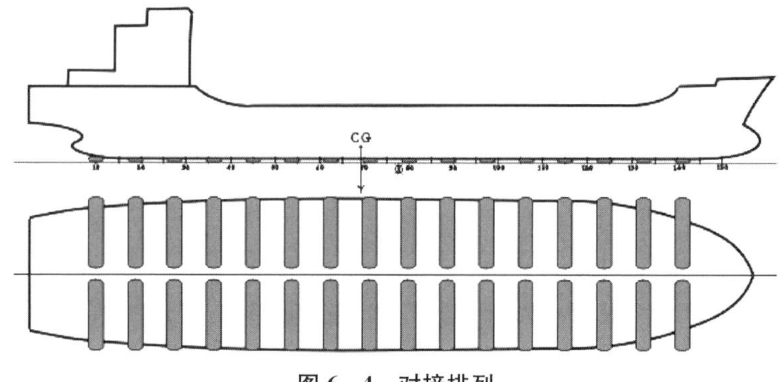

图 6-4　对接排列

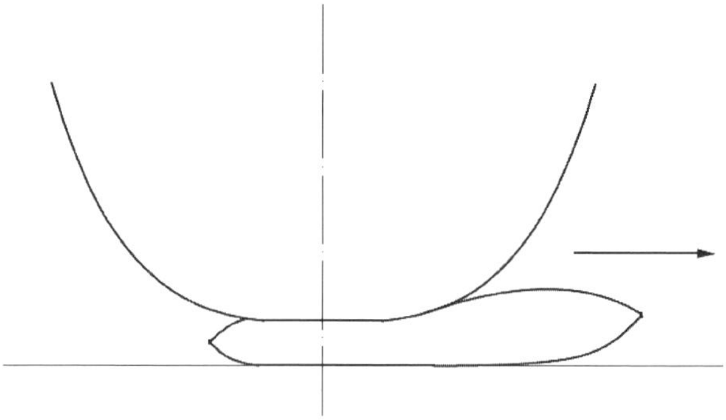

图 6-5　偏置一侧的气囊易弹射出来

图 6-6　交错排列的气囊滚到船首时出现的横向弹射现象

情况下应尽量靠近中心铺放。

6.2.4 起墩

排好气囊后，对气囊充气，把船舶抬起，然后撤除墩木，气囊适当放气使船舶坐落在气囊上的过程叫作起墩。起墩作业按照以下程序操作：

1) 气囊充气

将气囊逐个充气，充到计算要求压力的70%左右时暂停充气，所有气囊充完一遍后再逐个对气囊补充充气。充气过程要艏、舯、艉平衡、均匀，逐渐达到计算要求的工作压力。当气囊把船抬起高出船墩时停止充气。

注意：不能一次性达到计算要求的充气压力。因为气囊布置是根据船体重量和重心位置计算而来，但实际重量以及重心位置可能有偏差，且气囊布放位置以及气囊压力表都有偏差，所以现场操作时必须随时观察艏艉抬高情况，及时调节前后气囊的压力值。

检查每一个气囊的压力表，相邻气囊之间的压力表值不能相差太大，如果有少数气囊出现高值或低值应该做必要调整。例如：有一段气囊压力表值为0.08 MPa、0.09 MPa、0.06 MPa、0.10 MPa、0.11 MPa，其中0.06 MPa这只气囊的压力明显偏低，应该调到0.09～0.10 MPa之间，这样才能有利于船体受力均匀。

2) 撤除船墩

当船舶抬起，船舶全部重量承载于气囊上后，撤除所有船底下的墩木，并将其移出离船舷2 m以外。

对于万吨级以下的船舶，其撤墩原则为：先舯后边、先舯后艏艉，应先撤舯部中龙骨下的中墩，再向两侧撤墩。撤完一横断面，再撤另一断面，将船下所有墩木撤完。撤墩时应随时注意检查所有气囊内压。

对于万吨级以上的大型船舶，由于船下的气囊用量相对小型船多而密，气囊与墩木靠得很近，间隙很小，撤墩原则与小型船舶有所不同，应先撤边墩，后撤中墩。为安全起见，必须要做到气囊质量有保证，以防少数气囊撤墩时爆破造成恶性事故。撤墩工序往往在下水前一天进行。为了减轻牵引力，在艏部有少数船墩予以保留，暂时不撤，以增加阻力，使船舶保持位置不产生移动，这部分船墩待下水前再撤。

注意：撤墩过程应集中人力，有分工，有指挥，迅速有序地将硬墩撤除，并拖

离工作区域。撤墩前应准备好工具,对不同墩,可用不同工具将其拉出,尤其到撤墩后期,施工人员尽量不要在船底下作业。由于船底与船墩接触处的油漆工程未全部完成,所以撤墩工作往往和补漆工作同时进行,此时应防止船舶产生移动,影响作业安全。

撤除最后的墩木前,移去梯子、引桥等。

3) 调整气压

撤除船墩后,可适当放气,降低船底离地面的高度,直到达到预定的气囊工作高度。再一次检查所有气囊的压力,不能出现相邻气囊之间的压力有太大差别。

6.2.5 移船

目前有不少船厂,建造船舶的艉部离水边有一段距离,必须在卷扬机控制下将船移到水边,然后进行下水。

移船时,适当降低气囊工作高度会更安全。根据船舶大小等要素决定气囊工作高度。对万吨级以上船舶,气囊工作高度一般为 0.6 m 左右。移船开始前,在艉部事先可按设定气囊间距的 2 倍铺好接续气囊。移船初期,不要立即对接续气囊充过高的气压。通常,船尾安装螺旋桨的轴包体呈锥形,与气囊的接触面积开始很小,随着气囊滚动,与船体的接触面积逐渐扩大,充气压力也不断提高,直至充到工作压力为止。

启动绞车,释放钢丝绳,使船舶借助气囊的滚动逐步向水域方向移动。船舶移动时,气囊逐只从艏部吐出,同时从艉部喂入气囊,必须保持间距不变,喂入的气囊要逐渐充气,其他气囊当进入船中前平底部分后要逐渐放气,充气和放气的目的是保证全船的艏艉平衡,不要产生前后倾,特别注意保护两端的船舵、螺旋桨、球鼻艏等突出物,防止碰坏。

移船过程必须统一指挥,每个岗位固定工作人员(卷扬机司机等重点岗位人员必须经过培训并持证上岗,熟悉相应的操作工艺),控制船舶缓慢平稳到达指定位置。

移船结束,检查船体停止位置是否合适,艉部最后一个气囊所在位置尽量靠近水面,并通过调整内压,使船首尾高度、纵倾等都达到下水计算的要求。

6.2.6 船舶入水

下水前,随船下水的工作人员应上船完毕。

船舶移到水边后，再一次进行全面检查，确认海（江）面已进行清场，没有其他船舶进入下水范围，并通知船员做好下水后抛锚以及靠泊的准备工作，待水位达到设计高度即可下水。

打开脱钩器，船体脱离牵引后开始前移，船舶靠重力自由滑入水中。随着船体入水部分增加，浮力加大，船舶逐步实现完全自浮，所有气囊从船底滚出。

船体全部入水后将船舶拖靠码头，回收所有气囊。

6.2.7 下水过程注意问题

下水过程中需要注意下述问题：

(1) 艉部最末一个气囊（位于艉柱前面，从下水前进方向看是第一个气囊），虽然在起墩时受力较小，当船舶向前移动一定距离后，该气囊受力逐渐增大。因此，尽可能在艉部多放一个气囊，以起到减少船体悬伸长度、减少船体内应力的作用。但该气囊的充气压力不能充到额定工作压力。因为该气囊一开始只有一小部分受压，随着船舶的移动，气囊受压长度逐渐增加，气囊内压逐渐提高，待到达船舶平底部分时气囊内压达到最大值。此气囊的初始内压应根据受压缩长度而定，受压缩长度越短，充气压力越小。以直径 1.5 m 六层高压气囊为例，若气囊长度为 18 m，开始受压缩长度仅 3～4 m 时，初始内压一般只充到 0.05～0.08 MPa。从这个气囊向中部方向，随着船体平底宽度增加，气囊受压缩长度也随之增加，可逐个增加充气压力。

(2) 潮水水位受水流、风向等影响较大，若水位达不到计算要求的高度，则不能盲目下水。因为水位较低，船舶下水初期会产生较大的艉下坠，船体重量只能靠少数几个气囊承载，气囊内压过大，容易引起气囊破损，且船体局部也会产生应力过大的现象。

(3) 少数船舶在坡度很大的坡道上下水时，艉部起浮较早，这时会增加艏部气囊的压力，应适当增加艏部气囊的数量。

(4) 如果江面宽度不够，则应采取相应措施，如抛锚、用绳索将船拉住等方法，避免船舶下水后冲向对岸。

(5) 多数在内河边的船厂，当江、河水位太高时，起墩后开启闸门，由于水位高，船舶会自行浮起，这时气囊可能会贴附在船底，气囊回收困难，因此需要事先采取预防措施。

6.3 特殊船型气囊下水

随着技术发展和工程实际需要,船舶种类越来越多,部分船舶因船底面积太小等多种原因不能直接采用常规的气囊下水方法,但可通过制定特殊的气囊下水方案进行气囊下水。

6.3.1 双体船

双体船是由两个片体通过连接桥组成的船舶。我国最早在山东济南黄河渡口使用的汽车渡轮就是典型的双体船。后来,很多内河渡轮都采用双体船,近年来又出现了高速铝合金双体客船。绝大多数双体船的两个片体是相同形状、相同结构。这些船都是对称的,自重不大,都可采用气囊下水。

这类双体船的两个片体有一定距离,应采用两组相同直径、相同长度的气囊进行下水,气囊长度与片体宽度接近。若采用一组长气囊同时跨两个片体进行下水,则气囊容易扭曲而引发事故。

现已出现少量片体不等的双体船,这类船一般主船体自重较大,必须根据船型资料,研究制定专用的下水方案。

6.3.2 宽体船

宽体船主要是相对气囊长度而言,即船宽大于气囊长度 2 倍以上的驳船、箱式工程船等。

这类船舶结构强度高、重量大,但船底面积较大,可以采用双排布置气囊以充分利用船底面积。当坡道条件允许,经计算双排气囊承载力达到船体自重 1.2 倍以上即可。这类船舶目前创造了气囊下水重量之最。

对船底更宽的船型,可采用三排气囊下水。但由于中间一排气囊充放气不方便,撤除船墩以及检查充气压力都具有一定的难度。在方案设计时应在两排气囊之间留有操作通道,并注意操作安全。

6.3.3 尖瘦船

对于纵向尖瘦的船或船底有小斜升(即向上的斜坡状船底)的船,横向稳性应特别重视。

方形系数小于0.6的渔船、拖船以及军用船舶，船底面积较小，用气囊移船时容易引起船体左右摇摆。为保证下水安全，必须采用大直径且长度大于船宽的气囊。

对特别尖瘦的船舶，可使用托架临时固定在船上作为气囊下水的辅助装备。

6.3.4 型宽较大的船

船舶型宽较大，艄艉船底有足够宽度的平底小型船舶，可以采取横向下水。

采用横向下水时，气囊应分两组摆放在艄艉船底下，两组气囊通常选用同一种型号、同直径、同长度的气囊，摆放间距相同，如图6-7所示。

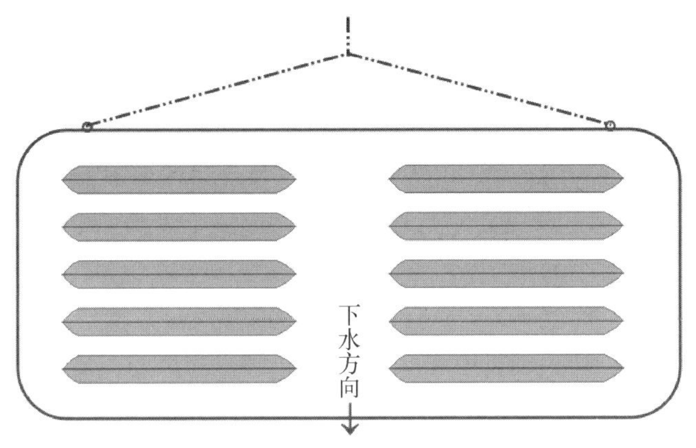

图6-7 船舶横向下水时气囊排列

卷扬机的牵引索应固定在两组气囊中点并与船体垂直。当用两组绞车时，各组牵引索分别拉在各自气囊的中心上。

6.4 船舶上岸操作

在水面的船舶利用气囊承载通过钢缆牵引到陆上、船台上或载运平台上，统称为“上岸”操作。理论上讲，上岸为气囊下水的反向操作，但由于这类操作不确定因素较多，没有固定的模式，难度大于下水操作，只能因地制宜，针对具体情况具体处理。这里仅介绍一些共性问题。

6.4.1 船舶气囊上岸条件

1) 牵引力

船舶用气囊上岸(坡)时,卷扬机要有足够的牵引力。针对上岸过程中易出现的气囊摆放不正、气囊工作高度过低、上岸船舶重量误差等因素带来的阻力增加,为保证船舶上岸过程中能够得到有效的牵引控制,牵引力计算时应适当加大牵引力的安全裕度。一般情况下,牵引系统的许用负荷应不低于理论计算负荷的 1.5 倍。

2) 水深

当船首往上抬时,船尾会下沉,吃水加大。若水深不够,易导致船舶搁浅。船体任一地方受阻,都会产生拉不动船舶的情况,因此要有足够水深。

上岸过程中,当艏部被气囊托起逐步升高时,船尾会逐渐下沉,艉吃水增大,直至达到下水计算中的艉浮点(即船舶下水过程中,艉部伸入水中开始上浮的那一刻)吃水。若水深不够,则会出现船体搁浅,从而出现摩擦力剧增现象,甚至造成船体受损事故。因此,上岸坡道处的水深条件必须能满足船舶上岸过程中的最大吃水条件。一般情况下,上岸作业时潮位在离坡道末端一个船长距离的位置处,水深应不小于计算艉浮吃水加 1 m 为宜。

3) 上岸坡道

船舶的上岸坡道应与船舶、牵引设备相配套。在船台/坡道的平面尺度、坡度能够满足上岸条件的前提下,还应具有岸上和水下的引船、定位设施。船台/坡道地面应具有足够的承载力。

4) 船舶

上岸船舶水下状态必须满足平衡的吃水状态、稳性等条件的要求。船舶水下部分的船壳不能过于粗糙,有的船舶在海水中多年未修表面,长了很厚的海生物,上岸时容易划破气囊,事前应适当处理。

6.4.2 牵引船舶

船舶上岸时牵引方法基本与下水相同,不同之处在于上岸不需要脱钩器,多数水中船舶需要加焊牵引耳板。图 6-8 显示了一艘载重量为 2 500 t 的船舶牵引上坡时的情景。

图 6-8 船舶牵引上坡时的情景

6.4.3 上岸坡道

上岸坡道与下水坡道的形式和参数基本类似，但由于上岸操作工艺过程缓慢，水下操作时间较长，且技术复杂。因此，其水下坡道的尺度参数有所差别，主要在于水下坡道的有效长度应充分满足低潮位气囊布置操作时上岸船舶的艏吃水要求。从操作工艺和安全的角度考虑，一般要在高潮位之前 2～3 h(大多在 1/3～1/2 潮高时)就开始操作，待高潮位到来之前，上岸船舶已基本坐落在气囊上。船舶上岸的低潮位操作时仍需满足上岸条件(艏部吃水加 0.5 m)，需要增加水下坡道的有效长度。因而，上岸坡道的水下长度要比下水坡道的水下长度长一些，其长度差别与坡道所在地的潮差有关。潮差 1.5～2 m 的沿海地区，两种坡道的水下长度相差为 15 m 左右，具体应视坡道区域的水域、陆域、水文条件及船型资料确定。从气囊上、下水工艺理论及上、下水船台的尺度参数要求来看，下水坡道不一定能够满足船舶上岸的要求，而上岸坡道却一定能够满足同类船舶的气囊下水，甚至能够满足更大吨位的船舶下水。

船舶上岸时，多数在空载情况下进行。上岸开始后，船舶会产生艉倾，假设此时的船体龙骨坡度为 α，则要求坡道在水下的坡度 β 最好略大于 α，即 $\beta > \alpha$ (见图 6-9)。这种情况迫使气囊工作断面呈前细后宽的情况，船底与坡道平面夹角阻止气囊向艏部弹出。如果夹角相反呈开口型，气囊充气后很容易被弹射

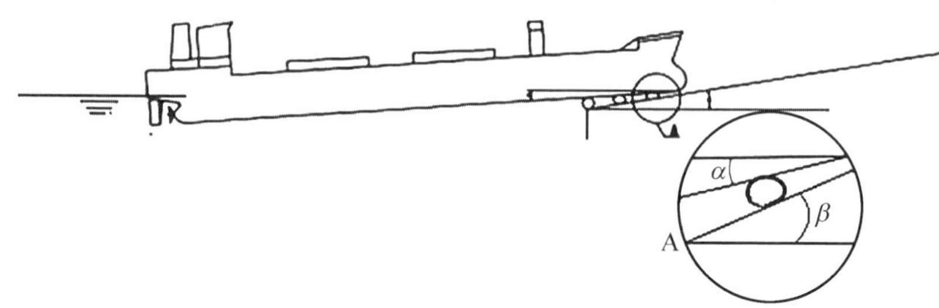

图 6-9　船舶上岸情况示意图

出来，使船舶无法上岸。必要时可通过调整压载来改变船舶龙骨坡度。

上岸坡道的承载力是根据上岸船舶的重量载荷确定的。为满足船舶上岸后的支墩强度要求，一般情况下，万吨级船台的地面承载力在 0.2～0.35 MPa 之间，水下坡道部分的承载力以满足气囊工作所需的承载力要求为原则，一般在 0.2 MPa 以上即可。

6.4.4　上岸前准备工作

1) 资料准备

上岸前应对以下资料进行搜集、准备：

(1) 船型资料：总布置图、静水力曲线、空船状态的重量、重心、艏吃水和艉吃水，船型特殊及较大型船舶还应准备线型图和邦戎曲线等资料。

(2) 上岸坡道的几何参数及承载力等资料。

(3) 上岸水域的水文资料，包括潮汐表、水域流速、流向、天气预报等。

2) 上岸方案编制

上岸前应根据上岸船舶的船型资料、船台及水文资料进行上岸工艺方案的编制，其主要内容包括：

(1) 上岸船舶的主要尺度、上岸要求的状态参数、上岸前的移船、定位方案。

(2) 气囊的规格、数量、承载力，整船的气囊布置方案。

(3) 上岸牵引力计算、牵引耳板的设置、绞车布置等牵引方案。

(4) 根据坡道情况、水域条件及船型特点，制定水下气囊布置方案(必要时应采取在水下坡道上或船体上预布气囊的方案)。

(5) 墩木布置图。

船型特殊及较大型船舶的上岸方案除了上述内容要求外，还应针对各种可能发生的安全问题，编制专门的上岸安全预案。

3) 上岸船舶准备

船舶上岸前应卸除全部货物，卸掉油、水及航行压载，调整船体水下状态无横倾（横倾角应不大于 1°）及适合于上坡的纵倾（一般以纵倾略大于船台坡度为宜）。船舶状态应具有安全的浮性和稳性状态。

4) 设施设备准备

将气囊、墩木及卷扬机等设施、设备布置到位，牵引钢缆放出至岸边待用。

6.4.5 上岸过程

6.4.5.1 上岸过程的具体步骤

1) 船舶定位

由拖船和岸上绞盘配合，将船舶移位至坡道中心线水下延伸水域定位。采取艉部定位锚和艏部两侧岸上的绞盘牵引，将船舶定位在上岸（坡）方案的预定位置。

2) 牵引连接

将岸上牵引系统与上坡船舶进行有效连接，开动卷扬机将船舶向岸边缓慢牵引、带紧，卷扬机、牵引系统在统一指挥下，将船舶缓慢向坡道末端移位。

3) 埋布气囊

待艏部船底进入坡道区域，且接近搁浅状态时，往船底下穿入气囊，调整并检查气囊是否对中，其长度方向应垂直于船体中线。

气囊的埋入位置和方法应根据方案要求进行，特殊及较大型船舶上坡的操作，往往单靠从艏部埋入气囊的方式是难以完成的。因此，按方案和实际要求，有的船舶上坡过程中，在艏部气囊有效支撑后尚需从艏部气囊之后的位置，进行水下穿入气囊，以保证船体在上岸过程中保持良好的安全浮态，避免搁浅。

4) 艏部顶升

采取两端充气的方式对水下气囊进行充气，以保持气囊充气后在船体两舷的浮力平衡，防止单面充气后因气囊浮力作用，蹿出水面。艏部船底被气囊顶起达到一定高度（300～500 mm 为宜）后，继续向上牵引。待船舶移位一个气囊工作间距时，再从艏部填入气囊并充气。

5) 牵引上岸

填入几个气囊后，应对船舶上岸状况进行分析判定，主要从承载（气囊和浮力的联合作用情况)状态、船舶上岸位置及移位方向等方面加以考虑,符合方案要求时可继续进行上岸操作,否则应采取必要的措施进行调整。

重复以上操作程序,直至船舶移位至预定位置。

6) 布墩落墩

待船舶上岸操作移位至预定位置后,调整气囊的工作压力,使船底升高至略高于布墩高度要求(一般高出布墩要求高度 30～50 mm),将牵引系统锁定,然后进行布墩。布墩后将气囊放掉部分气体,使船体落于墩木上,然后将气囊缓慢放气并收回,上岸作业结束。

6.4.5.2 上岸过程的操作要点

1) 气囊布放

在艏柱下埋布气囊的方法要根据船型、地理、水位等条件确定。如图 6-10 所示是布放第一个气囊时的情景。上岸过程中,也可能喂入的气囊与船体中心线不垂直,而造成船体偏移,这时就要适当改变喂入气囊的角度,使气囊中心线与船体走向垂直,从而调整船体中心线的走向。

图 6-10 布放第一个气囊时的情景

船舶上岸时，气囊的布放方法主要有以下三种：

（1）当低潮时，在坡道末端预埋（即临时用沙土压住）几个未充气的气囊，气囊预埋位置要根据艏吃水和潮水位计算确定，等高潮位时将船拉到最前位置，然后对预埋的气囊充气。

（2）为加大气囊承载面积，在艏部两侧堆沙袋，协助把艏部抬起，如图 6－11 所示。也可做成金属托架来取代沙袋，但金属托架应采用能灵活折叠的形式，以便抽出。

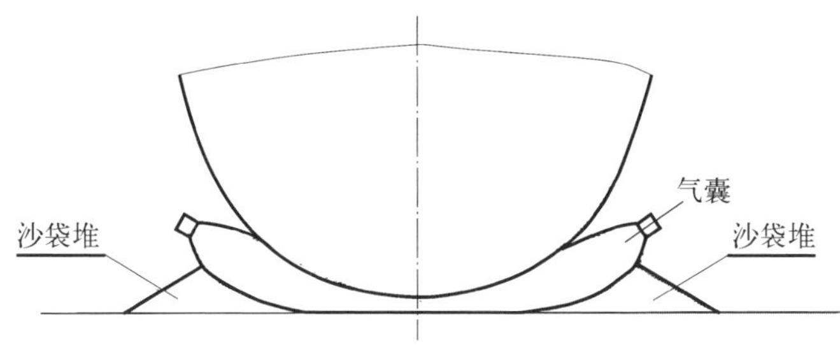

图 6－11　预置沙袋以加大气囊承载面积

（3）利用绳索等工具，将气囊从船底一侧拉入船底。

2）支墩

船舶被拉到指定位置后，再放置到墩木上，上岸过程才算完成。在支墩前，对所有气囊加压，必要时应增加气囊，将船底抬到高于支墩要求的高度，然后按布墩图要求支墩。

建立新船墩，一般应注意以下问题：

（1）船墩必须建立在船体骨架处，如中龙骨、旁龙骨、纵横舱壁、肋板等骨架之下。

（2）船墩位置、数量应按布墩图进行。

（3）主楔块方向应由侧向舯，或由艏艉向舯插入。楔块以上要垫厚木块，面积要大，垫在骨架下，使每一船墩均达到稳固状态。

3）船墩常用形式

船墩从材料和形式分，有木墩、金属墩和水泥（混凝土）墩、活络墩、沙箱墩等。

从位置分，有中墩和边墩等。中墩位于中内龙骨下，是主要受力墩位，边墩位于两侧。

船墩与船舶吨位大小有关，各厂家所用船墩不同，常见形式如图 6－12 所示。

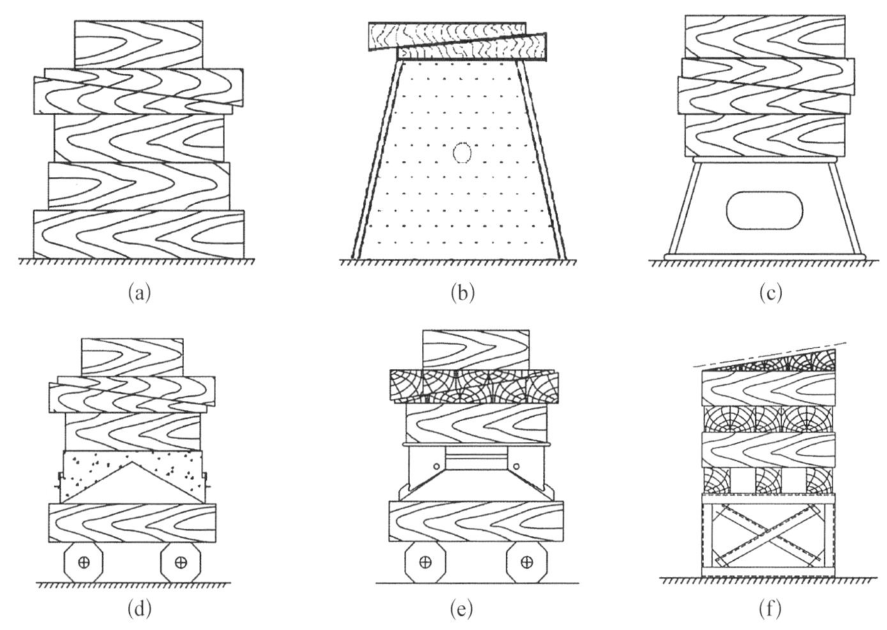

图 6－12　船墩常见形式

(a) 木墩；(b) 水泥墩；(c) 金属墩；(d) 沙箱墩；(e) 活络墩；(f) 边墩

6.5　潮位

6.5.1　潮汐表的基本概念

潮汐是海水由于受到月亮和太阳的引力作用而产生的周期性升降(涨落)运动的自然现象。

在潮汐升降的每一个周期中，当海面涨至最高时为高潮，当海面降至最低时为低潮。从低潮到高潮的过程中，海面逐步上涨的过程为涨潮。从高潮到低潮，海面逐步下降的过程为落潮。相邻的高潮与低潮的水位差为潮差。从低潮位至高潮位所经历的时间为涨潮时间，从高潮位至低潮位所经历的时间为落潮时间。

潮汐表又称潮汐长期预测表，即在正常天气情况下由天文因素影响所产生的潮汐预期情况的数据表述。潮汐表(印刷版本)主要预报全国各主要港口、重要属地一年内每天的潮汐变化情况。潮汐表与军事、交通航运、船舶建造、港口建设、渔业生产、海洋资源开发、环境监测等多个领域都有着密切的关系。

潮汐大致可分为三种类型：

(1) 半日潮型：一个太阳日内出现两次高潮和两次低潮，前一次高潮和低潮的潮差与后一次高潮和低潮的潮差大致相同，涨潮过程和落潮过程的时间也几乎相等(6 h 12.5 min)。我国渤海、东海、黄海的多数地点为半日潮型，如大沽、大连、烟台、威海、青岛、厦门等。

(2) 全日潮型：一个太阳日内只有一次高潮和一次低潮。如南海汕头、渤海秦皇岛等。南海的北部湾是世界上典型的全日潮海区。

(3) 混合潮型：一月内有些日子出现两次高潮和两次低潮，但两次高潮和低潮的潮差相差较大，涨潮过程和落潮过程的时间也不等；另一些日子则出现一次高潮和一次低潮。我国南海多数地点属混合潮型。例如：榆林港，每个月有 15 天出现全日潮，其余日子为不规则的半日潮，潮水较大。不论哪种潮汐类型，在农历每月初一、十五以后两三天内，各要发生一次潮差最大的大潮，那时潮水涨得最高，落得最低。在农历每月初八、二十三以后两三天内，各有一次潮差最小的小潮，届时潮水涨落都不是太大。

6.5.2 潮汐表在船舶下水技术研究和实践中的应用

潮汐与军事、交通航运、船舶建造、港口建设、渔业生产、海洋资源开发、环境监测等多个领域都有着密切的关系。因此，研究和掌握潮汐规律，具有非常重要的意义。

大多数船厂分布在沿海各地，因此建造场地及下水作业均受到潮汐的影响。充分、合理地利用潮汐规律有助于船台设施建设和下水作业的设计、施工。在船台设计阶段，就应该考虑到潮汐规律以及潮汐引起的水流情况，选择高潮时乘潮下水，选择乘低潮时对水下坡道基础进行施工，可大大降低船台设施的投资成本。掌握潮汐变化引起的海流情况，可以控制和避免海流对下水船舶的影响。

通过潮汐表可以方便地查询到船厂所在地区或邻地区(主要港口、属地)的未来一年内某天、某时的潮高，从而可预先对施工方案、计划进行设计、制订。

船台的下水设计水位，一般是对船台所在地潮汐表数据进行统计分析，根据分析结果和拟建船台的船舶上、下水作业频次要求综合确定。不受潮汐影响的河流、湖泊地区的上、下水船台及方案设计，则应根据多年实测的丰水期高水位和枯水期低水位进行统计选定。

在沿海和江河下游接近入海口的船厂，船舶执行气囊下水或上岸必须掌握潮水规律。我国国家海洋局每年都出版各大港口每天的潮位报告，因此也可以很容易地从潮汐表上查找出沿海港口高潮出现的时间与高潮位。

潮位之差在地理上因地而异，潮候亦有不同。我国潮位之差以东海最大，黄海、南海次之，渤海又次之；潮候则东海早，而渤海、南海迟。其他气压、风向及风力等亦对潮位、潮候有影响。如果大风带来了低气压，能使潮水升高；当气压高时潮水被压制而低落。风向及风力对潮水之影响亦大，强烈的风对河口吹来，潮水必然会升高，潮候提早，反之风向从陆地吹向河口之外，即可使潮水降低，潮候延迟。以上海黄浦江而言，其河口向东北，故受东北风影响最大。

船舶下水与上岸时必须掌握以上特点。从潮汐表查出的高潮位通常是理论的下水时刻。这个时刻受风、潮影响将会有所变化。气囊下水计算时应考虑实际潮位可能低于理论潮位的情况，将留有余地的潮位作为计算依据更具有安全性。

高潮位一般只保持约 15 min，船舶气囊下水与上岸操作过程中，必须事先做好一切准备工作，不能错过高潮时机。

6.6 船舶气囊下水操作工艺案例

6.6.1 工程概况

以某船厂建造的 82 000 DWT 散货船气囊下水方案为例，详细介绍船舶在其厂区内的半坞式气囊船台上建造完工后的气囊下水操作工艺。

该船型主要参数、设计资料及设施设备的相关参数如下：

1) 船型主要参数

船舶总长 L_{OA}：229.00 m；垂线间长 L_{BP}：216.20 m；型宽 B：32.26 m；型深 D：20.05 m；设计吃水 T：11.30 m；船舶下水时重量 W：≈13 000 t；重心纵向位置 LCG：97.00 m(距艉部)。

2) 设计资料

设计资料主要包括总布置图、型线图、邦戎曲线数值表、静水力数值表。

3) 船台及下水坡道

原船台为一座 50 000 DWT 的气囊下水船台，因施工质量及使用多年的原因，船台地面出现了不均匀沉降，船台坡度参数呈多折线不均匀分布，长度尺寸也不能满足 82 000 DWT 散货船的建造。因此，根据现有船台情况及船型资料对船台进行了改造设计、施工。船台改造后的主要参数如下：

船台平均坡度：1/60；水下坡道坡度：1/17；高潮位下水时坞门处水深：$H = 1.7 \sim 2.0$ m；船体合拢后的龙骨倾斜度：1/74（根据船台参数和船体尺度综合确定），倾角 $\alpha = 0.774°$。

4）牵引力计算及牵引设置

依据船舶行业标准 CB/T 3837—2011《船舶用气囊上排、下水工艺要求》，牵引力为

$$F_C = Q\sin\alpha - \mu Q\cos\alpha$$

有关气囊下水过程的摩擦系数 μ，它不仅受船台和下水坡道的影响，而且与气囊结构、数量、充气量、气囊中心线摆放角度等诸多因素有关系，这里取 $\mu = 0.006$，则

$$F_C = 13\,000(\sin 0.774° - \cos 0.774° \times 0.006) = 97.62\ \text{t}$$

为保证下水安全，应按照应急预案要求的可能发生的最大牵引负荷，即最大下滑力（$F = 13\,000 \times \sin 0.774° = 175.61$ t）作为计算负荷，对地牛基础、卷扬机、脱钩器、钢缆、索具等牵引设备、设施的许用负荷进行校核。

因此，选用负荷为 15 t 的卷扬机 2 台，进行两舷牵引，钢缆通过滑轮组 7 倍率牵引，两台卷扬机可提供牵引负荷为 $15 \times 7 \times 2 = 210$ t。牵引系统的中卸扣、牵引耳板的负荷均不应小于 90 t。并选用负荷为 100 t 的脱钩器进行下水控制。牵引耳板可根据《船体工艺手册》查表，选用允许负荷为 60～70 t 的"E"型吊装耳板（吊装耳板安全系数较大，此规格耳板能够满足强度要求）。耳板焊装位置：在船宽方向应考虑与地牛基础成同一轴线；高度不宜过高（防止牵引方向与船体形成较大倾角而降低有效牵引力），保证耳板高出水线以上 500 mm 即可，便于割除及打磨补漆。

6.6.2 气囊配置方案

1）气囊选取依据

船舶行业标准 CB/T 3837—2011《船舶用气囊上排、下水用工艺要求》和气囊生产企业的产品使用说明书。

2）气囊型号与规格

选用济南昌林气囊容器厂有限公司产品 CL QG7/1.5×6 至 CL QG7/

1.5×24(产品型号中 CL 为济南昌林气囊容器厂有限公司产品标识，其性能指标详见本书附录 B)高承载力揉压气囊。其中 CL QG7/1.5×18 性能如下：

直径：1.5 m；气囊体长度：18.0 m；总长：20.6 m；帘子布层数：7 层；工作压力：0.16 MPa；出厂检验压力：0.24 MPa；单位长度气囊承载能力(当工作高度 0.8 m 时)达到 17.92 t/m。

3) 气囊布置

起墩时气囊布置位置、充气压力和承载力计算如表 6-1 所示。

表 6-1　起墩时气囊承载力计算

气囊编号	工作位置肋骨号	工作长度 L/m	距重心位置 G/m	工作高度 H/m	充气压力 p/MPa	承载力 R/t	力矩 M/(t·m)
1	24	2.49	−85.70	0.85	0.04	10.36	−887.70
2	28	3.15	−82.83	0.85	0.05	16.38	−1 356.73
3	32.5	3.75	−79.96	0.85	0.06	23.40	−1 871.02
4	36.5	4.83	−77.09	0.85	0.07	35.16	−2 710.61
5	40.5	6.46	−74.22	0.85	0.08	53.75	−3 989.02
6	46.5	8.69	−71.35	0.85	0.10	90.38	−6 448.16
7	50.0	11.00	−68.48	0.85	0.11	125.84	−8 617.30
8	52.5	13.40	−65.61	0.85	0.13	181.17	−11 886.11
9	55.5	15.80	−62.74	0.85	0.15	246.48	−15 463.71
10	58.5	18.50	−59.87	0.85	0.16	307.84	−18 429.83
11	62.0	18.50	−57.00	0.85	0.16	307.84	−17 546.33
12	65.5	18.50	−54.13	0.85	0.16	307.84	−16 662.83
13	69.0	18.50	−51.26	0.85	0.16	307.84	−15 779.32
14	71.5	18.50	−48.39	0.85	0.16	307.84	−14 895.82
15	74.5	18.50	−45.52	0.85	0.16	307.84	−14 012.32
16	77.5	18.50	−42.65	0.85	0.16	307.84	−13 128.82
17	81.0	18.50	−39.78	0.85	0.16	307.84	−12 245.32
18	83.5	18.50	−36.91	0.85	0.16	307.84	−11 361.82
19	86.5	25.00	−34.04	0.85	0.16	416.00	−14 159.89
20	89.5	25.00	−31.17	0.85	0.16	416.00	−12 965.97

（续表）

气囊编号	工作位置肋骨号	工作长度 L/m	距重心位置 G/m	工作高度 H/m	充气压力 p/MPa	承载力 R/t	力矩 M/(t・m)
21	93.5	25.00	−28.30	0.85	0.16	416.00	−11 772.05
22	96	25.00	−25.43	0.85	0.16	416.00	−10 578.13
23	100	25.00	−22.56	0.85	0.16	416.00	−9 384.21
24	102.5	27.00	−19.69	0.85	0.16	449.28	−8 845.51
25	105.0	27.00	−16.82	0.85	0.16	449.28	−7 556.08
26	108	27.00	−13.95	0.85	0.16	449.28	−6 266.65
27	111	27.00	−11.08	0.85	0.16	449.28	−4 977.21
28	115	27.00	−8.21	0.85	0.16	449.28	−3 687.78
29	118.0	27.00	−5.34	0.85	0.16	449.28	−2 398.35
30	121	27.00	−2.47	0.85	0.16	449.28	−1 108.91
31	124.0	27.00	0.40	0.85	0.16	449.28	180.52
32	128.0	18.50	3.68	0.85	0.16	307.84	1 133.41
33	131.5	18.50	6.96	0.85	0.16	307.84	2 143.12
34	134.5	18.50	10.24	0.85	0.14	269.36	2 758.73
35	138.0	18.50	13.52	0.85	0.14	269.36	3 642.23
36	142.0	18.50	16.80	0.85	0.13	250.12	4 202.47
37	146.0	18.50	20.08	0.85	0.13	250.12	5 022.86
38	148.5	18.50	23.36	0.85	0.13	250.12	5 843.25
39	152.0	18.50	26.64	0.85	0.13	250.12	6 663.65
40	155.0	18.50	29.92	0.85	0.13	250.12	7 484.04
41	158.0	18.50	33.20	0.85	0.12	230.88	7 665.63
42	162.0	18.50	36.48	0.85	0.12	230.88	8 422.92
43	164.0	18.50	39.76	0.85	0.12	230.88	9 180.20
44	167.0	18.50	43.04	0.85	0.10	192.40	8 281.24
45	171.0	18.50	46.32	0.85	0.10	192.40	8 912.31
46	173.5	18.50	49.60	0.85	0.10	192.40	9 543.39
47	176.0	18.50	52.88	0.85	0.08	153.92	8 139.57

（续表）

气囊编号	工作位置肋骨号	工作长度 L/m	距重心位置 G/m	工作高度 H/m	充气压力 p/MPa	承载力 R/t	力矩 M/(t·m)
48	179.0	18.50	56.16	0.85	0.08	153.92	8 644.42
49	182.0	18.50	59.44	0.85	0.08	153.92	9 149.28
50	186.0	18.50	62.72	0.85	0.08	153.92	9 654.14
51	189.5	18.50	66.00	0.85	0.06	115.44	7 619.25
52	192.5	18.50	69.28	0.85	0.06	115.44	7 997.89
53	195.5	18.50	72.56	0.85	0.06	115.44	8 376.53
54	198.5	18.50	75.84	0.85	0.06	115.44	8 755.18
55	201.5	18.50	79.12	0.85	0.05	96.20	7 611.52
56	204.5	18.50	82.40	0.85	0.05	96.20	7 927.05
57	209.0	18.50	85.68	0.85	0.05	96.20	8 242.59
58	214.0	18.50	88.96	0.85	0.05	96.20	8 558.13
59	218.0	18.50	92.24	0.85	0.05	96.20	8 873.66
60	221.5	18.50	95.52	0.85	0.05	96.20	9 189.20
61	224.0	18.50	98.80	0.85	0.04	76.96	7 603.79
62	227.5	18.50	102.08	0.85	0.04	76.96	7 856.22
63	230.0	18.50	105.36	0.85	0.04	76.96	8 108.64
64	233.0	18.50	108.64	0.85	0.04	76.96	8 361.07
65	236.5	18.50	108.64	0.85	0.04	76.96	8 361.07
66	239.5	18.50	108.64	0.85	0.04	76.96	8 361.07
合计						14 915.03	−37 645.42

本船下水所布置的气囊全部采用济南昌林气囊容器厂有限公司生产的 CL QG7 直径 1.5 m 的高承载力气囊。起墩时，艏艉部气囊允许用长度小于 18 m 的气囊代用。为确保该型船的安全下水，在舯后部位置设置 8～10 条 CL QG7/1.5×24 的加长型专用气囊。工作长度需要达到 25 m 的地方，用两个 12 m 长的气囊对接；工作长度需要达到 27 m 的地方，分别用长度 18 m 和 8 m 的气囊对接。实际使用时，由于气囊调度与运输的原因，在保证承载力以及安全的情况下允许少部分气囊变更。气囊布置如图 6-13 所示。

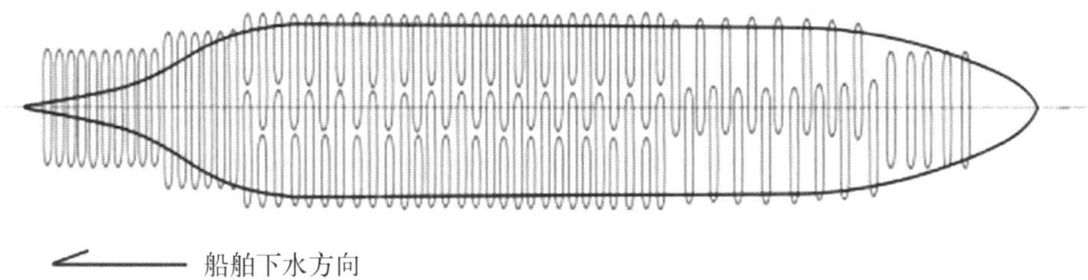

图 6－13 82 000 DWT 散货船下水气囊布置图

6.6.3 操作工艺程序

待船舶坞内工程完工且确认检验合格后方可进行下水。

1) 准备工作

下水前主要有下列准备工作：

(1) 清除坞内及岸壁上的脚手架、电焊机等有碍于下水操作的障碍物品。

(2) 将气囊、牵引索具、充气设备设施运至现场待用；将卷扬机安装到位并与地牛基础进行有效连接；按下水方案要求，勘划气囊布置的位置线。

(3) 检查船墩布置情况，对于妨碍气囊布置的部分支墩应予以拆除或移位。

(4) 气囊布置：按气囊布置方案要求进行气囊的布置，气囊布置位置误差不大于 20 mm。

(5) 对于船首部和两个地牛间中心线相对称的位置，按牵引方案要求，两舷对称各焊装一牵引耳板，其横向间距应趋于靠近两地牛的间距。为方便下水后割除，高度位置应在下水后的水线以上约 1 m 处。为保证耳板的强度，应尽量焊装在强构件位置，并对其强度进行校核。

(6) 将船舶(牵引耳板)与船台顶端的地牛由卷扬机钢缆通过脱钩器进行有效的连接，脱钩器的钩头应朝向下水方向。有效连接后开动卷扬机将牵引系统予以带紧，并检查确认牵引系统的可靠性。

(7) 按《潮汐表》预报数据，定期测量并分析预测计划下水时间的水位，以便视水位情况调整下水方案和操作程序。

2) 起墩作业

按相应位置布置好以后方可进行起墩作业。按操作工艺程序分别对气囊进行充气，一次充气压力不宜过高，可充至 0.07 MPa 左右，充气操作应按照从艏至艉的顺序进行。继续分别充气并随时检查气囊压力，待气囊压力充至邻近起墩工作压力时，应根据具体方案要求，有针对性地充气和调整气囊的压力及工作高度，以至将船体完全抬起，待船底高于船墩 20 mm 左右时进行撤墩操作。撤墩前应对气囊的压力、工作高度进行检查。气囊充气压力应符合方案设计要求，工作高度应基本一致。待检查确认气囊布置及充气压力、高度等各项指标均符合要求且确认安全无误时方可进行撤墩。撤墩结束后应对场地进行清理，清除障碍物及尖硬杂物，以免影响气囊滚动或扎伤气囊。待起墩工作结束，船墩全部撤出后再调整气囊间距、位置及工作压力，以保证下水安全。拆除坞门，并清理坞门内外场地，不得有扎伤气囊的杂物存在。水下场地清理应在低潮位时进行，清扫后应用高压水进行冲刷，为避免水下有不可见的尖硬铁件的存在，必要时应采用磁铁予以清除。

3) 船舶下水

当坞门拆除、场地清理合格，再检查气囊、牵引设施全部到位并正常后，将拖船调整到位，并按要求进行有效的拖带连接。在确认气囊工作位置、潮位及航道监管等情况均正常时，打开脱钩器，在拖船的配合下，将下水船舶向坞门外水下缓慢拖带、牵引移位、下水。

下水过程中应由专人统一指挥，在拖轮的配合下，将船舶缓慢向水下移位。拖船沿船舶中心线(即船台中心线)拖带船舶，视水下水流的流向、流速情况，拖轮艏部向上游呈一定角度向外牵引船舶(应避开下水船舶的通道，并保持一定安全距离，牵引缆长度应不小于 200 m，以保证拖船的避碰安全)。牵引过程中，拖船操纵人员应注意观察下水船舶的浮态及位置，预见性地进行牵引方向的调整。

船舶由拖船拖带到预定位置。将下水后的船舶进行有效牵制、系泊，回收气囊，下水工作结束。

6.7 海洋平台气囊下水操作工艺案例

6.7.1 工程概况

CP－300 自升式钻井平台(见图 6－14)是我国第一台自主完成基本设计、详细设计、生产设计和工艺技术研究的桁架腿自升式钻井平台，突破了国外对自升式钻井平台核心技术的封锁，国产化率达 90%以上。该平台下水采用了气囊下水工艺，实现了海洋平台建造工艺创新上的又一项重大突破。

图 6-14 CP-300 自升式钻井平台

2011 年 11 月 19—20 日，在辽滨经济技术开发区的辽河石油装备制造总公司，按照预定的方案实施 CP-300 自升式钻井平台的下水作业。20 日中午 12 时 18 分，下水重量达 7 400 余吨的钻井平台安全、顺利下水，创造了气囊下水海洋平台的世界纪录。

1) 船型主要参数资料

总长：$L_{OA}=59.75$ m；型宽：$B=55.78$ m；空船重量：$W=6\,366$ t；下水状态重量：7 814 t；艏吃水：2.5 m；艉吃水：3.845 m。

2) 船台资料

船台坡度：$K_1=1/80$，长度 144 m；入水段坡道：圆弧坡道长度 25 m；改造段坡度：$K_2=1/12$，长度 12 m；支墩高：$H=1\sim1.74$ m。

6.7.2 气囊配置方案

由于平台形状特殊，气囊的布置如图 6-15 所示。选用济南昌林气囊容器厂有限公司生产的直径 1.5 m、长 24 m 的 7 层高承载力气囊 13 个，直径 1.5 m、长 18 m 的 7 层高承载力气囊

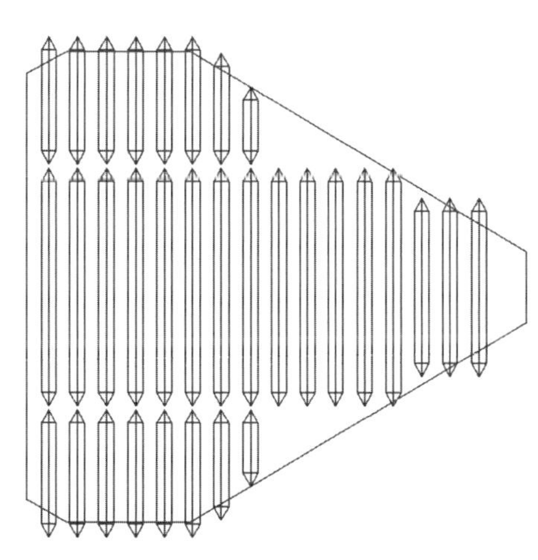

图 6-15 气囊布置方案

3 个，直径 1.5 m、长 15 m 的 7 层高承载力气囊 10 个，直径 1.5 m、长 12 m 的 7 层高承载力气囊 2 个，直径 1.5 m、长 10 m 的 7 层高承载力气囊 2 个，合计 30 个。每个气囊的额定工作压力为 0.16 MPa。

6.7.3 二次起墩技术

由于海上石油钻井平台是一座技术功能复杂、设备集中的海上结构物。大量的设备安装、测量和调试工作需要在船台上完成。气囊下水船台是具有一定坡度的，按常规的平行于船台地面形式进行合龙建造后，势必对大量的设备安装工作带来极大的困难。为解决这一问题，平台主体合拢采取水平建造的方案进行。船台坡度 ($K_1=1/80$) 的影响造成平台主体首尾端距离地面差达 600 mm，而“桩靴”安装工艺要求高度不低于 1 100 mm。因此，首尾支墩高度分别达到了 1 100 mm、1 700 mm。由于支墩高度高、平台主体重量大、船墩密集、气囊工作空间小、使用气囊的规格受到了限制，无法采用常规的下水撤墩方案进行作业。因此，最终决定采取二次起墩方案。该方案分三步进行：第一步，即第一次起墩，如图 6－16(a)所示，先将气囊铺设在预设的具有一定高度的垫墩上，这样可降低气囊的工作高度，增加气囊的承载力，从而顶起平台主体。在气囊的支承下，撤除高墩，建立低墩，然后将平台坐落于高度为 1 m 的支墩上。第二步，如图 6－16(b)所示，将第一次起墩时的气囊垫墩撤出，在地面上重新摆放气囊。第三步，即第二次起墩，如图 6－16(c)所示，将气囊再次充气把平台顶起，撤除所有船墩。

6.7.4 桩靴部位工装设计

由于呈“碟子形”的桩靴缩进平台底板外表面后，平台底部出现三个内径 5 m、外径 13 m 的环状孔穴。孔穴的存在降低了气囊的承载能力，更主要的是导致气囊无法正常滚动。为此，必须在孔穴部位设置填补的盖板，如图 6－17 所示。整个桩靴孔穴盖板呈圆碟形，由三块相同的扇形盖板组装而成。盖板采用了轻便的钢木组合的结构形式，即底部为钢板，上面为封闭箱型梁结构的墩架，箱型结构尺寸在满足支撑强度的同时，符合浮力略小于重力的原则，以便下水后的打捞。在墩架面上铺设木垫板，以保护桩靴底部油漆。

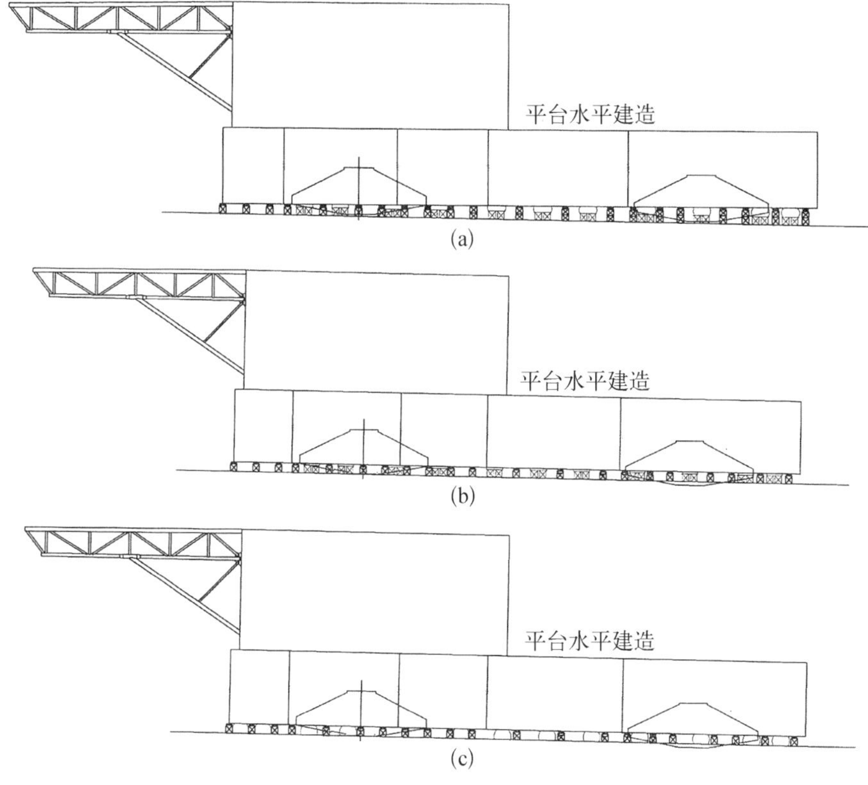

图 6 - 16 二次起墩过程

(a) 第一次起墩;(b) 撤除高墩,换成低墩,平台坐落于低墩上,抽出气囊垫墩;(c) 第二次起墩

6.7.5 操作工艺程序

(1) 待坞内工程完工且确认检验合格后方可进行下水。

(2) 按设计方案要求的间距及位置进行气囊布置。

(3) 于艏部焊装设置两个负荷不小于 80 t 的牵引耳板。

(4) 将平台(牵引耳板)与船台顶端的地牛用钢缆通过脱钩器进行有效的连接。

(5) 清除坞内及岸壁上的脚手架、电焊机等有碍于下水操作的障碍物品。

(6) 测量并预测下水水位,视水位情况调整下水方案和操作程序。

(7) 按图 6 - 16 中的步骤进行起墩作业,起墩作业前卷扬机进行预紧,防止船体产生滑动。

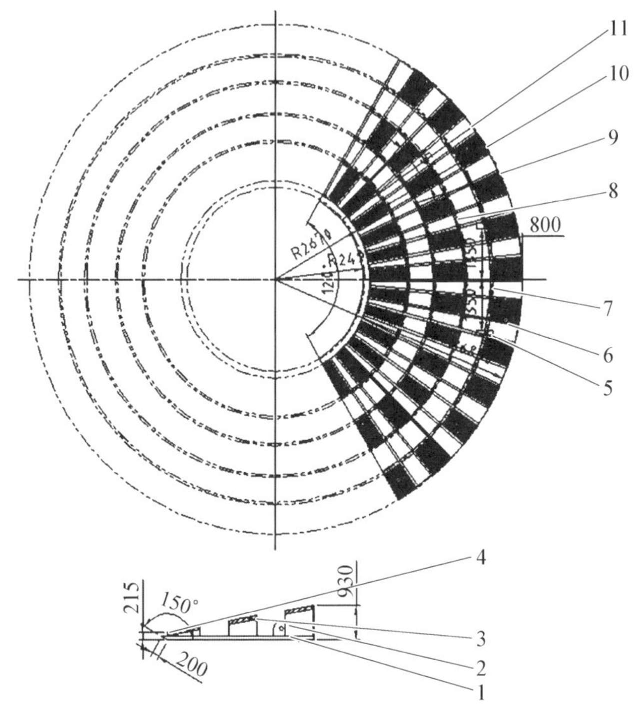

1—钢质底板；2、3、4—墩架；5—吊耳；6、7、8、9、10—角钢；11—钢板条。

图 6-17 桩靴孔穴盖板

(8) 撤墩结束后对场地进行清理，清除障碍物及尖硬杂物，避免影响气囊滚动或扎伤气囊。

(9) 坞门放水及坞门的起吊拆除。

(10) 坞门吊起后对坞门的密封槽进行填充处理，以保证气囊正常滚动。

(11) 在卷扬机控制下将平台向水下移动，将平台移至重心距 1/80 坡道末端 20 m 的位置停住。

(12) 在确认气囊工作位置及航道监管等情况均正常时，打开脱钩器，在拖轮的配合下，将钻井平台向坞门外水下缓慢拖带、牵引移位、下水。

(13) 待平台安全出坞后，适时将系泊缆解除，完全由拖轮拖带控制。将平台进行有效牵制、系泊，回收气囊，下水工程结束。

7 安 全

船舶气囊上、下水的安全，始终是行业内关注的一个重要问题。总结在船舶气囊上、下水发展中发生事故的经验教训，可以更好地把气囊上、下水技术向前推进。

7.1 事故及原因分析

总结船舶气囊上、下水近 40 年来的经验教训，发现在船舶气囊上、下水作业中发生的事故或存在的不安全因素，大多有一定的规律。

7.1.1 气囊品质的影响

气囊品质包括气囊能承受的压力和制造质量。

在船舶气囊下水技术发展的初期，下水船舶仅限于内河小型船舶。尽管当时气囊产品的结构较简易、承载力较小，但船舶下水时发生气囊破裂的现象也很少。20 世纪 90 年代，我国一些注重技术改造的气囊生产厂，研制成功了新一代气囊，提高了气囊的承载能力，气囊下水技术由此推广到中型船舶。当时大部分气囊厂仍然生产结构陈旧落后的原有产品，并以低价格吸引买主，用低承载力的气囊下水中型船舶，酿成了多起事故。有的船舶在下水过程中，船底下的气囊连续爆裂，导致移船过程中船舶落到地面上，或下水半途搁在水边，甚至造成人员伤亡。这种情况近年来还时有发生。

2005 年，江西省某造船厂在下水一条 16 500 DWT 的船舶时，把不同企业生产的气囊混合使用。当气囊充气把船抬离船墩后，撤除了龙骨墩，船厂派油漆工到船底下补涂油漆。此时，某品牌的气囊经受不住压力，突然发生破裂，当场造成一死一伤的惨剧。破裂气囊的前后位置，承受同样压力的另一品牌气囊却依

然完好无损。这充分证明那个破裂的气囊质量不好，达不到承受额定压力的要求。

2007 年，某贸易公司购买我国某气囊厂的气囊，承包东南亚某国一艘船舶的下水工程。由于气囊强度不够，在移船过程中多个气囊发生破裂，导致船舶落地，造成下水失败，如图 7－1 所示。

图 7－1　落地的船舶和破裂压扁的气囊

因制造质量造成船舶下水时气囊破裂的情况屡有发生。目前市场上气囊质量良莠不齐，个别企业以次充好、低价竞争，也是引起这类事故的原因。

7.1.2　船台和下水坡道的几何参数和建造质量

船台和下水坡道的建造质量是气囊下水安全的重要因素。

从过去的“沙滩造船”到如今设计建造专门的混凝土船台和下水坡道，船舶气囊下水逐步走向科学化、规范化。目前需要注意的问题是：在为较小吨位船舶建造的船台和下水坡道上，如果要建造较大吨位船舶的话，必须对船台和下水坡道的承压强度进行评估。

2008 年，江苏省某船厂下水一艘 31 500 DWT 的货船，该船自重 7 500 t，下水采用 48 个直径 1.5 m、长 18 m 的高承载力气囊。下水的初期过程还比较顺利，但当船尾已经入水，船首部分还在下水坡道上时，突然坡道末端的水泥板块下沉并产生翘裂，最后留在船底的几个气囊被翘裂的水泥板所形成的尖锐棱角刺破。船舶虽然在惯性作用下滑入水中，但被刺破的气囊爆裂开来，飞出的碎片造成一死八伤的重大事故。图 7－2 是从不同角度拍摄的坡道末端水泥板块开裂的现象。

(a)

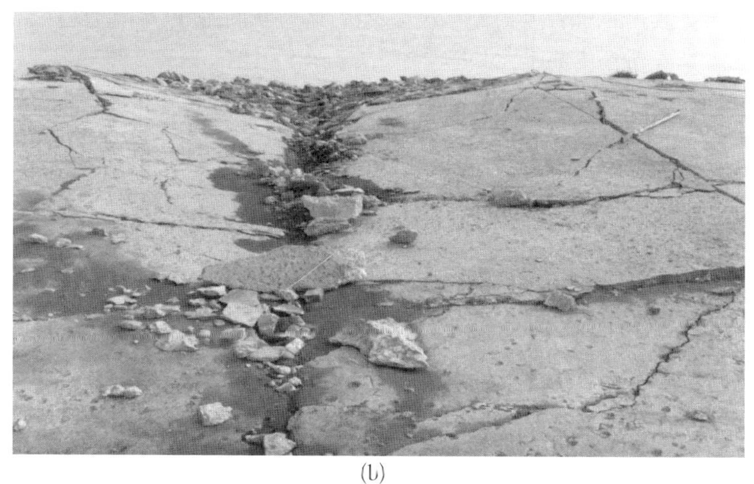

(b)

图 7－2 从不同角度拍摄的坡道末端水泥板块下沉开裂的现象

事故发生之后，对现场的勘察表明，坡道末端的基础受到海浪的冲刷和侵蚀，已有部分掏空。这次事故说明，较大吨位船舶气囊下水，一定要对船台和下水坡道的承载力进行必要的评估。

7.1.3 不规范的操作

据粗略统计,船舶气囊下水发生的事故中,多数与操作不当有关。操作人员缺乏必要的技术培训,不了解气囊的承载力和性能,不检查船台和下水坡道是否适合船舶气囊下水,更不明白船体在下水各阶段产生的应力变化,一旦发生异常情况时不知所措,盲目操作,造成事故。

2004 年 8 月,浙江省台州松门某船厂由某下水队承包一艘船长 100 m、船宽 15.8 m、自重 2 200 t 的货船采用气囊下水。共用 45 个气囊,由于气囊铺放不垂直船体中心线,同时有几个气囊伸出船舷外边,加上撤墩时有几个支墩虽拉出船底,但仍放在船边附近。当移船开始后,船本身略有跑偏,伸出舷外的气囊碰到支墩而被割破,气囊承载力骤然减少,最后有 80 m 船体直接跌落地在坡道上造成严重损失。

20 世纪 90 年代末期,某船厂在长江边用气囊下水一条小船。按照操作规范的要求,应当在气囊充气前,船首用钢丝绳拴紧,防止船被气囊顶起后发生向下移动。该厂虽然在船首拴了钢丝绳,但没有拴紧。当气囊充气顶起船舶后,船舶在重力作用下向船尾方向移动了 30 cm。由于该厂设施不规范,用砖头垒起的堆来代替支墩,船下滑距离虽然不大,但引起砖头堆砌的支墩坍塌,船体下挫,当场发生了人员伤亡事故。

2000 年,沿海某船厂下水一艘自重 1 200 t 的甲板驳。由于船体较宽,船厂原有的轨道小车下水设施已不能使用,要求在轨道两侧填充气囊作辅助措施。当时船厂负责人认为这些轨道小车已多时未用,生了锈,根本不可能轻易移动,存在麻痹大意思想,故船舶未拴钢丝绳。可是当气囊充气把船体稍微抬松后,船舶突然启动下滑,迅速滑入水面。此时在两轨道中间的地沟里有一个人正在工作,险些酿成事故。

2008 年,某下水工程队采用直径 1.5 m、长 8 m 的气囊在把一艘旧舰艇拉上来作为观光船的过程中,放在船首下面的气囊充气后有逸出的倾向。为了不让气囊逸出,下水工程队在没有安全措施的前提下,叫人下到水中去顶住。不料气囊在波浪的拍击作用下,产生很大的挤压力,突然飞出(横向弹出),导致人身事故。

上述事故说明,规范的操作是安全的保障,为了规范操作,在我国目前的有关标准中,对船舶气囊下水操作的人员提出了培训要求,只要严格执行标准规定的操作规程，就可以避免事故的发生。

7.1.4 牵引系统引起的各类事故

20 世纪 80—90 年代，当气囊下水还用于千吨以下的小船时，有些船厂在采用气囊下水时未计算牵引力大小，绞车和地牛非常破旧，钢丝绳磨损、腐蚀严重，从而引发移船过程事故。这类事故在气囊下水事故中占第一位。

2008 年在某船厂下水 57 000 DWT 船，是当时该船厂建造的最大的运输船，下水工程队在船左右舷分别用 10 t 绞车的钢缆将船拴住。下水前一天撤墩工作结束，除艏部外，其余船底都下坐在气囊上。为了安全，在船首下约有 30 多个支墩没有撤，第二天早上，距最高潮时间约 1 h 时，工人开始在艏部支墩之间增加气囊抬船并撤除剩余的支墩，同时让船厂油漆工进入船底下空间补刷油漆。就在工程结束准备下水的时候，右侧牵引钢缆断裂，幸亏断裂的钢缆比较短，只在附近转了几圈，而附近恰好没有人，没有造成损害。若此钢缆稍提前一刻断裂就会造成大事故。

7.2 安全措施

7.2.1 保障船舶气囊下水安全

总结以上船舶气囊上、下水发生的典型事故，可以看出，保障船舶气囊下水安全的四个主要要素是：

(1) 气囊产品质量。

(2) 船台和下水坡道的几何参数和建造质量。

(3) 下水方案的制订和下水过程的规范操作。

(4) 牵引设施满足要求。

从船舶气囊下水近 40 年来的发展过程看，只要保证气囊产品质量、注意船台和下水坡道的建造质量、规范操作和牵引设施满足牵引力这四个方面达到要求，则船舶气囊下水的安全是有保障的。在船舶气囊上、下水发展的每一个阶段，凡是创造下水重量新纪录的试验，均是一举成功。这就说明了：只要做好周密准备，严格操作规范，就能保障船舶气囊下水安全。

船舶气囊上、下水对这四个因素的要求，前面几章已经进行了充分的阐述。除这四个主要因素外，在一些细节问题上还需要采取必要的安全措施。

7.2.2 充分做好准备工作

1) 使用前逐个检查气囊

气囊在使用前应该逐个检查，将气囊空载充气达到额定工作压力的 1.2 倍，保压 1 h，再看气压降低多少，如压力达不到额定工作压力值，应查找泄气原因，采取修补等措施后方能使用。

有些气囊由于长期在露天存放，橡胶老化，应降低其使用工作压力值。这些经过多次使用的气囊在使用时可将其布放在船首部，因为那儿属于轻载区。一部分使用期过长，橡胶老化严重的气囊应做报废处理。

2) 检查机械设备

气囊下水从推广初期到现在，因钢丝绳断裂、地牛被拉出等发生的事故在所有气囊下水事故中占最大的比例。随着上、下水船舶重量越来越大，要求牵引设备更有保障，因此对每一件使用的机械设备以及地牛等都要进行检查，看是否达到要求。

使用船厂设备时，在签订合同中应特别注明由船厂保证牵引设备合格并达到计算要求，使用前需再次核查。

7.2.3 严格执行工作制度

1) 严格按操作方案施工

大型船舶气囊下水前，应在理论计算的基础上制定出具体的操作方案，包括应急预案，由下水工程承包方与船厂共同商定，并报相关部门批准。在下水过程中，各个岗位严格按操作方案施工，确保气囊下水工程顺利进行。

2) 划出安全区域

气囊上、下水时要划出警戒线，线内严禁非工作人员入内。要防止以下伤人事故的发生：

(1) 牵引钢丝绳断裂。钢丝绳断裂后会向各个方向飞出。

(2) 气囊破裂。在气囊内压较大时，严重的气囊破裂会引起气囊碎片沿径向弹射出去，造成伤害。根据气囊内压和直径不同，伤害程度也不同，远离爆裂气囊约 10 m 以外，才能降低危害程度。

(3) 气囊堵头喷出。气囊充、放气时一定要随时观察，工作人员应站在充气嘴侧面，以避免气囊堵头喷出而伤及人身。

(4) 气囊横向弹射。交错布置的气囊,当船舶下水时滚动到达艏部后,在龙骨两边会形成一边长一边短,可能发生横向弹射出来。船舶上岸时若气囊放置不当,纵向、横向都有可能会弹射出来。指挥人员和操作工必须有这方面的预防意识,以防发生不必要的伤害。

8 气囊下水计算

自从万吨级货船用气囊下水成功后，气囊下水应用越来越广，但多年来一直没有完善的气囊下水计算方法。传统的滑道下水早就有一套成熟的计算方法，能预测出不同水位下水时可能发生的后果并提出预防措施。气囊下水同样需要相应的理论计算，即用数字计算表达下水的全过程。为此，本书作者通过多年的积累和不断修正，并经试验验证，解决了气囊压缩刚度计算的关键问题。用静力平衡的原理，逐步近似的方法设计了气囊下水各阶段典型计算表格，并以此设计出相应的计算机程序(本章不做程序设计介绍)。经过数十艘万吨级船的实际计算，并与测试结果进行比较，其计算结果与实船测试结果非常接近，表明该计算方法对实际的气囊下水具有重要的指导作用。

8.1 起墩计算

8.1.1 计算所需资料

(1) 船舶总布置图。

(2) 船体型线图。

(3) 静水力计算数据。

(4) 邦戎曲线计算数据。

(5) 船舶下水状态(包括下水时船体重量 W、重心纵向位置 LCG、艏艉吃水等)。

(6) 船舶建造时布墩图。

(7) 坡道纵剖面图和平面布置图(包括各段长度、坡度以及水位高度位置)。

(8) 建造船舶在坡道上的位置。

(9) 气囊直径、长度、额定工作压力及单位长度承载力曲线。

8.1.2　估算气囊用量

起墩计算前，可用简易方法[式(6-1)]近似估算气囊用量，以减少起墩计算的反复试算次数。当下水船舶的主尺度与自重有近似船型做参考时，可直接采用近似船型的气囊用量。

8.1.3　确定气囊最小中心距和气囊位置

船舶行业标准 CB/T 3837—2011《船舶用气囊上排、下水工艺要求》明确规定："Ⅰ类船下水前，应做起墩作业的计算。"从近年的统计看，Ⅰ类船舶计算中多数是艉机型的散货船、集装箱船、油船等，其特点是下水时船体重心在舯后。艉机型船下水时的重量集中在艉部，且艉部的船底线型比较尖瘦，气囊与船底的接触面积小，因而只能将气囊间距缩小，增加气囊排列密度。但过小的间距须防止气囊滚动后相互叠压。由于气囊摆放时不可能完全垂直于船体中心线，为了减少风险，气囊间距(指中心距)取 3 m 以上为宜。

全船的气囊间距可全部取等距，也可在重心前或舯前加大间距，在船长范围内设置成两种或三种气囊间距。气囊间距应根据重心距舯部位置和气囊的承载力确定。为减低船体应力，最大气囊间距不得大于 6 m。

气囊间距(指中心距)的确定还与船墩位置有关。船墩位置通常在肋位上。由于气囊是大面积承载，不必拘泥于肋位，可以随意布置，一般将气囊放入船墩之间。由于艉部的船墩较密，气囊所占面积大，起墩前需要人工拆除一部分船墩才能放入气囊。为便于气囊下水时的布放，建议在船舶建造初期就考虑气囊下水的相关问题，在艉部与气囊布置相重叠的位置使用活络墩，以减少艉部船墩拆除的工作量，提高气囊下水效率。

8.1.4　计算气囊承载力及对重心的力矩

起墩时，气囊将船体原地平衡升高，使船底高出支墩顶面，气囊承载力(抬升力)总和应大于船体自重，船舶行业标准 CB/T 3837—2011《船舶用气囊上排、下水工艺要求》规定应不小于船体自重的 1.2 倍。同时，所有气囊承载力对重心之矩总和为 0，以达到艏艉平衡抬起。以下用实船的数据通过表格进行计算：

表 8-1 是一艘 76 000 DWT 散货船的计算实例。其中，按气囊的顺序编号列出了各个气囊的摆放位置、工作长度、设定充气压力、承载力及对重心的力矩。

起墩时工作高度设定为 0.85 m，比船墩高度 0.8 m 高出 0.05 m。

该船的主要参数如下：

总长：225 m；两柱间长：218.5 m；型宽：32.26 m；型深：19.6 m；下水重量：13 400 t；重心纵向位置：−8.95 m（舯后）。

表 8-1　起墩时气囊承载力的配置

气囊编号 i	工作位置肋骨号 —	距重心距离 A_i /m	工作长度 l_i /m	工作高度 H_i /m	充气压力 p_i /MPa	承载力 R_i /t	承载力对重心力矩 M_i /(t·m)
1	18.000	−86.450	3.16	0.85	0.06	19.72	−1 704.66
2	21.313	−83.800	4.30	0.85	0.07	31.30	−2 623.28
3	24.625	−81.150	5.27	0.85	0.08	43.85	−3 558.14
4	27.938	−78.500	6.30	0.85	0.09	58.97	−4 628.99
5	31.250	−75.850	7.37	0.85	0.09	68.98	−5 232.38
6	34.563	−73.200	8.57	0.85	0.10	89.13	−6 524.17
7	37.814	−70.550	9.98	0.85	0.10	103.79	−7 322.53
8	40.895	−67.900	11.52	0.85	0.11	131.79	−8 948.46
9	43.977	−65.250	13.19	0.85	0.11	150.89	−9 845.81
10	47.058	−62.600	14.95	0.85	0.12	186.58	−11 679.66
11	50.140	−59.950	16.75	0.85	0.12	209.04	−12 531.95
12	53.221	−57.300	18.46	0.85	0.13	249.58	−14 300.89
13	56.302	−54.650	20.12	0.85	0.13	272.02	−14 866.02
14	59.384	−52.000	21.62	0.85	0.14	314.79	−16 368.93
15	62.465	−49.350	23.03	0.85	0.14	335.32	−16 547.88
16	65.547	−46.700	18.50	0.85	0.15	288.60	−13 477.62
17	68.628	−44.050	18.50	0.85	0.15	288.60	−12 712.83
18	71.709	−41.400	18.50	0.85	0.16	307.84	−12 744.58
19	74.791	−38.750	18.50	0.85	0.16	307.84	−11 928.80
20	77.872	−36.100	18.50	0.85	0.16	307.84	−11 113.02
21	80.953	−33.450	18.50	0.85	0.16	307.84	−10 297.25
22	84.035	−30.800	18.50	0.85	0.16	307.84	−9 481.47

(续表)

气囊编号 i	工作位置肋骨号 —	距重心距离 A_i /m	工作长度 l_i /m	工作高度 H_i /m	充气压力 p_i /MPa	承载力 R_i /t	承载力对重心力矩 M_i /(t·m)
23	87.116	−28.150	18.50	0.85	0.16	307.84	−8 665.70
24	90.198	−25.500	18.50	0.85	0.16	307.84	−7 849.92
25	93.279	−22.850	18.50	0.85	0.16	307.84	−7 034.14
26	96.360	−20.200	18.50	0.85	0.16	307.84	−6 218.37
27	99.442	−17.550	18.50	0.85	0.16	307.84	−5 402.59
28	102.523	−14.900	18.50	0.85	0.16	307.84	−4 586.82
29	105.605	−12.250	18.50	0.85	0.16	307.84	−3 771.04
30	108.686	−9.600	18.50	0.85	0.16	307.84	−2 955.26
31	111.767	−6.950	18.50	0.85	0.16	307.84	−2 139.49
32	114.849	−4.300	18.50	0.85	0.16	307.84	−1 323.71
33	117.930	−1.650	18.50	0.85	0.16	307.84	−507.94
34	121.000	1.000	18.50	0.85	0.16	307.84	307.84
35	125.000	4.440	18.50	0.85	0.16	307.84	1 366.81
36	129.000	7.880	18.50	0.85	0.15	288.60	2 274.17
37	133.000	11.320	18.50	0.85	0.15	288.60	3 266.95
38	137.000	14.760	18.50	0.85	0.15	288.60	4 259.74
39	141.000	18.200	18.50	0.85	0.14	269.36	4 902.35
40	145.000	21.640	18.50	0.85	0.14	269.36	5 828.95
41	149.000	25.080	18.50	0.85	0.14	269.36	6 755.55
42	153.000	28.520	18.50	0.85	0.13	250.12	7 133.42
43	157.000	31.960	18.50	0.85	0.13	250.12	7 993.84
44	161.000	35.400	18.50	0.85	0.13	250.12	8 854.25
45	165.000	38.840	18.50	0.85	0.12	230.88	8 967.38
46	169.000	42.280	18.50	0.85	0.12	230.88	9 761.61
47	173.000	45.720	18.50	0.85	0.12	230.88	10 555.83
48	177.000	49.160	18.50	0.85	0.12	230.88	11 350.06
49	181.000	52.600	18.50	0.85	0.12	230.88	12 144.29

(续表)

气囊编号 i	工作位置肋骨号 —	距重心距离 A_i /m	工作长度 l_i /m	工作高度 H_i /m	充气压力 p_i /MPa	承载力 R_i /t	承载力对重心力矩 M_i /(t·m)
50	185.000	56.040	18.50	0.85	0.11	211.64	11 860.31
51	189.000	59.480	18.50	0.85	0.11	211.64	12 588.35
52	193.000	62.920	18.50	0.85	0.11	211.64	13 316.39
53	197.000	66.360	18.50	0.85	0.10	192.40	12 767.66
54	201.000	69.800	18.50	0.85	0.10	192.40	13 429.52
55	205.000	73.240	15.00	0.85	0.10	156.00	11 425.44
56	210.000	77.540	15.00	0.85	0.09	140.40	10 886.62
57	215.000	81.840	15.00	0.85	0.09	140.40	11 490.34
58	220.000	86.140	15.00	0.85	0.09	140.40	12 094.06
59	225.000	90.440	15.00	0.85	0.08	124.80	11 286.91
60	230.000	94.740	15.00	0.85	0.08	124.80	11 823.55
61	235.000	99.040	15.00	0.85	0.07	109.20	10 815.17
62	240.000	103.340	15.00	0.85	0.06	93.60	9 672.62
63	245.000	107.640	12.95	0.85	0.05	67.34	7 248.48
64	250.000	111.940	8.12	0.85	0.04	33.78	3 781.24
Σ	—	—	—	—	—	14 113.14	1 315.41

表中各项具体说明如下：

(1) 气囊的编号由艉部向艏部排序，1 号气囊首先入水。

(2) 气囊所在的肋位号，只供摆放气囊时用，在计算中不起作用。

(3) 气囊距重心的距离 A。本章计算中纵坐标原点取在重心位置，自重心向艏的距离为正，自重心向艉的距离为负。

(4) 气囊的工作长度 l。该长度为气囊与船底能接触的长度，按气囊所在位置，从线型图量取船底宽度。当气囊长度大于船底宽度时，工作长度取船底宽度值；当气囊长度小于船底宽度时，取气囊长度值为工作长度。

(5) 气囊的充气压力 p。该压力不能超过额定工作压力，可由计算者任意调节各个气囊的压力配置直至达到起墩计算的要求。调节充气压力是起墩计算中最重要的工作，需经过多次调节才能完成。充气压力的调节必须合理并符合使用要求。不同船型且使用不同规格的气囊都会有不同的结果。

(6) 气囊工作高度 H。 该高度为船底平面抬起后达到的高度。通常高出船墩高度 0.03～0.05 m 即能拆除船墩。由于船舶置于倾斜的船台(或坡道)上，这个高度是相对于船台表面而言的。

(7) 气囊的承载力 R。 按式(8－1)进行计算，为与船体重量单位保持一致，此处的单位也用“吨”表示。

$$R_i = 160 l_i (D - H_i) p_i \tag{8-1}$$

(8) 气囊的承载力对重心的力矩 M。 按式(8－2)进行计算：

$$M_i = R_i A_i \tag{8-2}$$

(9) 起墩要求。所有气囊承载力总和应大于船下水时的重量，考虑到船厂提供的下水重量存在不确定性，建议按式(8－3)进行计算，其中取 $K \geqslant 1.2$。

$$\sum R_i = KW \tag{8-3}$$

(10) 起墩时承载力对重心的力矩之和。船体必须平衡均匀抬起，该力矩之和应满足式(8－4)。

$$\sum M_i = 0 \tag{8-4}$$

8.2　气囊下水计算

8.2.1　气囊下水计算原理

气囊下水过程是船体重量全部承压在气囊上逐步过渡到船体重量全部由水浮力承托的过程。按船舶所受承载力的不同情况，气囊下水过程可划分为三个阶段：

(1) 船体重量全部由气囊承载。

(2) 船体重量由气囊与水浮力共同承载。

(3) 船体重量全部由水浮力承载。

按静力平衡的原理，气囊下水过程的每一瞬间，船体受到的所有外力与船体自重都应处于平衡状态，故有：

$$\sum R_i + Q + \sum C_i = W \tag{8-5}$$

$$\sum R_i A_i + Q A_Q + \sum C_i A_i = 0 \tag{8-6}$$

式中：$\sum R_i$ ——船底瞬时气囊承载力之和/t(参见实例中表 8-2 计算)；

Q ——瞬时浸水船体的浮力/t(参见实例中表 8-3 计算)；

$\sum C_i$ ——船底水中漂浮气囊对船的浮力/t(参见实例中表 8-4 计算)；

A_i ——各个气囊距船体重心的距离/m；

A_Q ——船体浸水部分的浮心距船体重心的距离/m；

8.2.2 气囊下水计算起始位置

脱钩时的船体位置应作为下水计算的起始位置。通常有下列三种情况：

(1) 起墩结束后，多数船舶从原地解脱牵引，直接下水。此时，下水计算的起始位置即是船舶起墩时的位置。船体受气囊的承载力可按表 8-1 的方法进行计算。因此，将起墩计算作为下水计算的第一张计算表。

(2) 起墩结束后，若需将船体高度等稍做调整，则调整后的新数据应代入表 8-1 进行重新计算，成为第一张起始状态计算表。

(3) 起墩结束后，因水位低及艉柱离水面较远，在卷扬机控制下将船舶向水面移动一段距离，将移船结束后的位置、气囊相对船体位置、气囊内压等实际数值代入表 8-1 中进行计算，作为下水计算的第一张起始表。

8.2.3 气囊下水计算主要内容与方法

下水计算内容应包括：船体移动过程中任何位置上每个气囊的工作高度、工作气压和承载力，以及船体的浮力和倾角、气囊的浮力等。下水计算通常分以下三个阶段进行：

1) 下水第一阶段

将纵坐标原点取在重心位置。船体重量全部由气囊承载，并且假设起始状态与起墩状态一致，作为第一张计算表。

船舶开始移位后，可取一个相同的前移距离，称步长。通常取 n 个肋距作为一个步长，或取整数米作为步长。当移位到任一步长时，均需做一次计算，每一步长都需一张计算表，每一步计算表格式样与表 8-1 相同。每移位一个步长后，气囊与气囊的相对位置不变，但气囊与船体相对位置发生了变化，即每个气囊离船体重心位置发生了改变，艉部逐步增长了悬臂长度。因此，下水之初船体就产生了微小的艉倾，以达到船体静力平衡。

实际计算时，每张计算表都先假定一个艉倾角 α 和某个气囊 i 的工作高度 H_i，所有气囊在新位置下的工作高度即可计算出来。根据各气囊的不同工作高度和初始工作压力即能计算出每个气囊新的承载力及其对船舶重心之矩，并要求二者总和满足以下两式：

$$\sum_{i=1}^{n} R_i = W \tag{8-7}$$

$$\sum_{i=1}^{n} R_i A_i = 0 \tag{8-8}$$

若不满足，重新设定 α 和 H_i。经多次试算，逐步接近以上两式要求。

2) 下水第二阶段

当船尾开始触水后，船舶除受到气囊承载力外还受到水的浮力。船体平衡方程为式(8－5)和式(8－6)。

其中，气囊的承载力计算方法与表 8－1 相同，但每一步长船底的气囊数量在不断发生变化，另受水浮力的影响，船舶倾角也有新的变化。将第二阶段中气囊承载力计算表作为表 8－2，其计算方法与表 8－1 相同。

此外，计算船舶浮力，可应用船舶静力学计算表格进行计算，如表 8－3 所示。此时的船体要素应与表 8－2 气囊计算时保持一致，只需将表 8－2 中有关数据代入表 8－3 即可，其中船体浸水长度 OZ（见图 8－1）按式(8－9)进行计算：

$$OZ = LCG + \frac{h - H_G}{\tan \alpha} \tag{8-9}$$

式中：OZ ——船体浸水长度/m；

h ——船舶重心处的水位高/m；

H_G ——船舶重心处的气囊工作高度/m。

算出 OZ 后，表 8－3 即可算出船体浮力以及浮力对舯之矩，并把浮力对舯之矩换算成浮力对重心之矩。

将表 8－2 和表 8－3 的有关数据同时输入表 8－4 进行综合计算，计算结果

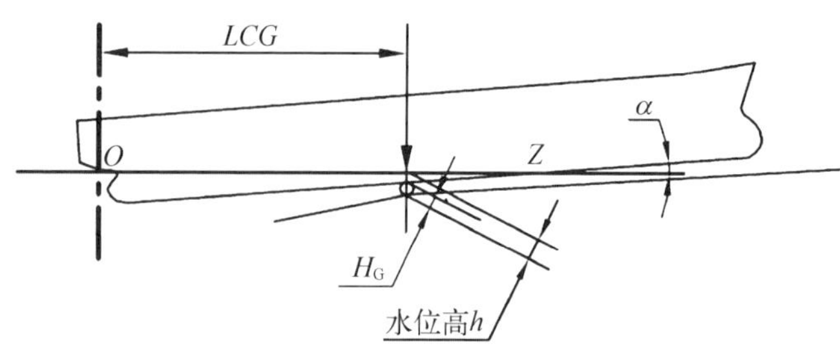

图 8-1　船体浸水长度计算示意图

应同时满足式(8-5)和式(8-6)。否则,应另设 α 和 H_i 重新计算表 8-2 和表 8-3,通过多次逐步近似计算后达到式(8-5)和式(8-6)的平衡要求。

船体移动一定距离后,有部分气囊逐渐滚出坡道末端,这些气囊会排列在坡道端部,对船体会有一定浮力,这些浮力不另行计算,直接计入表 8-4 中。

3) 第三阶段

全部气囊脱离船体,船体全浮于水中。按船舶静水力学计算方法即可计算出全浮状态各要素。

8.2.4　船体重心到达坡道拐点时气囊承载力计算

对于以上第一阶段和第二阶段的计算方法,主要适用于计算机程序计算。在下水第二阶段过程中,船体重心经过折角型坡道拐点时气囊承载力计算最为关键。当采用手工计算时,必须对该状态进行重点计算和校核。船体重心移到折角型坡道拐点时,气囊承载力计算模型如图 8-2 所示。

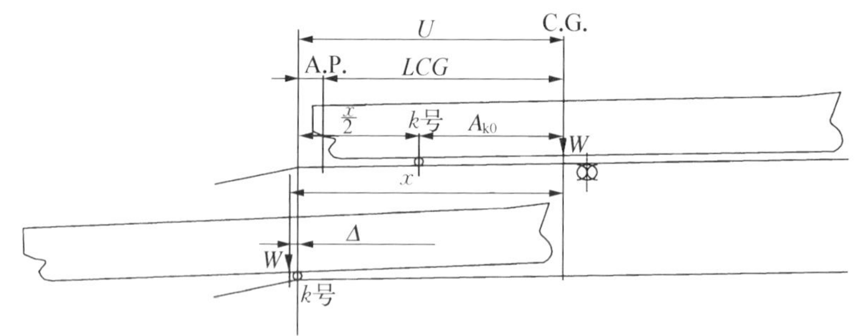

图 8-2　气囊承载力计算模型

1) 行程 U 时气囊承载力计算

表 8-2 是该瞬时承载力计算实例。船型要素与前一节计算实例相同。

表 8-2　行程 U 时气囊承载力计算

$U = 114.7$ m　$\tan\alpha = 0.03$							
气囊编号 i	工作位置肋骨号	距重心距离 A_i /m	工作长度 l_i /m	工作高度 H_i /m	工作压力 p_i /MPa	承载力 R_i /t	承载力对重心矩 M_i /(t·m)
7	102.520	−13.60	18.50	0.94	0.087	144.41	−1 964.01
8	105.610	−10.95	24.00	0.85	0.116	287.24	−3 145.28
9	108.690	−8.30	24.00	0.77	0.129	361.79	−3 002.87
10	111.770	−5.65	24.00	0.68	0.159	499.17	−2 820.33
11	114.850	−3.00	24.00	0.60	0.184	637.76	−1 913.29
12	117.930	−0.35	24.00	0.51	0.236	892.63	−312.42
13	121.000	2.30	24.00	0.43	0.291	1 194.16	2 746.56
14	125.000	4.95	24.00	0.48	0.265	1 038.62	5 141.16
15	129.000	7.60	24.00	0.53	0.229	856.78	6 511.52
16	133.000	10.25	24.00	0.57	0.298	1 059.18	10 856.63
17	137.000	12.90	24.00	0.62	0.257	867.30	11 188.21
18	141.000	15.55	18.50	0.67	0.188	463.22	7 202.99
19	145.000	18.20	18.50	0.72	0.173	400.55	7 290.00
20	149.000	20.85	18.50	0.76	0.170	370.82	7 731.58
21	153.000	23.50	18.50	0.81	0.158	322.64	7 581.99
22	157.000	26.15	18.50	0.86	0.158	299.74	7 838.13
23	161.000	28.80	18.50	0.91	0.149	261.31	7 525.80
24	165.000	31.45	18.50	0.95	0.141	227.47	7 154.07
25	169.000	34.10	18.50	1.00	0.134	197.46	6 733.27
26	173.000	36.75	18.50	1.05	0.128	170.63	6 270.63
27	177.000	39.40	18.50	1.10	0.123	146.47	5 770.86
28	181.000	42.05	18.50	1.15	0.119	124.53	5 236.52
29	185.000	44.70	18.50	1.19	0.115	104.44	4 668.31
30	189.000	47.35	18.50	1.24	0.112	85.86	4 065.30
31	193.000	50.00	18.50	1.29	0.109	68.50	3 424.97

（续表）

$U=114.7\ \text{m}\quad \tan\alpha=0.03$							
气囊编号 i	工作位置肋骨号	距重心距离 A_i /m	工作长度 l_i /m	工作高度 H_i /m	工作压力 p_i /MPa	承载力 R_i /t	承载力对重心矩 M_i /(t·m)
32	197.000	52.65	18.50	1.34	0.108	52.10	2 743.30
33	201.000	55.30	18.50	1.38	0.106	36.43	2 014.76
34	205.000	57.95	18.500	1.42	0.105	24.95	1 445.85
35	210.000	61.39	18.500	1.47	0.105	9.30	571.23
$\sum$	—	—	—	—	—	11 205.47	118 555.44

2）船舶行程 U

$$U=LCG+U_{AP} \tag{8-10}$$

式中：LCG ——船舶重心距艉柱的距离/m；本例为 100.3 m（距艉柱）；

U_{AP}——艉柱至拐点距离/m；本例为 11.3 m。

将重心附近的那个 k 号气囊到达拐点时的位置作为计算点，整个计算工作可以省略简便，如图 8－2 所示。该气囊可在表 8－1 中气囊距重心之距一栏中查找，$A_{k0}\approx U/2$，表 8－2 中 $i=13$ 的气囊即为拐点处的 k 号气囊。

k 号气囊的实际前移距离是 $(U-A_{k0})$，船体实际行程从 U 转换为 x，$x=2(U-A_{k0})$。

实际行程与船舶重心距拐点的距离有偏差 $\Delta=x-U$。Δ 值也可为表 8－2 中 k 号气囊到重心的距离。

3）船底能起承载作用的气囊数量

表 8－2 中实取 $k=13$，即 13 号气囊位于拐点位置。查船底还有多少个气囊？由于副坡道的长度是有限的，根据副坡道长度很快能查出还有几个气囊在副坡道上，凡 $A_i+\Delta\geqslant$ 副坡道长度者，一律落入到副坡道之外的水中并整齐相靠排列在副坡道端部外起微小的浮力作用（详见表 8－2 中 1～6 号气囊），而不再有气囊的承载力。

从艏部看，凡 $A_i+\Delta\geqslant L_{BP}-LCG$ 者，即超出艏柱及 $H\geqslant D$（H 为气囊工作高度，D 为气囊直径）的气囊，都不再起承载作用。从实际计算中可以看出，35 号之后的气囊全部不再起作用。因此，表 8－2 内只有 7～35 号气囊列入其中，说明船下还有这些气囊尚存在承载能力。

4）气囊距重心的距离 A_i

$$A_i = A_{i0} + \frac{x}{2} \tag{8-11}$$

式中：A_{i0}——表 8-1 中同号气囊距重心距离/m；

x——船舶行程/m。

至此已经计算出每个气囊离重心的距离，可由此确定气囊所在位置。

5）工作长度 l_i

取船舶重心经过拐点时船底宽度与气囊体长度中的小者。

6）工作高度 H_i

由于船在折角型坡道上，所以 k 号气囊（本例中为 13 号）向艏和向艉，气囊工作高度有不同的算法。向艏按式（8-12）进行计算，向艉按式（8-13）进行计算。

$$i > k;\ H_i = H_k + (\Delta - A_i)(\tan\beta_1 - \tan\alpha) \tag{8-12}$$

$$i < k;\ H_i = H_k + (\Delta - A_i)(\tan\beta_2 - \tan\alpha) \tag{8-13}$$

式中：H_i——计算气囊的工作高度/m；

H_k——k 号气囊的工作高度/m；

Δ——船舶重心经过拐点时 k 号气囊距重心位置/m；

A_i——船舶重心经过拐点时计算气囊距重心位置/m；

β_1——主坡道坡度/(°)；

β_2——副坡道坡度/(°)；

α——船底龙骨坡度/(°)。

7）工作压力 p_i

工作压力与气囊刚度有关，这也是近年来气囊下水最为关注的问题。济南昌林气囊容器厂有限公司曾为此做了三次压缩试验，但受实验条件限制，最大压缩率在 60%～70%，且最大长度只有 3 m，此处仅阐述压缩率在 70%以内的气囊刚度。

推荐按公式（8-14）计算气囊内压变化：

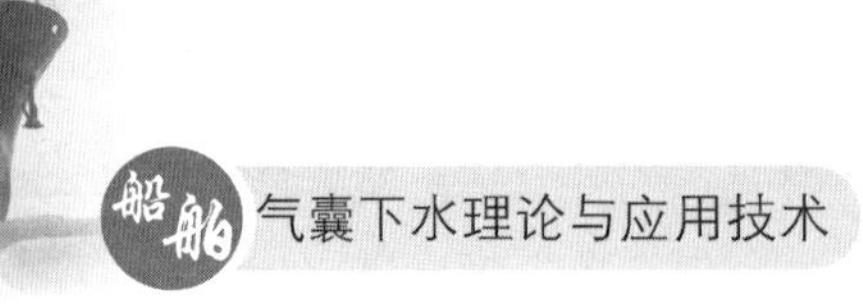

$$p_i = (p_{i0} + 0.1)\left(\frac{2DH_{i0} - H_{i0}^2}{2DH_i - H_i^2}\right)^n - 0.1 \tag{8-14}$$

式中：p_{i0}，H_{i0}——同号气囊在表 8－1 中的对应工作(充气)压力和工作高度；

p_i，H_i——计算气囊的工作压力和工作高度；

n——指数；$n=1.1\sim1.2$，按起始工作压力选取：当起始工作(充气)压力达到 0.14～0.16 MPa 时，n 取 1.2；当起始压力在 0.10～0.13 MPa，n 取 1.15，当起始压力小于 0.10 MPa，n 可取 1.1。

有些气囊初始时只是局部压缩，如位于艉柱框架下面的气囊，当位置变化后，其压扁的长度也有变化，此时的工作压力 p_i 可用公式(8－15)进行计算：

$$p_i = (p_{i0} + 0.1)\left(\frac{(2DH_{i0} - H_{i0}^2)l_{i0} + (L - l_{i0})D^2}{(2DH_i - H_i^2)l_i + (L - l_i)D^2}\right)^n - 0.1 \tag{8-15}$$

式中：l_{i0}——气囊在起始时的工作长度(即表 8－1 中的工作长度)/m；

l_i——气囊在新位置时的工作长度(即表 8－2 中的工作长度)/m；

L——气囊体长度/m。

8) 承载力 R_i

表 8－2 中承载力 R_i 的计算仍可用式(8－1)进行计算。将 $\sum R_i$ 代入表 8－4。

9) 承载力对重心之矩 M_i

表 8－2 中承载力对重心之矩 M_i 的计算仍可用式(8－2)进行计算。将 $\sum M_i$ 代入表 8－4。

8.2.5 船体入水部分浮力计算

在下水第二阶段过程中，船体重心经过折角型坡道拐点时浮力计算同样是计算的重点。其计算模型同图 8－2。

1) 船体浸水长度 OZ

船体重心经过折角型坡道拐点时的船体浸水长度 OZ 按式(8－16)进行计算，其计算模型见图 8－3。

$$OZ = LCG + \Delta + \frac{h - H_k}{\tan\alpha} \tag{8-16}$$

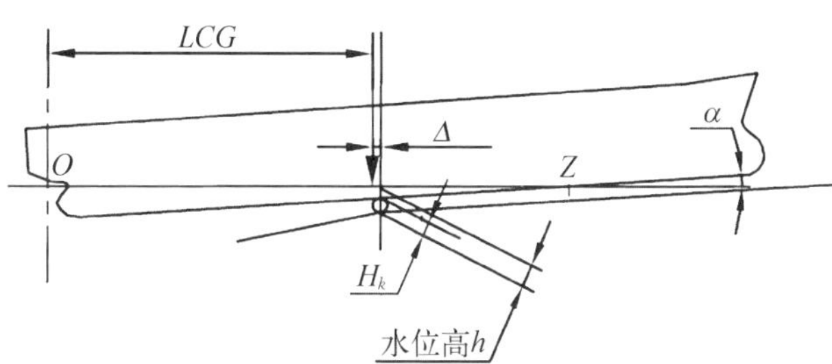

图 8-3 k 号气囊到达拐点时浸水长度计算

式(8-9)是指重心到达拐点时的 OZ，而式(8-16)是指距重心最近一个气囊(k 号气囊)到达拐点时的 OZ。水位 h 是指折角型坡道拐点处的水位高度。$\Delta = x - U$（图 8-3)。α、H_i 等数值与表 8-2 中一致。

2) 船体入水部分浮力及其对重心之矩

当已知船体倾角 α（与表 8-2 一致)并用式(8-16)计算出船体浸水长度 OZ 后,便可使用船舶静力学方法借助邦戎曲线计算出入水部分体积、浮力和浮力对舯之矩,并根据重心与舯部的距离换算为浮力对重心之矩。

表 8-3 是 76 000 DWT 散货船的浮力计算实例。

表 8-3 船体浮力计算

$H_{13} = 0.43$ m　$\tan\alpha = 0.03$　$OZ = 106.63$ m							
站号	浸水长度	吃水	邦戎表读数	面积系数	面积	乘数	对重心之矩
A	B	C	D	E	F=D×E	G	H=F×G
0	106.63	3.20	0	0.5	0.00	−10.0	0.00
1	95.71	2.87	8.64	1.0	8.64	−9.0	−77.76
2	84.78	2.54	19.12	1.0	19.12	−8.0	−152.96
3	73.86	2.22	30.11	1.0	30.11	−7.0	−210.77
4	62.93	1.89	38.67	1.0	38.67	−6.0	−232.02
5	52.01	1.56	40.57	1.0	40.57	−5.0	−202.85
6	41.08	1.23	35.97	1.0	35.97	−4.0	−143.88
7	30.16	0.90	29.28	1.0	29.28	−3.0	−87.84

（续表）

$H_{13}=0.43$ m　$\tan\alpha=0.03$　$OZ=106.63$ m							
站号	浸水长度	吃水	邦戎表读数	面积系数	面积	乘数	对重心之矩
A	B	C	D	E	F=D×E	G	H=F×G
8	19.23	0.58	19.76	1.0	19.76	−2.0	−39.52
9	8.30	0.25	10.04	1.0	10.04	−1.0	−10.04
10	−2.62	−0.08	0.00	0.5	0.00	0.0	0.00
Σ	—	—	—	—	232.16	—	−1 165.91

浮力 $Q=1.025\times10.925\times232.16=2\,599.8$ t(其中 10.925 m 为站距，即 $L_{BP}/20=10.925$ m)；

浮心距舯 $LCB=\dfrac{10.925\times(-1\,165.91)}{232.16}=-54.86$ m；

重心距舯 $LCG=-8.95$ m；

浮心距重心 $=-54.86-(-8.95)=-45.91$ m；

浮力对重心矩 $=2\,599.8\times(-45.91)=-119\,356.8$ t·m。

8.2.6 综合计算

表 8－4 是船体重心经过折角型坡道拐点时所有瞬时外力汇总计算结果。其中将承载力表 8－2 的计算结果和入水船体浮力表 8－3 的计算结果都统计其中，同时，从坡道末端落入水中且仍有承载作用的气囊浮力也列入综合计算表中。

计算中往往要将多次假设的 α 和 H_i 同时代入表 8－2 与表 8－3 中进行计算，逐步满足式(8－5)和式(8－6)的要求。

表 8－4　综合计算

序　号	名　　称	支承力/t	力矩/(t·m)	数据来源
1	7～35 号气囊承载力	11 205.47	118 555.44	表 8－2
2	1～6 号气囊浮力	198	−3 762	—
3	入水船体浮力	2 599.8	−119 356.8	表 8－3
Σ	合计	14 003.27	−4 563.36	—

8.2.7　计算结果分析

1) 最低水位控制

船舶下水通常是水位越高越好。采用气囊下水时，若水位达不到一定高度，船越向前移，船底下气囊越来越少，一部分气囊从坡道末端滚出，坠入水中而不起作用；同时由于艉倾角太大造成艏部抬起过高，艏部气囊因工作高度大于气囊直径而同样不起作用。若水浮力不及时补充，坡道拐点处的气囊压扁过度必然会发生危险。这种水位不宜进行下水。计算结果应明确相应的下水水位要求。

2) 最高工作压力

起墩时或启动之初，要求所有气囊工作压力不超过出厂标明的额定工作压力。下水滚动后多数气囊工作压力增加，船体重心经过折角型坡道拐点时该处的气囊(表 8－2 中为 13 号气囊)达到最高工作压力，也可在拐点附近再找几个点作相同计算后找出最高点。依据此时的压缩变形率，查找该种气囊的压缩性能曲线图，确定其是否超过压缩性能曲线。若超过，则应更换气囊或调整布置方式或等待更高水位，经过重新计算直到满足以上要求。最高工作压力的气囊起始位置应写入计算结果报告中，并告知施工人员。该处及其前后几排气囊都应选用性能优良的气囊。

9 计算机辅助船舶气囊下水计算

船舶气囊下水计算方法在第 8 章中做了详细介绍，这种人工计算方法很实用，但只能计算个别点的数据，如船舶重心到达上坡道终点的数据。若要多点计算，则费时费力。因每一点上都需要进行反复插值计算、反复验证才能逐步逼近正确的结果。随着气囊下水船舶的大型化和复杂化以及计算机技术的发展，利用计算机的强大计算功能，对船舶气囊下水进行快速的计算及数据分析，对船舶气囊下水做出提前预报并形成安全可靠的下水方案，是船舶气囊下水技术的必然要求。

利用计算机辅助船舶气囊下水计算。首先要建立船舶气囊下水的运动学与动力学模型，然后选择计算机语言进行计算机程序编制。根据船舶气囊下水的复杂性及需要进行大量的数值计算，本章采用 C 语言作为主程序编程语言，借助于 Boland C++ Builder 开发平台实现。

本章介绍的程序采用菜单操控界面，具有 8 个模块。根据需要选择菜单。数据输入采用先填入 Excel 表格中，再输入到程序计算所附带的数据库中。既适应等间距、统一气囊尺度的气囊布置模式，又适应气囊不等间距布置和采用多种规格的气囊进行拼接的气囊配置模式。能够计算出气囊作用力、水的浮力、瞬时加速度、速度，以及经过每一区段所需的时间、冲程、重力曲线、剪力曲线、弯矩曲线等船舶气囊下水参数。

9.1 下水过程中气囊的运动速度与阻力

9.1.1 气囊运动的速度

气囊在船底下被压成扁平的形状，其不接触船底或地面的自由表面，由于内部压力(垂直于囊壁)和表面张力的作用而呈圆弧形。

当船体相对于地面向下移动一个微量的距离 s，如果气囊的外表面与船底或地面的摩擦力足够大，以致不产生相对运动，则气囊上表面的中心点 O 移动至 O_1 点，下表面的中心仍在 O_2 点上，连线 O_1O_2 的中点即为气囊移动后新中心的位置。

图 9－1 说明了气囊在滚动时的形状变化。图中的实线轮廓是气囊未发生变形时的半圆弧形状。当船舶运动带动气囊上表面产生一个相对位移 s 后，气囊产生剪切变形。产生剪切变形后的瞬时形状如图中细点线表示，为不规则形状。

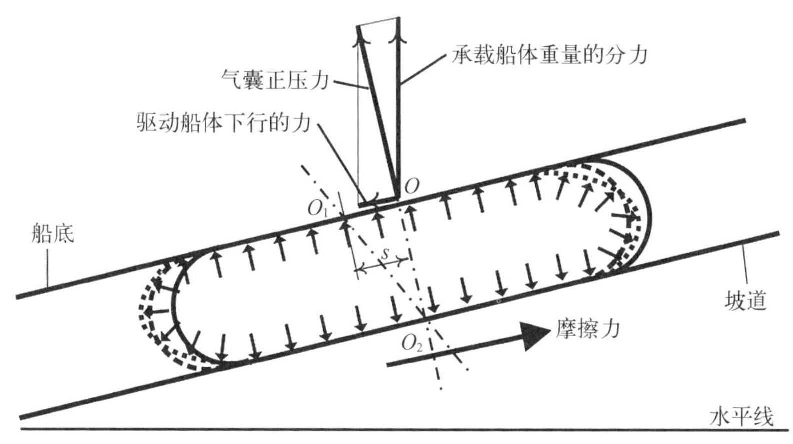

图 9－1　气囊在滚动时的形状变化

由于气囊内部压力的作用，气囊运动方向前后端的自由表面会迅速恢复到自然的圆弧形状，恢复后的形状如图中的虚线轮廓所示，相较于原来的位置，向前移动了一段距离。恢复形状后的气囊中心移动了 $s/2$ 的距离。这就证明了气囊中心相对于地面的运动速度等于船体相对于地面运动速度的一半。即

$$v_A = \frac{1}{2} v_S \tag{9-1}$$

式中：v_A ——气囊中心相对于地面的运动速度；

v_S ——船体相对于地面的运动速度。

这是气囊上下接触面不产生相对滑移情况下的理论速度。实际上，气囊在滚动过程中，由于在整个长度上，滚动速度会有微小不均匀，气囊囊壁会产生蠕

动来保持平衡，微小的滑移或蠕动现象是存在的，导致气囊速度的微小增量是必然的。在正常的情况下，相对于气囊滚动速度来说，应该是一个较小的量级，可以忽略不计。

9.1.2 气囊的滚动阻力

气囊的滚动阻力影响船舶的下水速度、加速度以及钢缆的牵引力的计算。气囊滚动阻力的计算从气囊下水实施以来一直颇受关注。根据分析，影响气囊滚动阻力的因素如下：

(1) 船底下气囊的数量。

(2) 气囊的材质和气囊囊壁的厚度。

(3) 选用气囊的尺度：直径和长度。

(4) 地面的性质。

(5) 气囊的工作参数：工作高度、工作压力等。

(6) 气囊下水操作的工艺因素，如前面提到的气囊摆放中心线与船体中心线的垂直程度会影响气囊滚动的阻力。

根据上述的分析，可写出如下的函数式：

$$\mu = f(u_1, u_2, \cdots, u_n) \tag{9-2}$$

式中：μ ——气囊滚动阻力系数；

u_i ——阻力影响因数的矩阵，$i = 1, 2, 3, \cdots, n$。

船体是通过气囊承载在地面上的，因此影响船体运动的阻力有两种，一种是气囊与船底及地面的摩擦力；另一种是气囊变形的阻力。

实践表明，地面的性质(砂土地、草地、水泥地)对气囊滚动阻力会产生影响。在气囊下水的初期，船舶直接在沙滩上下水，如果沙质比较疏松，受到气囊的压力会产生凹陷，如图 9-2 所示。当气囊向前滚动时，气囊就要把前面隆起的沙丘压实，这就会增加气囊运动的阻力。在大型船舶下水场合，坡道表面经过硬化，所以这种现象已经不复存在。

气囊在产生变形的同时还发生了接触表面的滑移，于是就产生了气囊滚动与滑移的混合运动。当气囊的压缩量较小，即气囊与船底或地面接触面积较小时，其滚动阻力也较小。

目前还没有精确计算气囊滚动阻力的理论公式。通常采用的计算方法与船

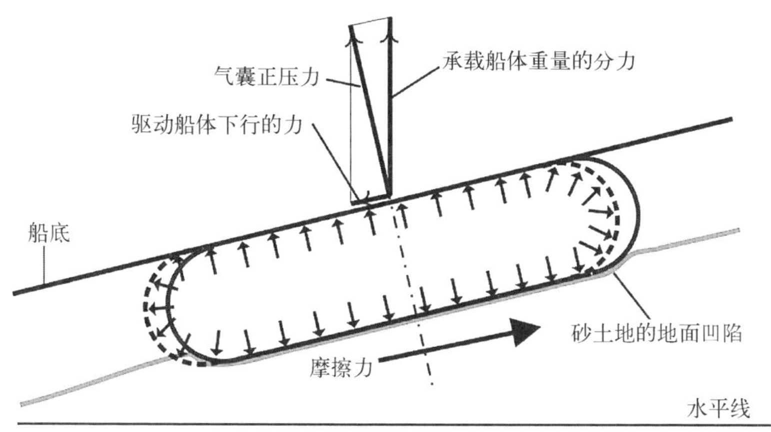

图 9-2 地面凹陷

底所受的正压力相关，用一个滚动阻力系数 μ 来加以估计，即

$$F_A = \mu \cdot \sum R_i,\ i = 1,\ 2,\ \cdots,\ n \tag{9-3}$$

式中：F_A ——气囊的滚动阻力/kN；

R_i ——各个气囊对船底的正压力/kN；

μ ——气囊的滚动阻力系数。

直径 1.5 m 的气囊达到压缩变形率 45%时的滚动阻力系数 μ 的参考值在表 9-1 中列出，系经验数据。

表 9-1 气囊滚动阻力系数 μ 的参考值①

地 面 状 况	气囊初始内压/MPa	μ 值
砂土地	0.01	0.060～0.070
	0.02	0.050～0.055
	0.03	0.040～0.045
	0.04	0.030～0.035
夯实的土地	0.05	0.026～0.028
	0.06	0.023～0.025
	0.07	0.020～0.022
	0.08	0.017～0.019

① 数据来源：ISO 17682：2013，见附录 D3。

（续表）

地 面 状 况	气囊初始内压/MPa	μ 值
夯实的土地	0.09	0.014～0.016
混凝土路面	0.10	0.011～0.012
	0.11	0.010～0.011
	0.12	0.009～0.010
	0.13	0.008～0.009
	0.14	0.007～0.008
	0.15	0.006～0.007
	0.16	0.005～0.006

9.2 气囊起墩

船舶建造工程的大部分工作都是在支墩上进行的，支墩的高度要考虑人能够进入船底下进行操作，如焊接和油漆等作业，所以造船墩的高度多在 0.6～1.2 m。气囊下水的第一个步骤就是用气囊把船抬起来，使船底离开支墩，然后拆除船底下的支墩，这样就使船体完全坐落于气囊上。这个过程称为“起墩”。

9.2.1 船底下载荷的分布

如图 9-3 所示为典型的气囊起墩布置。船舶建造时，船底下一般按一定间隔设置支墩，支墩通常设置在强肋骨与纵桁交汇处，由于支墩之间留有空隙，可供布置气囊。

起墩时，力的平衡方程式为

$$\begin{cases} \sum_{i=0}^{n-1} R_i \geqslant W \\ \sum_{i=0}^{n-1} R_i a_i = W \cdot LCG \end{cases} \tag{9-4}$$

式中：R_i ——第 i 个气囊的支承力/kN；下标 i 为气囊编号（$i=0,1,2,\cdots,n-1$）；

n ——气囊的数量；

a_i ——第 i 个气囊距船舯的距离/m；舯前为正，舯后为负；

W ——船的重力/kN；

LCG ——重心距船舯的距离/m；舯前为正，舯后为负。

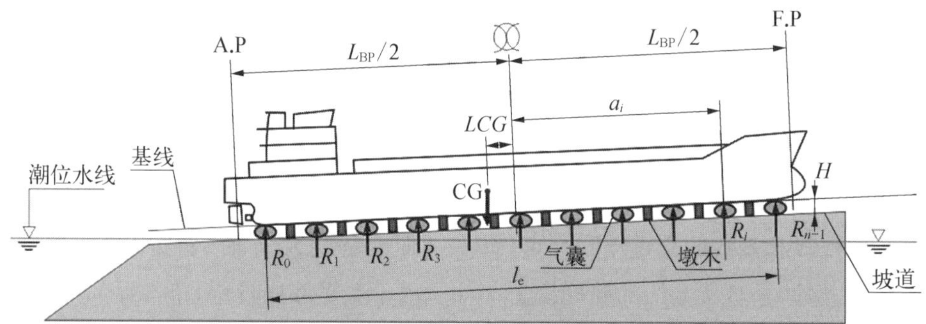

图 9－3 典型的气囊起墩布置

式(9－4)中的 W、LCG 为已知值。各气囊的支承力 R_i 由下式计算：

$$R_i = p_i \cdot S_i \tag{9-5}$$

式中：p_i ——第 i 个气囊的充气压力/MPa；

S_i ——第 i 个气囊与船底的正投影接触面积/m^2。

当气囊的尺度(所用气囊的直径和长度)和起墩高度 H 确定之后，船底与气囊的接触面积 S_i 是可以求得的。

式(9－4)中的上半部分是容易满足的，当接触面积已知时，可用下式求得平均压力：

$$p_m - \frac{W}{\sum S_i} \tag{9-6}$$

通常，船舶的重心位于舯后，艉部的重量大于艏部，因此要满足式(9－4)的力矩平衡要采取一些措施。一种方法是，船底下的气囊等间距分布，此时就要采用不同的气囊内压(充气压力)来满足。即艉部气囊的充气压力大于艏部气囊的充气压力。另一种方法是，船底下的气囊不等间距分布，即艉部气囊的间距小一些，艏部气囊的间距大一些，实践中两种方法往往同时应用。

当船尾开始向水面运动时，艉部最后几个气囊承受的压力逐步加大，伸出的

船体呈悬臂状态，若船尾不能及时得到水浮力的支承，则这一部分的气囊承载力就会增加，所以艉部气囊间距小一些是有利的措施。普遍的做法是在艉柱框架的下面尽可能地添加几个气囊，虽然它们在起墩作业时，由于接触面积小承载力较小，但当船向水面运动一小段距离后，这几个气囊随着承载面积的增大和内压的升高，其承载力会显著提高。

其次，当船向水面运动到一定距离达到艉浮时，处于船首部的气囊受力急剧增加，而此时船尾部的密集气囊恰好已移至船的舯前部，有利于承受船首急剧增加的受力状态。

为建立数学模型，首先需建立坐标系。建立在船体上的坐标系可取纵中剖面上艉柱线和基线的交点作为原点，纵中剖面的基线为 x 轴，垂直于 x 轴的水平线为 y 轴，垂直于基线的艉柱线为 z 轴。由于船尾部比较重，布置艉部第一个气囊应尽量靠近艉柱线。

假定船体的下水重量 W 为分布在自艉柱至艏柱长度范围内的渐变载荷（见图 9-4），考虑到重心位置在舯后，且假定这种载荷呈梯形分布规律，则艉部和艏部的分布载荷容易求得

$$\begin{cases} q_{\mathrm{f}} = \dfrac{2W}{L_{\mathrm{BP}}}\left(\dfrac{3x_{\mathrm{G}}}{L_{\mathrm{BP}}} - 1\right) \\ q_{\mathrm{a}} = \dfrac{2W}{L_{\mathrm{BP}}}\left(2 - \dfrac{3x_{\mathrm{G}}}{L_{\mathrm{BP}}}\right) \end{cases} \tag{9-7}$$

在两柱间长内任意位置 x_i 处的分布载荷 q_i 可按下式求得

$$q_i = q_{\mathrm{a}} - \frac{x_i}{L_{\mathrm{BP}}}(q_{\mathrm{a}} - q_{\mathrm{f}}) \tag{9-8}$$

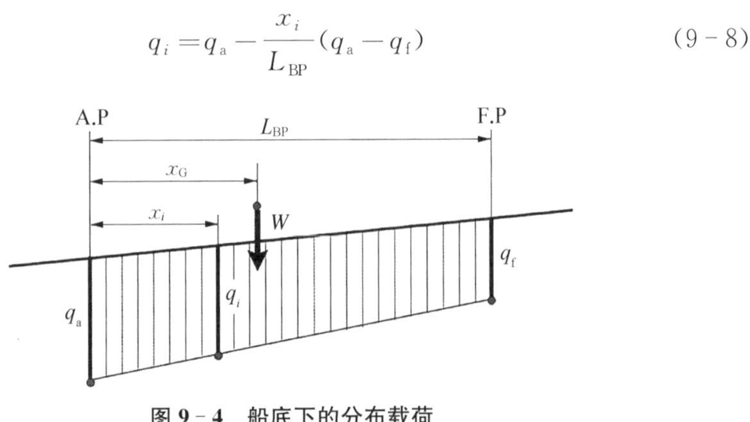

图 9-4　船底下的分布载荷

9.2.2 气囊的载荷和充气压力

起墩时,气囊纵向摆放的位置已经确定,一共摆放 n 个气囊,自艉向艏编号 $i=0\sim n-1$,各个气囊摆放的纵向位置用 x_0, x_1, …, x_{n-1} 来表示,于是各个气囊要求的承载力可以求得:

编号为 0 的气囊: $$R_0=q_a\left(x_0+\frac{x_1-x_0}{2}\right) \tag{9-9}$$

编号为 1～$n-2$ 的气囊: $$R_i=q_i\frac{x_{i+1}-x_{i-1}}{2} \tag{9-10}$$

编号为 $n-1$ 的气囊: $$R_{n-1}=q_f\left(\frac{x_{n-1}-x_{n-2}}{2}+(L_{BP}-x_{n-1})\right) \tag{9-11}$$

求得各个气囊的承载力 R_i 之后,再已知气囊在工作高度 H 时与船底的接触面积 S_i,就可确定各个气囊的充气压力要求:

$$p_i=\frac{R_i}{S_i} \tag{9-12}$$

注意:按式(9-12)算得的气囊充气压力应不大于气囊说明书中载明的额定压力 P_e,如大于 P_e,则应增加气囊数量或调整气囊的间距,重新进行核算。

9.2.3 不等间距气囊的配置

若各气囊的工作压力已经设定,各气囊的设定工作压力可以相同(等压力工况),也可以不同,而气囊在各位置的接触面积也易于求得,则此气囊的承载能力可按式(9-5)求得。若要在这样的前提下满足式(9-4)的力矩平衡要求,只有通过合理布置气囊的间距来解决。其计算过程如下:

(1) 先确定编号为 0 的气囊位置 x_0,计算 $S_0\Rightarrow R_0$;符号"⇒"表示由前面的数据推算后面的数据,因已知 p_0 和 S_0,即可按式(9-5)求得 R_0,下同。

(2) $x_1=\dfrac{2R_0}{q_0}-x_0$,计算 q_1, $S_1\Rightarrow R_1$。

(3) $x_2=\dfrac{2R_1}{q_1}+x_0$,计算 q_2, $S_2\Rightarrow R_2$。

(4) $x_3 = \dfrac{2R_2}{q_2} + x_1$，计算 q_3，$S_3 \Rightarrow R_3$。

(5) $x_i = \dfrac{2R_{i-1}}{q_{i-1}} + x_{i-2}$，计算 q_i，$S_i \Rightarrow R_i$。

(6) $x_{n-1} = \dfrac{2R_{n-2}}{q_{n-2}} + x_{n-3}$，当 $x_{n-1} \geqslant L_{BP}$ 时取 $x_{n-1} = L_{BP}$，计算 $S_{n-1} \Rightarrow R_{n-1}$。

采用不等间距气囊布置时，气囊的数量是通过计算确定的，即当 $x_{n-1} \geqslant L_{BP}$ 时，计算结束，这时的 n 就是起墩所需气囊的个数。

值得注意的是，两个气囊的间距不能太小，一般采用下式来校验间距：

$$x_i - x_{i-1} \geqslant \frac{\pi D}{2} + 0.3\ \text{m} \tag{9-13}$$

9.2.4 起墩气囊数量的估算

1) 经验公式

估算起墩所需的气囊数量可采用如下的经验公式：

$$n = \frac{1.2W}{k_S \cdot p_m \cdot S_m} \tag{9-14}$$

式中：n ——气囊的个数(取整数)；

W ——船体的下水重量/kN；

k_S ——船底前后端气囊接触面积的缩减系数(可取船的方形系数 C_B 取代)；

p_m ——气囊的平均工作压力/kPa；

S_m ——船底平行舯体部分单个气囊的接触面积/m^2。

公式中的系数 1.2 是考虑重量不平衡影响以及下水重量估算中可能产生的误差。

2) 气囊与船底的接触面积

单个气囊与船底的接触面积 S：

$$S = Bl \tag{9-15}$$

式中：S ——气囊与船底的接触面积/m^2；

B ——气囊与船底的接触宽度/m ($B=1.57Z$)；

l——气囊与船底的接触长度/m。

气囊在船底下摆放时，其长度方向要求与 y 轴平行。从船体的剖面(见图 9-5)看，大多数船底的舭部有圆弧过渡，气囊只能与船底的平直部分接触，计算接触长度 l 时分如下两种情况：

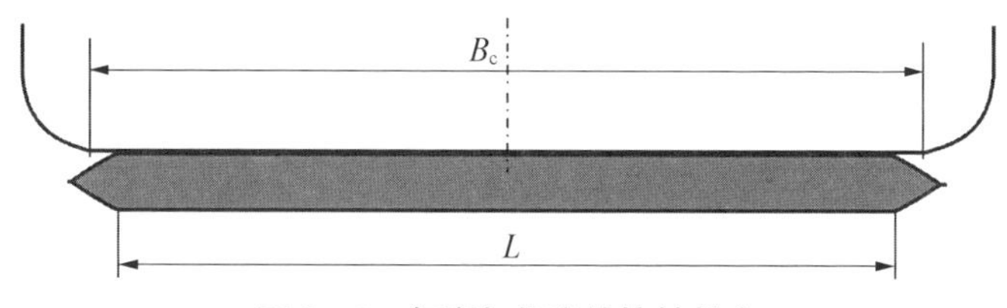

图 9-5 气囊与船底的接触长度

(1) 当气囊的有效长度 L 小于船底平直部分的宽度 B_c 时，接触长度取气囊的有效长度 L，即 $l=L$；

(2) 当气囊的有效长度大于船底平面的宽度 B_c 时，取船底平直部分的宽度 B_c，即 $l=B_c$。

通过以上的分析，可以建立如下的数学模型：

$$l=\min(B_c, L) \tag{9-16}$$

通常，船底只有平行舯体部分是等宽的，最适合气囊布置。船底在艏、艉端逐渐变窄，形如梭形，如图 9-6 所示。在艏、艉端，气囊与船底的接触长度也相

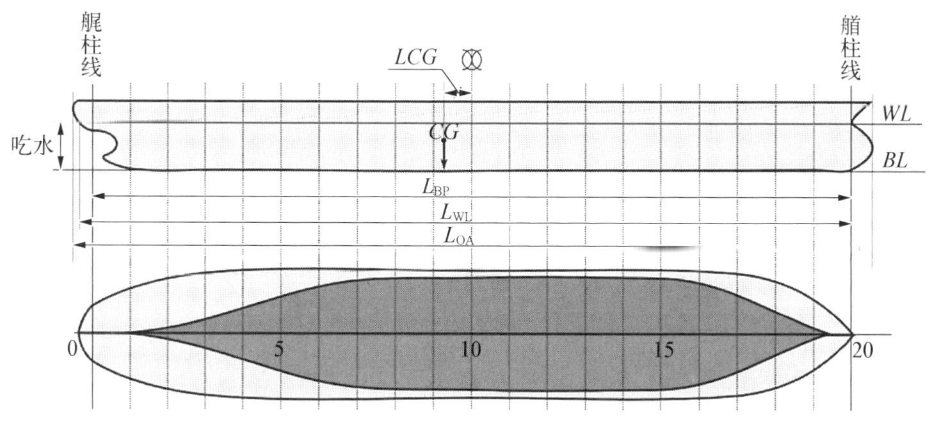

图 9-6 船底可布置气囊的区域

应减小，若按平行舯体部分气囊的接触面积来核算，艏、艉端的气囊接触面积要乘以一个缩减系数 k_S。若平行舯体长度占船体两柱间长的一半，两端船底平直部分的宽度呈线性缩减到零，则缩减系数 k_S 的值约为 0.75。但实际船底的形状比较复杂，如球艏、球艉等，还可能有上翘。在缺乏统计数据的情况下，推荐采用船舶方形系数 C_B 来取代 k_S 不失为一种权宜的选择。

3) 气囊的平均工作压力

在起墩计算中，气囊的最大工作压力可以等值气囊厂商提供的额定工作压力(最低保证压力) P_e。但在等间距分布的气囊布置中，为保证船体前后均衡抬起，艉部的气囊压力必须大于前部的气囊压力，因此如果艉部的气囊充气压力等值 P_e，则自艉向前的气囊的充气压力要逐渐递减，其平均工作压力按式(9-6)计算，也必然小于 P_e。

通常，船舶的重心位于舯后 3%～6%的两柱间长之间。现以 5%为例，按式(9-7)计算得艉柱处的分布载荷：

$$q_a = 1.3\frac{W}{L_{BP}} \tag{9-17}$$

其平均分布载荷 q_m 与艉柱处的最大分布载荷 q_a 的比值约为 0.77。因此估算起墩所需气囊的数量时，可取气囊的平均工作压力 p_m 为 $0.77P_e$。

4) 实际使用的计算公式

将上述的平均工作压力 p_m 和气囊接触面积计算方法代入式(9-14)，可得计算气囊数量的实用公式：

$$n = \frac{1.2W}{k_S \cdot p_m \cdot S_m} = \frac{1.2W}{C_B \cdot 0.77P_e \cdot 10^3 \cdot 1.57Z \cdot l} = 0.001\frac{W}{C_B \cdot P_e \cdot Z \cdot l} \tag{9-18}$$

式中 Z 称为气囊的压缩量，等于 $D-H$；l 为中部气囊与船底的接触长度。P_e 为气囊的额定使用压力，单位为 MPa。

当 P_e 的单位为 kPa 时，上式简化为：

$$n = \frac{W}{C_B \cdot P'_e \cdot Z \cdot l} \tag{9-19}$$

式中 P'_e 为气囊的额定使用压力，单位为 kPa。

5) 计算实例：4 350 DWT 多用途货船起墩计算

(1) 船舶主尺度、下水参数。本船是一艘航行于无限航区的艉机型多用途货船。

总长 L_{OA}：约 99.96 m；垂线间长 L_{BP}：96.00 m；船宽 B：16.00 m；舯部船底平直部分宽度 B_c：12.90 m；型深：7.35 m；吃水：4.88 m/5.10 m；方形系数 C_B：0.8；载重量：约 4 350 t/4 650 t；肋距：0.7 m；下水重量：1 736.76 t；下水重量纵向重心位置 LCG：−4.61 m。

(2) 起墩所需气囊数量计算。本船建造时支墩高度为 0.8 m，拟采用 CL QP5 型普通船用橡胶气囊，直径 $D=1.5$ m，长度 $L=15$ m，其额定使用压力 $P_e=0.11$ MPa，本船起墩时，气囊工作高度 H 要求大于 0.8 m，气囊的压缩量：

$$Z=D-H=1.5-0.8=0.7 \text{ m}$$

本船起墩所需的气囊数量按式(9－18)计算：

$$n=0.001\frac{W\cdot g}{C_B\cdot P_e\cdot Z\cdot l}=\frac{0.001\times 1\,736.76\times 9.81}{0.8\times 0.11\times 0.7\times 12.90}$$
$$=21.4\text{ 个(取整数 22 个)}$$

6) 计算公式的改进

上述公式中的缺陷是使用了船舶的方形系数 C_B，它随吃水而变化，而且与气囊平均接触长度的计算没有必然的联系。但这个公式便捷高效，在手工计算中发挥了巨大的作用，也是推荐的计算方法。

随着计算机的应用，有必要对上述计算模型做改进，以使计算更加精确和符合理论诠释。

改进的思路是：

(1) 先用积分的方法求出船底面积 S_b：

$$S_b=\int y_i\,dx \tag{9-20}$$

(2) 确定船底下可布置气囊的长度 L_S，参阅图 9－7，这个长度通常为 $90\%L_{BP}$。

(3) 求取气囊与船底接触的平均长度 l_m：

$$l_m=S_b/L_S \tag{9-21}$$

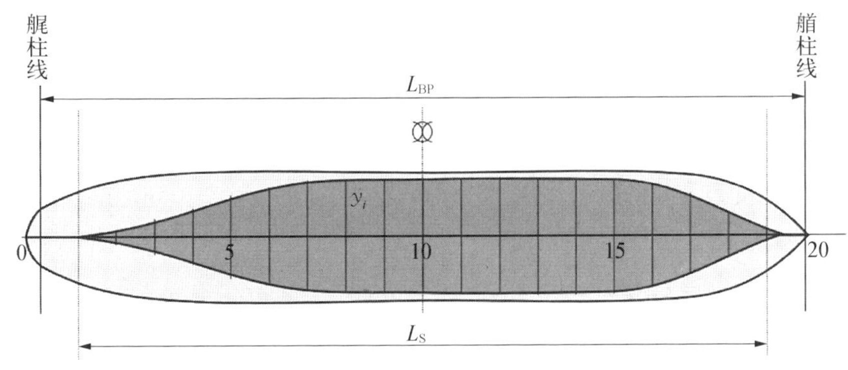

图 9-7　气囊平均长度的计算

(4) 原式(9-14)中的 k_S 重新定义为气囊额定压力的利用系数。关于气囊额定压力的利用系数，在前述的讨论中得出为 0.77，即 $p_m=0.77P_e$。这是从理论模型推出来的。从大型船舶气囊下水实践中所使用的气囊个数来看，其气囊额定压力利用系数低于 0.77。例如：33 200 DWT 散货船下水重量为 9 550 t，使用 56 排(个)气囊，实际额定压力利用系数为 0.72。70 000 DWT 货船下水时，重量达到 12 000 t，使用 64 排气囊，实际额定压力利用系数只有 0.6。可见随着船舶吨位的增长，这个额定压力利用系数逐步降低，这是和安全的考虑相关的。对于大型船舶气囊下水，推荐 k_S 取值在 0.5～0.7 之间。这个系数小，使用的气囊多，偏于安全，但要考虑船底下能够容纳气囊的排数，如果校核间距不足，则应调高这个利用系数，但不宜大于 0.7。

鉴于上述思路，在计算机程序设计中，计算所需气囊的数量采用了如下的计算模型：

$$n=\frac{W\cdot g}{k_S\cdot P_e'\cdot 1.57Z\cdot l_m} \tag{9-22}$$

式中：n ——气囊的数量(取整数)；

W ——船下水时的重量/t；

g ——重力加速度；

k_S ——气囊额定压力利用系数 ($k_S=0.5\sim0.7$)；

P_e' ——气囊额定工作压力/kPa；

Z ——气囊的压缩量/m；

l_m ——气囊的平均接触长度/m。

9.3 纵倾角的计算模型

船舶起墩过程中,船舶应处于与坡道相同的倾斜状态,即船体龙骨线平行于船台,不存在相对纵倾角 τ。起墩结束之后,为了下水方便,通常需要对船舶的姿态做一些调整,如移动船舶到预定的下水位置和(或)调整船舶的纵倾角。这样的操作,从实践来看是易于实现的。从理论上计算,需要建立纵倾角计算的模型。

船舶移动一段距离或对船舶前后的气囊进行充放气操作,都会引起气囊支承力对船体作用的改变。气囊支承力产生的对舯力矩与船舶重力产生的对舯力矩不能平衡时,船的纵倾角 τ 会发生微小量的改变,直到满足式(9-4)的平衡方程为止。现在,推导纵倾角的计算公式。

假定船的原始状态平行于船台,其龙骨坡度 α 与坡道角 β 相同。则气囊对船体作用力的合力 P 对船舯的力矩为

$$P \cdot LCP \cdot \cos\beta = \cos\beta \sum_{i=0}^{n-1} R_i \cdot a_i \tag{9-23}$$

式中 LCP 为气囊合力中心距舯的距离。消除坡道角 β 的影响后,LCP 可通过下式求得

$$LCP = \frac{\sum R_i \cdot a_i}{P} \tag{9-24}$$

$P \cdot LCP$ 与 $W \cdot LCG$ 之差即为使船转动的力矩 M_T:

$$M_T = W \cdot LCG - P \cdot LCP \tag{9-25}$$

建立纵倾计算模型的力学模型如图 9-8 所示。为了统一符号起见,一律把船尾朝左放置,把船首朝右放置。逆时针方向旋转为负(艉倾),顺时针方向旋转为正(艏倾)。实际上,船是绕其重心(CG)旋转的,船旋转纵倾角 τ 后,气囊压扁的部分增加了反力,气囊升高的部分减少了反力,当达到新的平衡点时,$M_T = 0$,有 $LCG = LCP$。

当船体在纵倾力矩的作用下绕重心 CG 旋转一个角度 τ,重新达到平衡后,必须满足如下的力学关系式:

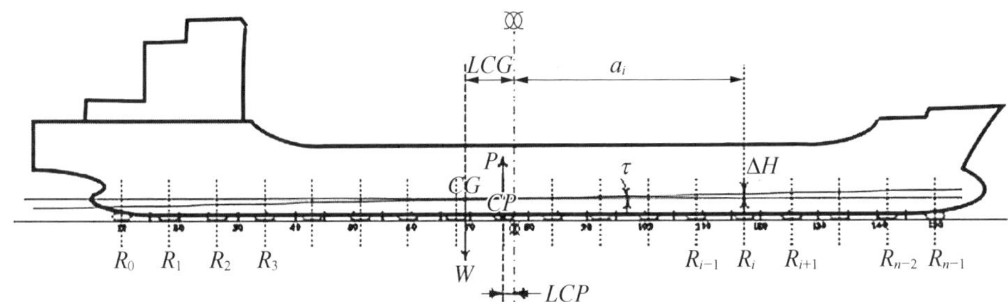

图 9-8　纵倾计算模型

$$\sum R_i = P = W \tag{9-26}$$

$$\sum R_i (a_i - LCG) = M_T = 0 \tag{9-27}$$

船体倾斜一个角度后，各气囊的工作高度有微量的改变，导致接触面积 S 的微量改变，即各气囊的支承力产生了增量 ΔR_i，式(9-26)和(9-27)可改为

$$\sum (R_i + \Delta R_i) = \sum p_i (S_i + \Delta S_i) = W \tag{9-28}$$

$$\sum (R_i + \Delta R_i) \cdot (a_i - LCG) = \sum p_i (S_i + \Delta S_i) \cdot (a_i - LCG) = 0 \tag{9-29}$$

式中：ΔR_i ——各气囊支承力的改变量/kN；

p_i ——各气囊的工作压力/kPa；

ΔS_i ——各气囊接触面积的改变量/m^2。

假定气囊的工作压力不变，则气囊支承力的改变仅与接触面积改变量相关。而接触面积的改变仅与气囊压缩量的改变量相关。从图 9-8 中可以得知，各气囊压缩量的改变量可由下式求得：

$$\Delta z_i = (a_i - LCG) \cdot \tan \tau \tag{9-30}$$

式中：Δz_i ——各气囊压缩量的改变量/m；

τ ——纵倾角/(°)。

只要建立起 Δz_i 与 ΔS_i 的关系，就可以解联立方程求出纵倾角。建立压缩量和接触面积的关系。根据(9-15)式，接触面积的计算式可以写成：

$$S_i = B_i \cdot l_i = 1.57 Z_i \cdot l_i \tag{9-31}$$

当气囊的工作高度变化不大时，可以认为气囊与船底的接触长度 l 变化极小，接近常量，故式(9-31)可以写成增量形式：

$$\Delta S_i = K_i \cdot \Delta z_i \tag{9-32}$$

式中：K_i ——气囊的弹性系数(相当于弹簧的刚度)。

$$K_i = 1.57 l_i \tag{9-33}$$

船体在纵倾力矩的作用下旋转一个小角度 τ 后，假定各气囊的工作压力没有变化且是相等的，则满足式(9-26)的条件是总的接触面积保持不变。消除压力的影响后，平衡方程(9-29)可改写成以下形式：

$$\sum_{i=0}^{n-1}[S_i + K_i(a_i - LCG)\tan\tau] \cdot (a_i - LCG) = 0 \tag{9-34}$$

式(9-34)经过数学变换后，可求得 $\tan\tau$：

$$\tan\tau = \frac{-\sum_{i=0}^{n-1} S_i(a_i - LCG)}{\sum_{i=0}^{n-1} K_i(a_i - LCG)^2} \tag{9-35}$$

$$\tau = \tan^{-1}\tau \tag{9-36}$$

求得 τ 后，船的龙骨坡度 α 可在船台坡度 β 的基础上加上气囊支承力引起的倾角 τ 求得。

注意：β 角为负值；τ 角顺时针为正，逆时针为负；故 α 角也有正、负值，通常为负值，即艉倾状态：

$$\alpha = \beta + \tau \tag{9-37}$$

根据式(9-35)，通过列表计算(如使用 Excel 表格)很容易求得纵倾角 τ。由于公式推导过程中做了一些简化，所以只能适用于微小角度的调整计算。

9.4 气囊下水过程中的力学模型

船舶气囊下水的方式有纵向下水和横向下水之分。在下水过程中根据是否有钢缆牵引又可分为重力式自行下水和牵引下水两种。本节主要讨论重力式纵向下水。

重力式纵向下水的过程描述如下：

(1) 船舶起墩结束后坐落在气囊上,根据需要调节船的纵倾姿态和离地高度,并移至启动下水的指定位置。

(2) 解除约束,船在重力的作用下自行启动下水。

(3) 开始时,船尾呈悬臂梁向后下方伸出,艉部触水后产生浮力,逐渐取代气囊的承载力。

(4) 船体入水成全浮状态,下水过程结束。

在整个下水过程中,船的纵倾姿态是不断改变的,一开始是艉纵倾增加,当艉部入水后,艉纵倾增加开始减缓,继而艉纵倾逐渐减小,直至船达到全浮。

9.4.1 环境参数

大型船舶气囊下水都采用折角形坡道,即有主坡道和副坡道之分,主、副坡道的坡度是不同的,中间有一个折角点,如图 9-9 所示。

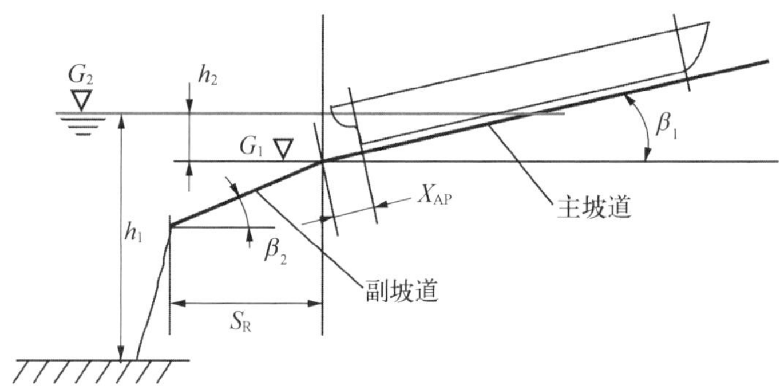

图 9-9 环境参数

影响船舶气囊下水的环境参数如下：

(1) 主坡道倾角 β_1。

(2) 副坡道倾角 β_2。

(3) 副坡道终端的水深 h_1。 它应当满足下水船舶最大吃水的要求,并留有一定的水深裕度。

(4) 主坡道末端的水深 h_2。 它随潮位的高度而变化,等于潮位高程与主坡道末端高程之差。$h_2 = G_2 - G_1$, h_2 为正值时有利于船尾提前起浮,对气囊下水安全有利。

(5) 艉柱距主坡道终端的距离 X_{AP}。这个距离应尽量缩小，对气囊下水安全有利。

(6) 副坡道的长度 S_R。

9.4.2　力的平衡方程

9.4.2.1　起始状态

起始状态是指船舶的约束解除后，开始下行时的状态。此时作用于船体力的平衡方程推导如下：

1) 垂直方向力的平衡方程

如图 9－10 所示，作用在垂直方向的力主要有重力 W 和气囊反力的垂向分力 P_Z($P_Z = P/\cos\alpha$)。取向上的力为正，向下的力为负，于是有

$$P_Z - W = 0 \tag{9-38}$$

$$P = W \cdot \cos\alpha \tag{9-39}$$

式(9－38)中力 P_Z 与重力 W 的值相等，但方向相反。如果不考虑方向，用 W 的绝对值来取代 P 的值仅会引起微小误差。由于 α 很小，它是船底平面相对于水平面的倾斜角，由两部分组成，即 $\alpha = \beta + \tau$，其中 β 是坡道相对于水平面的倾斜角；τ 是船底相对于坡道的倾斜角；对于大型船舶来说，α 在气囊下水过程中出现的最大值一般不大于 4°，$\cos\alpha$ 引起的误差可以忽略不计，有时为简化计算，常用 W 的值来取代 P 的值。当 α 大于 4°时，其影响要适当考虑。

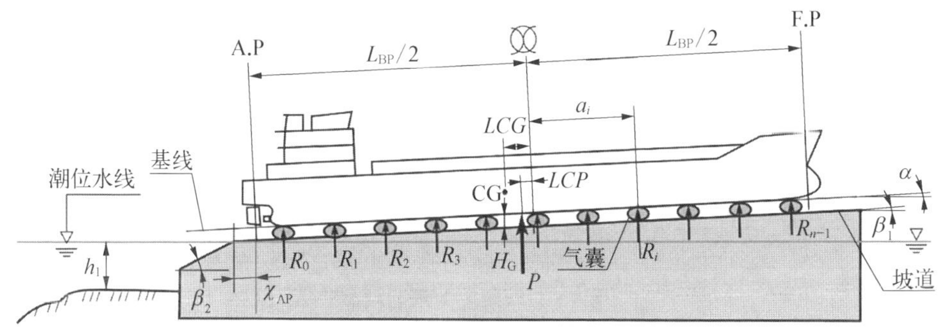

图 9－10　气囊下水起始状态

2) 运动方向力的平衡方程

船舶运动受到坡道地面的约束，基本上是沿着坡道斜面向下行进的。由于

坡道倾斜角很小，运动方向接近水平方向。

作用于运动方向的力主要有气囊反压力沿坡道面的分力 P_α（$P_\alpha = P\tan\alpha$）和气囊滚动阻力 R_A。这两个力之差使船产生加速度运动，达到平衡状态：

$$P \cdot \tan\alpha - R_A = \frac{W}{g}a \tag{9-40}$$

式中：W ——重力/N；

α ——船底基平面与水平面的夹角/(°)，α 通常为负值；

R_A ——气囊滚动阻力/N；

a ——加速度/($\mathrm{m \cdot s^{-2}}$)；

g ——重力加速度/($\mathrm{m \cdot s^{-2}}$)。

3）力矩平衡方程

相对于船舯剖面来说，引起船纵倾的力矩主要有重力矩和气囊反力引起的力矩，顺时针为正，逆时针为负，达到平衡时有：

$$W \cdot LCG - P \cdot LCP = 0 \tag{9-41}$$

9.4.2.2　艉部入水后状态

艉部入水后，产生了浮力和水阻力，上述力和力矩的平衡方程有了改变，其状态如图 9-11 所示。其推导如下：

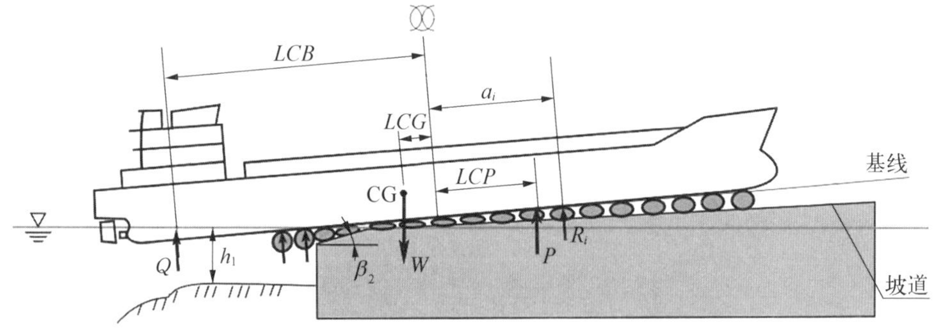

图 9-11　艉部入水后状态

1）垂直方向力的平衡方程

作用在垂直方向的力主要有重力 W、气囊反力的垂向分力 P_Z 以及艉部水的浮力 Q：

$$P_Z + Q - W = 0 \tag{9-42}$$

上式中，W 是常量，由于 Q 的产生而使 P_Z 减小了。式(9－39)转变为

$$P = (W - Q)\cos\alpha \tag{9-43}$$

2) 运动方向力的平衡方程

作用于运动方向的力主要有气囊反压力沿坡道面的分力 P_α、气囊滚动阻力 R_A 以及水的阻力 R_W。这三个力之差使船产生加速度运动，达到平衡状态：

$$-P \cdot \tan\alpha - R_A - R_W = \frac{W}{g}a \tag{9-44}$$

3) 力矩的平衡方程

相对于船舯剖面来说，引起船纵倾的力矩除重力矩和气囊反力矩之外，增加了浮力矩，顺时针为正，逆时针为负，达到平衡时为

$$W \cdot LCG - P \cdot LCP - Q \cdot LCB = 0 \tag{9-45}$$

9.5　气囊的刚度

在船舶气囊下水过程中，气囊的作用就好似压缩弹簧。充以一定压力空气的气囊，当压缩高度改变时，其压缩反力会随之发生变化，其刚度为

$$G = \frac{\mathrm{d}R}{\mathrm{d}Z} \tag{9-46}$$

式中：G ——气囊的刚度/(kN/m)；

R ——气囊的承载力/kN；

Z ——气囊的垂直压缩量/m。

气囊刚度是进行气囊下水计算和船体结构强度计算所必需的基础数据，以下通过对气囊物理特性的分析，结合气囊力学性能测试数据，提出计算气囊刚度的公式。

气囊压缩反力(承载力)的增量由两部分组成：

$$\mathrm{d}R = \mathrm{d}S \cdot \mathrm{d}p \tag{9-47}$$

其一是接触面积的改变量，在平行面压缩的情况下，接触面积的改变量基本

与压缩量 Z 呈线性关系;其二是气囊内压的改变量,根据试验结果,它是非线性的,而且因气囊物理特性的不同而不同。

求解面积改变量与压缩改变量之间的关系。由式(9-47)得

$$dS = dB \cdot dl$$

式中接触长度 l 可认为是常量,不随压缩高度 Z 的改变而改变。接触宽度 $B = 1.57Z$。因此,上式可写为

$$dS = 1.57l \cdot dZ \tag{9-48}$$

在船舶气囊下水过程中,气囊的压缩量不断改变,气囊内气体质量不变,囊体的外形发生变化,气囊的承载面积 S 和囊内气体的压力 p 都发生相应的改变,达到新的平衡。气囊一般都是先置于船底下再充气的,其初始状态也是压缩状态。设初始状态下的工作高度为 H_1,则当气囊在垂向变形 dZ 时,其工作高度变为 H_2,气囊的载荷变为

$$R_{H2} = (S_{H1} + dS) \cdot (p_{H1} + dp) = 1.57l \cdot (Z_1 + dZ) \cdot p_{H2} = G \cdot Z_2 \tag{9-49}$$

式中:R_{H2}——气囊工作高度改变后的载荷/kN;

S_{H1}——气囊初始状态的承载面积/m^2;

p_{H1}——气囊初始状态的气囊内压/kPa;

p_{H2}——气囊工作高度改变后的内部压力/kPa;

Z_1——气囊初始状态的压缩量/m ($Z_1 = D - H_1$);

Z_2——气囊工作高度改变后的压缩量/m ($Z_2 = D - H_2$);

dZ——气囊压缩变形量/m; $dZ = Z_2 - Z_1$;

G——气囊的刚度/(kN/m);按下式计算得

$$G = 1.57l \cdot p \tag{9-50}$$

当气囊处于低压缩比时,由图9-12知,p 曲线的变化较缓,基本上与压缩量呈线性关系。但当气囊处于高压缩比阶段时,内压 p 的变化曲线变陡,此时即使压缩量有小的改变,p 的改变量也不可忽视,呈非线性关系。G 将随 p 的改变而改变,成为压缩量的函数:

$$G = f(p) = 1.57l \cdot p(Z) \tag{9-51}$$

于是，式(9-49)可写成一般形式：

$$R=G\cdot Z=1.57l\cdot p(Z)\cdot Z \tag{9-52}$$

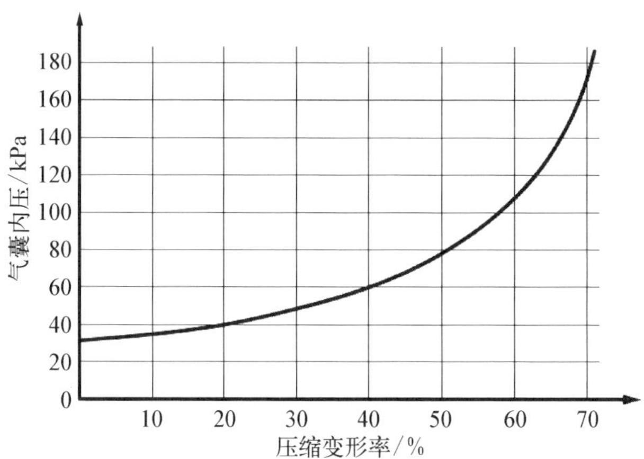

图 9-12　气囊压缩性能曲线

气囊充入一定的压缩空气后，其初始状态的内压值 p_{H1} 为已知值。在下水过程中，由于压缩量的改变会引起气囊内压的改变。这种内压的改变可认为是由于气囊内部体积(或称容积)改变而引起的，其内压变化规律应当符合理想气体方程：

$$(p_{H2}+p_A)\cdot V_{H2}^n=(p_{H1}+p_A)\cdot V_{H1}^n \tag{9-53}$$

式中：p_{H2}——气囊变形后的内压力/MPa；

V_{H2}——气囊变形后的容积/m^3；

p_A——大气压力，0.1 MPa；

p_{H1}——气囊变形前，内压的初始状态值/MPa；

V_{H1}——气囊变形前，容积的初始状态值/m^3；

n——理想气体幂指数。

当气囊的变形速率较小，气体体积变化较慢时，囊内气体可以与外界进行充分的热交换，囊内气体的温度与外界保持一致。因此，囊内气体的变化过程可视为等温过程，指数 $n=1$。当气囊的变形速率较大，囊内气体变化剧烈时，囊内气体来不及与外界进行热交换，因此气体变化过程可视为绝热过程，$n=1.4$。

自由状态下的气囊工作部分呈圆筒形，两端呈锥形，其容积的计算公式为

$$V_0=0.785D^2L+0.453D^3 \tag{9-54}$$

二端带锥体的气囊受到垂向压缩后，假定其囊壁的周长和轴线方向的长度无伸张，且其自由侧面的形状为半圆形，如图 9-13 所示。气囊压扁后的容积可按下式近似计算：

$$V_H = \frac{\pi}{2} D \cdot H \cdot L - \frac{\pi}{4} H^2 L + 1.36 D^2 H - 1.36 D \cdot H^2 + 0.453 H^3 \tag{9-55}$$

式中：V_H ——气囊压扁后的内部容积/m³；

D ——气囊直径/m；

H ——气囊压扁后的工作高度/m；

L ——气囊长度/m。

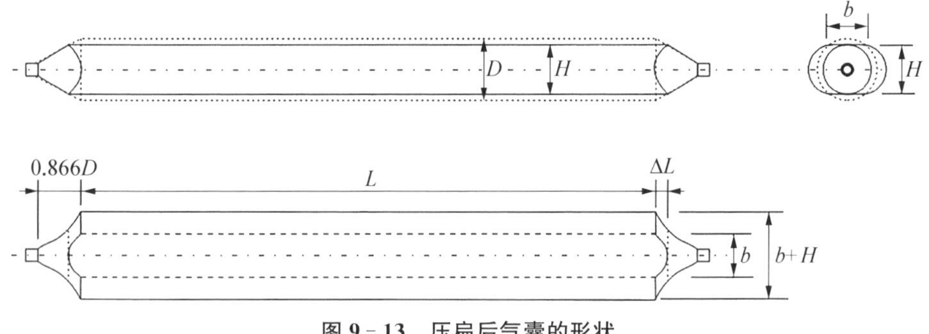

图 9-13　压扁后气囊的形状

引进压缩量 Z 的概念，以 $H = D - Z$ 代入式(9-55)并化简得

$$V_H = 0.785 L (D^2 - Z^2) + 0.453 (D^3 - Z^3) \tag{9-56}$$

求得压扁状态下的气囊内部容积后，气囊在下水过程中任意时刻的内压力可由下式计算：

$$p_{H2} = \left(\frac{V_{H1}}{V_{H2}} \right)^n (p_{H1} + p_A) - p_A \tag{9-57}$$

将上述几个公式计算得到的内压变化曲线、每米气囊载荷曲线同实测数据进行比较，结果如图 9-14 所示。为了同实验结果进行比较，本计算也取初始压力 ($Z = 0$ 时) $p_0 = 0.05$ MPa。从内压变化曲线看，在压缩比 30%以下，计算曲线与实测曲线基本重合。压缩比大于 30%后，计算值明显偏高；压缩比 40%时，计算值比实测值高 13%；压缩比 50%时，计算值高 19%；压缩比 60%时，计算值高 27%；压缩比 70%时，计算值高 33%，误差相当大。用计算方法得到的每米气囊载荷曲线却与实测曲线十分接近，吻合度很好。因此，用式(9-52)来计算载荷还是相当正确的。产生以上现象的原因可用图 9-15 来解释。

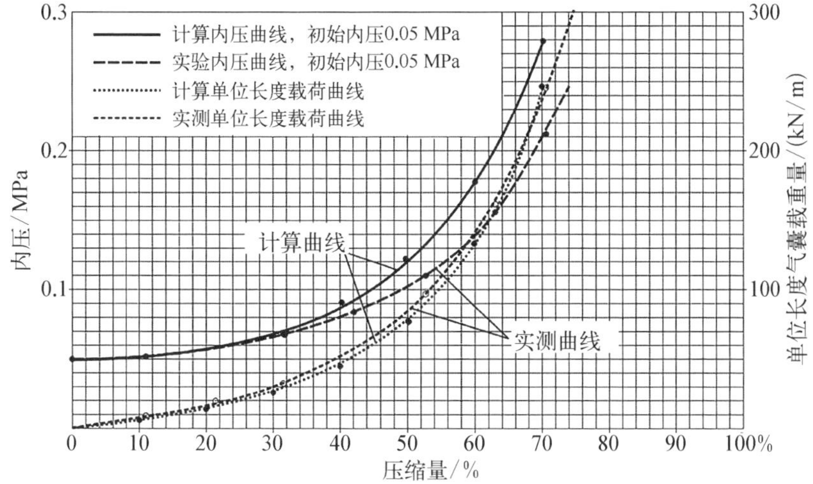

图 9-14　计算曲线与实测曲线的比较

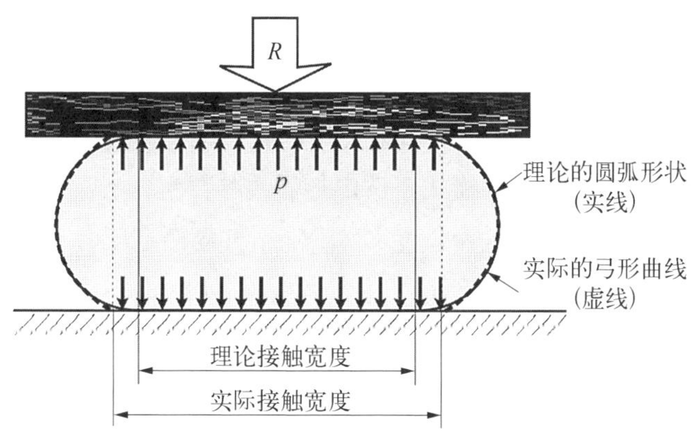

图 9-15　计算与实测误差的解释

理论计算方法是建立在一些基本假设的基础上的。基本假设之一是囊体周长和气囊长度在压缩过程中保持不变；基本假设之二是囊体自由伸展的侧面保持正规的圆弧曲线。如图 9-15 所示中的实线形状就是基于这两个假设绘制出来的。它与气囊实际情况是有出入的。首先，气囊内压提高时，囊体周长和气囊长度都有不同程度的伸张，扩展了囊体内的容积，所以实测压力比计算压力低，尤其在高压缩比时，误差尤为显著；其次，目前大型船舶下水采用气囊的壁厚较厚，变成正规的圆形也难以实现。只能如图 9－15 所示中的虚线那样形成弓形曲线。因此，实际接触宽度大于理论计算得到的接触宽度，这意味着承载面积扩大了。二者的作用相互抵消，即前者使实测压力降低，但承载面积的增加使载荷上升。结果，正如图 9－14 所示中反映的现象，即实测压力比理论计算低，而每米气囊的载荷理论计算结果和实测结果却十分吻合。

9.6 程序设计

在本节中，将以气囊起墩和全浮过程计算为对象，介绍程序设计的思路、计算模型和一个计算实例。这几个模块是船舶气囊下水计算中的基础，其他模块将在相关的章节中介绍。计算实例是一艘 33 200 DWT 散货船型，属于常规船型，其主要尺度如下：

总长 $L_{OA}=179.32$ m；两柱间长 $L_{BP}=170.8$ m；型宽 $B=27.7$ m；舯部平底宽度 $B_m=26.434$ m；型深：15 m；满载吃水 $T_m=10.6$ m；方形系数 $C_B=0.8289$；棱形系数 $C_P=0.8326$；舯剖面系数 $C_M=0.9956$；排水量：42 746.3 t；装重量：33 200 t；下水时的空船质量：9 550 t；换算到下水重力 $W=9550\times 9.81=93685.5$ kN；重心纵向位置 $LCG=-8.846$ m（距船舯）。气囊采用统一规格和等间距布置，这是一种比较普遍使用的气囊配置模式，气囊下水重量低于 10 000 t 的船舶通常采用这种模式。选定气囊的参数为

气囊直径 $D=1.5$ m；气囊长度 $L=18$ m；气囊额定压力 $P_e=160$ kPa；起墩时要求的工作高度 $H_G=0.8$ m。

9.6.1 数据输入

程序计算需要输入的数据有

(1) 船舶总体数据。

(2) 下水坡道和环境参数。

(3) 气囊参数。

(4) 静水力曲线数据。

(5) 船底型值数据。

(6) 邦戎曲线数据。

9.6.1.1 船型参数和环境参数

程序计算的第一步是输入船型参数和环境参数。这一类参数比较多，而且是许多计算模块都用得到的参数。为了直观起见，设计了一个输入界面，如图 9-16 所示。可以在数据输入框中直接输入数据或修改数据，也可以查找以前输入的船型相关数据。

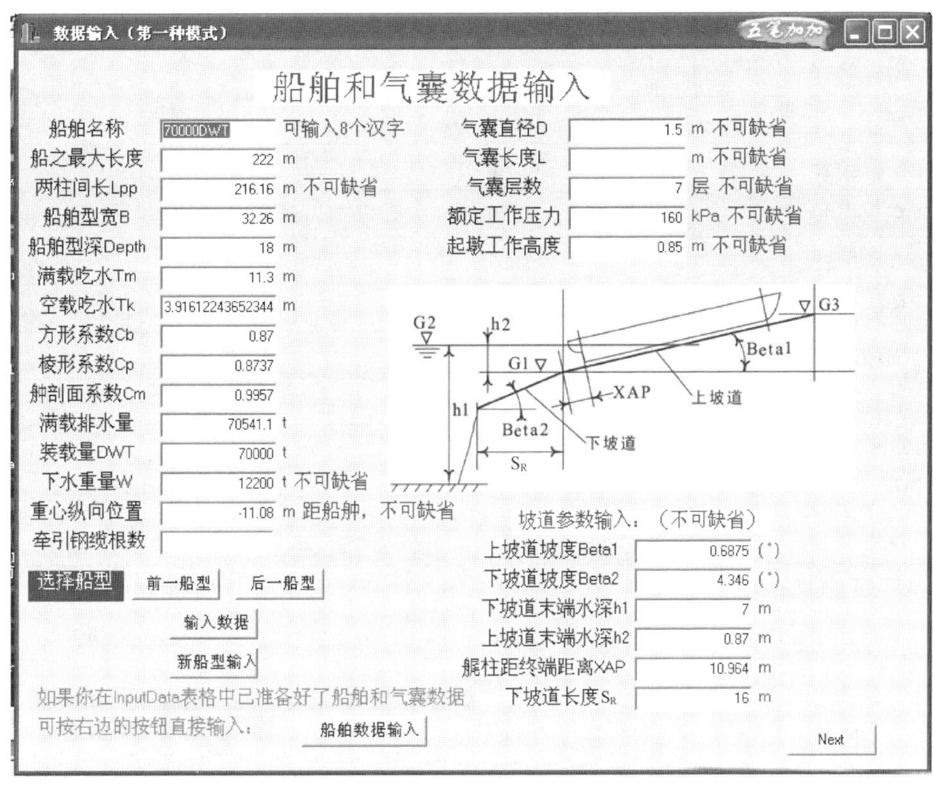

图 9-16 数据输入界面

通过界面输入虽然比较直观，但操作起来的速度不够理想，因此对于一艘新船型，由于需要输入的数据比较多，采用了 Excel 表格集成数据输入的方法，将要求输入的数据预先编制成一份 InputData 数据文件。然后在界面中按一个“船舶数据输入”按钮。所有数据都能自动调入，省去了许多工作量。表 9-2 是 33 200 DWT 船型输入数据的内容，其中“不可缺省”的数据一定要输。可以缺省的数据中，一部分是通过程序计算能得到的数据，会随着计算的进展输入进去，如气囊的数量、气囊的间距、钢缆的牵引力等；另一部分数据如果输入的话，虽对计算不起作用，但将来输出来的数据会显得比较齐全。

表 9-2　33 200 DWT 船型输入数据的内容

项　　目	输入数据	单　位	备　　注
船型名称	33 200 DWT		不可缺省
总长	179.32	m	
两柱间长	170.80	m	不可缺省
型宽	27.70	m	
型深	15.00	m	
满载吃水	10.60	m	
空载吃水	4.79	m	
方形系数	0.83		
棱形系数	0.83		
舯剖面系数	1.00		
满载排水量	42 746.30	t	
DWT	33 200.00	t	
W	9 550.00	t	不可缺省
LCG	−8.85	m	不可缺省
上坡道坡度 *Beta*1	0.95	(°)	不可缺省
下坡道坡度 *Beta*2	2.86	(°)	不可缺省
下坡道末端水深 *H*1	7.00	m	
上坡道末端水深 *H*2	0.62	m	不可缺省
艉柱距终端距离 *Xap*	10.00	m	不可缺省
副坡道长度 S_R	30.00	m	不可缺省
气囊直径 *D*	1.50	m	不可缺省
气囊长度 *L*	18.00	m	不可缺省
气囊层数	7.00	层	不可缺省
额定工作压力	160.00	kPa	不可缺省
起墩工作高度	0.80	m	
气囊数量 *N*		排	

(续表)

项　　目	输入数据	单　位	备　　注
气囊间距		m	
钢缆数	2	根	
钢缆牵引力		kN	
造船厂	XXXXX造船公司		可输入9个汉字

9.6.1.2　船底型值和邦戎曲线数据

为了精确计算气囊的工作参数(工作高度、接触长度),需要输入船底型值,即横剖面各站的宽度型值 Bcm 和龙骨离开基平面的高度型值 KH。这个 KH 一般只出现在艏艉部,那里的龙骨线会有上翘现象(参阅图9-6),这会影响艏艉部气囊的工作高度。

为了计算船舶入水部分的浮力,需要输入邦戎曲线的数据,即各横剖面对应水线下包容的面积。

这两组数据的特点都是以横剖面站线为坐标给出的。一般大型船舶把两柱间长分成20等分,因此可以编制成21站线的表格输入。表9-3为船底型值输入格式,表9-4为邦戎曲线数据输入格式。

表9-3　船底型值输入格式

站号 NP	Bcm	KH	站号 NP	Bcm	KH
0.00	0.00	6.00	11.00	26.43	0.00
0.50	0.00	2.50	12.00	26.43	0.00
1.00	1.04	0.30	13.00	26.43	0.00
1.50	4.17	0.00	14.00	26.43	0.00
2.00	6.50	0.00	15.00	26.43	0.00
3.00	10.96	0.00	16.00	25.39	0.00
4.00	15.30	0.00	17.00	22.26	0.00
5.00	10.76	0.00	18.00	16.87	0.00
6.00	23.23	0.00	18.50	13.39	0.00
7.00	25.39	0.00	19.00	9.22	0.00
8.00	26.43	0.00	19.50	4.87	0.00
9.00	26.43	0.00	20.00	0.52	0.39
10.00	26.43	0.00			

表 9-4 邦戎曲线数据输入格式

NP	1mWL	2mWL	3mWL	4mWL	5mWL	6mWL	7mWL
0.00	0.00	0.00	0.00	0.00	0.00	0.00	0.00
0.50	0.00	0.00	0.19	0.76	0.76	0.76	0.76
1.00	1.19	4.23	7.79	10.88	13.32	15.95	19.83
1.50	3.77	9.63	16.07	22.19	28.22	36.20	48.33
2.00	6.24	14.78	24.14	33.72	43.96	57.20	75.01
3.00	10.89	24.90	40.60	57.83	77.07	98.73	122.21
4.00	15.28	34.49	56.03	79.25	103.75	129.25	155.46
5.00	19.98	43.10	68.12	94.33	121.27	148.62	176.18
6.00	23.56	49.19	75.99	103.35	130.97	158.69	186.43
7.00	25.72	52.73	80.35	108.08	135.82	163.55	191.29
8.00	26.73	54.32	82.06	109.79	137.53	165.27	193.00
9.00	26.98	54.65	82.38	110.12	137.86	165.59	193.33
10.00	26.98	54.65	82.38	110.12	137.86	165.59	193.33
11.00	26.98	54.65	82.38	110.12	137.86	165.59	193.33
12.00	26.98	54.65	82.38	110.12	137.86	165.59	193.33
13.00	26.98	54.65	82.38	110.12	137.86	165.59	193.33
14.00	26.98	54.65	82.38	110.12	137.86	165.59	193.33
15.00	26.83	54.38	82.11	109.84	137.58	165.32	193.05
16.00	25.63	52.53	79.87	107.40	135.01	162.69	190.39
17.00	22.50	47.05	72.46	98.25	124.25	150.43	176.82
18.00	16.94	36.43	57.02	78.11	99.52	121.19	143.15
18.50	13.11	29.09	46.26	64.01	82.05	100.22	118.43
19.00	8.91	20.85	34.09	48.00	62.20	76.40	90.35
19.50	4.24	11.78	20.72	30.45	40.55	50.67	60.40
20.00	0.81	3.71	8.09	13.37	19.11	24.91	30.33

注：表中数据为各水线下的横剖面面积/m^2。本船满载吃水 10.6 m，但空船吃水小得多。本表输入水线的数量只要满足气囊下水过程中船尾下坠时可能的入水深度就够了，因此只输入了 7 条水线的数据。

9.6.2　气囊配置

气囊配置是以起墩操作为对象的。通常气囊配置是以人工方式进行的，如第 8 章所述。33 200 DWT 船型需要配置的气囊数量按式(9-18)求得

$$n=\frac{W}{C_{B}\cdot P_{e}\cdot Z\cdot L_{C}}=\frac{9\,550\times 9.81}{0.828\,9\times 160\times 0.7\times 18}=56\text{ 个}$$

分配气囊编号从 0 至 55 号。采取均布形式，气囊间距为 2.8 m。气囊在船底下的布置方式如图 9-17 所示。

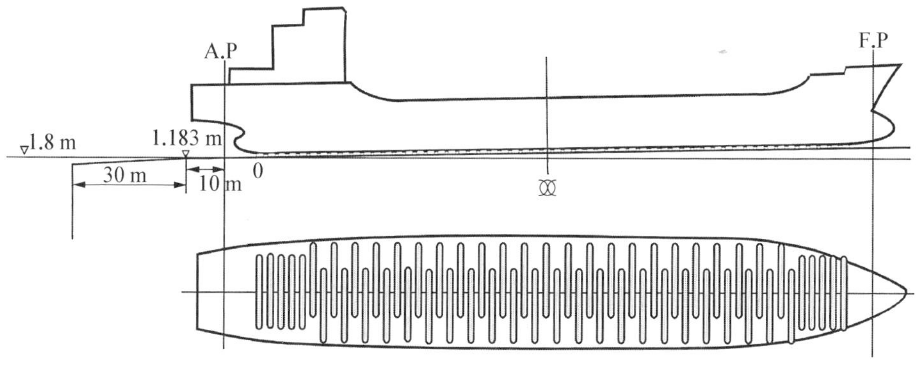

图 9-17　33 200 DWT 散货船气囊布置图

33 200 DWT 散货船起墩时，人工配置的气囊充气压力如表 9-5 所示。

表 9-5　33 200 DWT 散货船起墩时，人工配置的气囊充气压力

i	A/m	H/m	Z/m	L_C/m	K_A/m	S/m^2	p/kPa	R/kN	M_T/(kN·m)
0	−76.046	1.04	0.46	1	1.571	0.722 6	50	36.128	−2 747
1	−73.246	0.8	0.7	2	3.141	2.199 1	70	153.938	−11 275
2	−70.446	0.8	0.7	3	4.712	3.298 7	90	296.880	−20 914
3	−67.646	0.8	0.7	4	6.283	4.398 2	110	483.805	32 727
4	−64.846	0.8	0.7	5.5	8.639	6.047 6	160	967.610	−62 746
5	−62.046	0.8	0.7	7	10.996	7.696 9	160	1 231.504	−76 410
6	−59.246	0.8	0.7	8	12.566	8.796 4	160	1 407.434	−83 385
7	−56.446	0.8	0.7	9	14.137	9.896 0	160	1 583.363	−89 374

（续表）

i	A/m	H/m	Z/m	L_C/m	K_A/m	S/m²	p/kPa	R/kN	M_T/(kN·m)
8	−53.646	0.8	0.7	10	15.708	10.995 6	160	1 759.292	−94 379
9	−50.846	0.8	0.7	11	17.279	12.095 1	160	1 935.221	−98 398
10	−48.046	0.8	0.7	12.5	19.635	13.744 5	160	2 199.115	−105 659
11	−45.246	0.8	0.7	14.5	22.776	15.943 6	160	2 550.973	−115 421
12	−42.446	0.8	0.7	16	25.133	17.592 9	160	2 814.867	−119 480
13	−39.646	0.8	0.7	17.5	27.489	19.242 3	160	3 078.761	−122 061
14	−36.846	0.8	0.7	18	28.274	19.792 0	160	3 166.725	−116 681
15	−34.046	0.8	0.7	18	28.274	19.792 0	160	3 166.725	−107 814
16	−32.246	0.8	0.7	18	28.274	19.792 0	160	3 166.725	−102 114
17	−28.446	0.8	0.7	18	28.274	19.792 0	160	3 166.725	−90 081
18	−25.646	0.8	0.7	18	28.274	19.792 0	160	3 166.725	−81 214
19	−22.846	0.8	0.7	18	28.274	19.792 0	160	3 166.725	−72 347
20	−20.046	0.8	0.7	18	28.274	19.792 0	160	3 166.725	−63 480
21	−17.246	0.8	0.7	18	28.274	19.792 0	160	3 166.725	−54 613
22	−14.446	0.8	0.7	18	28.274	19.792 0	160	3 166.725	−45 746
23	−11.646	0.8	0.7	18	28.274	19.792 0	160	3 166.725	−36 880
24	−8.846	0.8	0.7	18	28.274	19.792 0	160	3 166.725	−28 013
25	−6.046	0.8	0.7	18	28.274	19.792 0	130	2 572.964	−15 556
26	−3.246	0.8	0.7	18	28.274	19.792 0	130	2 572.964	−8 352
27	−0.446	0.8	0.7	18	28.274	19.792 0	130	2 572.964	−1 147
28	2.354	0.8	0.7	18	28.274	19.792 0	130	2 572.964	6 057
29	5.154	0.8	0.7	18	28.274	19.792 0	130	2 572.964	13 261
30	7.954	0.8	0.7	18	28.274	19.792 0	130	2 572.964	20 465
31	10.754	0.8	0.7	18	28.274	19.792 0	130	2 572.964	27 670
32	13.554	0.8	0.7	18	28.274	19.792 0	130	2 572.964	34 874
33	16.354	0.8	0.7	18	28.274	19.792 0	100	1 979.203	32 368

（续表）

i	A /m	H /m	Z/m	L_C/m	K_A/m	S/m²	p/kPa	R/kN	M_T /(kN · m)
34	19.154	0.8	0.7	18	28.274	19.792 0	100	1 979.203	37 910
35	21.954	0.8	0.7	18	28.274	19.792 0	100	1 979.203	43 451
36	24.754	0.8	0.7	18	28.274	19.792 0	100	1 979.203	48 993
37	27.554	0.8	0.7	18	28.274	19.792 0	100	1 979.203	54 535
38	30.354	0.8	0.7	18	28.274	19.792 0	100	1 979.203	60 077
39	33.154	0.8	0.7	18	28.274	19.792 0	100	1 979.203	65 618
40	35.954	0.8	0.7	18	28.274	19.792 0	80	1 583.363	56 928
41	38.754	0.8	0.7	18	28.274	19.792 0	80	1 583.363	61 362
42	41.554	0.8	0.7	18	28.274	19.792 0	80	1 583.363	65 795
43	44.354	0.8	0.7	18	28.274	19.792 0	80	1 583.363	70 228
44	47.154	0.8	0.7	18	28.274	19.792 0	80	1 583.363	74 662
45	49.954	0.8	0.7	18	28.274	19.792 0	80	1 583.363	79 095
46	52.754	0.8	0.7	18	28.274	19.792 0	60	1 187.522	62 646
47	55.554	0.8	0.7	18	28.274	19.792 0	60	1 187.522	65 972
48	58.354	0.8	0.7	18	28.274	19.792 0	60	1 187.522	69 297
49	61.154	0.8	0.7	17.3	27.175	19.022 3	60	1 141.341	69 797
50	63.954	0.8	0.7	16	25.133	17.592 9	60	1 055.575	67 508
51	66.754	0.8	0.7	14.5	22.776	15.943 6	40	637.743	42 572
52	69.554	0.8	0.7	12.5	19.635	13.744 5	40	549.779	38 239
53	72.354	0.8	0.7	10	15.708	10.995 6	40	439.823	31 823
54	75.154	0.8	0.7	8	12.566	8.796 4	40	351.858	26 443
55	77.954	0.8	0.7	5	7.854	5.497 8	40	219.911	17 143
		H_G= 0.8	Z=0.7		$\sum$	916.984		107 229.8	−514 225

33 200 DWT 船型气囊充气压力配置通过程序计算的结果如表 9－6 所列，现将计算模型介绍如下：

表 9-6　33 200 DWT 散货船气囊充气压力程序配置结果

i	A/m	H/m	Z/m	L_C/m	K_A/m	S/m²	p/kPa	R/kN	M_T /(kN·m)
0	−76.046	1.04	0.46	1.47	2.308	1.061 9	90	95.57	−7 267
1	−73.246	0.85	0.65	3.74	5.872	3.845 7	97	373.04	−27 323
2	−70.446	0.8	0.7	5.35	8.400	5.885 0	103	606.16	−42 701
3	−67.646	0.8	0.7	6.86	10.770	7.549 1	108	815.30	−55 151
4	−64.846	0.8	0.7	8.34	13.094	9.180 0	114	1 046.52	−67 862
5	−62.046	0.8	0.7	9.78	15.355	10.759 0	120	1 291.08	−80 106
6	−59.246	0.8	0.7	11.23	17.631	12.349 1	125	1 543.63	−91 454
7	−56.446	0.8	0.7	12.66	19.876	13.926 8	132	1 838.34	−103 767
8	−53.646	0.8	0.7	14.07	22.090	15.469 1	138	2 134.74	−114 520
9	−50.846	0.8	0.7	15.51	24.351	17.051 0	145	2 472.39	−125 711
10	−48.046	0.8	0.7	16.96	26.627	18.645 1	152	2 834.06	−136 165
11	−45.246	0.8	0.7	18	28.274	19.792 0	152	3 008.40	−136 117
12	−42.446	0.8	0.7	18	28.274	19.792 0	149	2 949.02	−125 174
13	−39.646	0.8	0.7	18	28.274	19.792 0	146	2 889.64	−114 562
14	−36.846	0.8	0.7	18	28.274	19.792 0	143	2 830.27	−104 284
15	−34.046	0.8	0.7	18	28.274	19.792 0	140	2 770.89	−94 337
16	−32.246	0.8	0.7	18	28.274	19.792 0	137	2 711.51	−84 723
17	−28.446	0.8	0.7	18	28.274	19.792 0	135	2 671.93	−76 005
18	−25.646	0.8	0.7	18	28.274	19.792 0	132	2 612.55	−67 001
19	−22.846	0.8	0.7	18	28.274	19.792 0	129	2 553.18	−58 329
20	−20.046	0.8	0.7	18	28.274	19.792 0	126	2 493.80	−49 990
21	−17.246	0.8	0.7	18	28.274	19.792 0	123	2 434.43	−41 984
22	−14.446	0.8	0.7	18	28.274	19.792 0	120	2 375.05	−34 309
23	−11.646	0.8	0.7	18	28.274	19.792 0	117	2 315.67	−26 968
24	−8.846	0.8	0.7	18	28.274	19.792 0	115	2 276.09	−20 134
25	−6.046	0.8	0.7	18	28.274	19.792 0	112	2 216.71	−13 402
26	−3.246	0.8	0.7	18	28.274	19.792 0	109	2 157.34	−7 002

（续表）

i	A/m	H/m	Z/m	L_C/m	K_A/m	S/m^2	p/kPa	R/kN	M_T /(kN·m)
27	−0.446	0.8	0.7	18	28.274	19.792 0	106	2 097.96	−935
28	2.354	0.8	0.7	18	28.274	19.792 0	103	2 038.58	4 798
29	5.154	0.8	0.7	18	28.274	19.792 0	100	1 979.21	10 200
30	7.954	0.8	0.7	18	28.274	19.792 0	97	1 919.83	15 270
31	10.754	0.8	0.7	18	28.274	19.792 0	94	1 860.46	20 007
32	13.554	0.8	0.7	18	28.274	19.792 0	92	1 820.87	24 680
33	16.354	0.8	0.7	18	28.274	19.792 0	89	1 761.50	28 807
34	19.154	0.8	0.7	18	28.274	19.792 0	86	1 702.12	32 602
35	21.954	0.8	0.7	18	28.274	19.792 0	83	1 642.74	36 064
36	24.754	0.8	0.7	18	28.274	19.792 0	80	1 583.37	39 194
37	27.554	0.8	0.7	18	28.274	19.792 0	77	1 523.99	41 992
38	30.354	0.8	0.7	18	28.274	19.792 0	74	1 464.61	44 456
39	33.154	0.8	0.7	18	28.274	19.792 0	72	1 425.03	47 245
40	35.954	0.8	0.7	18	28.274	19.792 0	69	1 365.65	49 100
41	38.754	0.8	0.7	18	28.274	19.792 0	66	1 306.28	50 623
42	41.554	0.8	0.7	18	28.274	19.792 0	63	1 246.90	51 813
43	44.354	0.8	0.7	18	28.274	19.792 0	60	1 187.52	52 671
44	47.154	0.8	0.7	18	28.274	19.792 0	57	1 128.15	53 196
45	49.954	0.8	0.7	18	28.274	19.792 0	54	1 068.77	53 389
46	52.754	0.8	0.7	18	28.274	19.792 0	52	1 029.19	54 293
47	55.554	0.8	0.7	18	28.274	19.792 0	49	969.81	53 876
48	58.354	0.8	0.7	18	28.274	19.792 0	46	910.44	53 127
49	61.154	0.8	0.7	18	28.274	19.792 0	43	851.06	52 045
50	63.954	0.8	0.7	18	28.274	19.792 0	40	791.68	50 631
51	66.754	0.8	0.7	18	28.274	19.792 0	37	732.31	48 884
52	69.554	0.8	0.7	15.92	24.994	17.502 2	34	595.08	41 389
53	72.354	0.8	0.7	13.60	21.352	14.955 5	32	478.58	34 627

(续表)

i	A/m	H/m	Z/m	L_C/m	K_A/m	S/m^2	p/kPa	R/kN	M_T /(kN·m)
54	75.154	0.8	0.7	10.91	17.129	11.991 3	29	347.75	26 134
55	77.954	0.8	0.7	8.12	12.748	8.928 0	26	232.13	18 095
		H_G= 0.8	Z=0.7		$\sum$	980.57		93 378.9	−817 999

表 9-6 中各列数据自左向右说明如下：

(1) 左第 1 列：气囊编号 i。从 0 号开始，自船尾向船首顺序编号。

(2) 左第 2 列：A_i 为各个气囊距舯的位置。舯前为正，舯后为负。

(3) 左第 3 列：H 为气囊工作高度，当船舶的底平面与坡道面平行时，则绝大多数气囊的工作高度都相等，唯船两端的龙骨线会产生上翘，在两端位置的气囊工作高度会有所改变，如表中 0 号气囊的工作高度就与其他气囊不一样。当船相对于坡道面有纵倾时，其工作高度按下式计算：

$$H_i = H_G - (A_i - LCG) \cdot \sin\tau + H_K \tag{9-58}$$

式中：H_i ——第 i 个气囊的工作高度/m；

H_G ——船舶重心处船底离地面的高度/m(通常为设定值)；

H_K ——龙骨的上翘度，由基线向上量取/m(上翘为正，下垂为负)；

A_i——第 i 个气囊距舯的距离/m(舯前为正，舯后为负)；

τ ——船底基平面与坡道面的夹角/(°)，艏纵倾为正，艉纵倾为负；

LCG ——重心距船舯的距离/m(舯前为正，舯后为负)。

(4) 左第 4 列：Z 为气囊压缩量，$Z = D - H$。

(5) 左第 5 列：L_C 为气囊与船底的接触长度。在艏、艉端，船底宽度小于气囊长度时，取船底的实际宽度作为接触长度，从型线图上量取。在船中部分，船底宽度大于气囊长度，则取气囊长度 L 作为接触长度。

(6) 左第 6 列：K_A 是计算气囊接触面积的一个中间参数，其物理意义相当于气囊接触面积的刚度系数。

$$K_A = \frac{S}{Z} = 1.57L_C \tag{9-59}$$

(7) 左第 7 列：S 是气囊与船底的接触面积。

$$S = K_{\mathrm{A}} \cdot Z = 1.57 L_{\mathrm{C}} \cdot Z \tag{9-60}$$

(8) 左第 8 列：程序设置的气囊充气压力。通常从船尾第一个全压缩长度气囊开始到重心位置的气囊，设置的充气压力较高，然后向两端逐渐减小。

在本例中，全压缩长度气囊是从第 11 号开始的。顺序号小于 11 的气囊，其接触长度均小于气囊的长度，因此设置压力要适当降低。其设置的原则是当这些气囊的长度全部压扁时，设置的压力加上增加的压力应当等于设置的最高工作压力，或不大于额定工作压力。

(9) 左第 9 列：计算各个气囊的承载力。

$$R_i = S_i \cdot p_i \tag{9-61}$$

(10) 左第 10 列(最右一列)：计算各个气囊承载力对船舯的力矩。

$$M_{\mathrm{T}i} = R_i \cdot A_i \tag{9-62}$$

(11) 表的最底下一行是统计值：$\sum R_i$ 和 $\sum M_{\mathrm{T}i}$。由 $\sum M_{\mathrm{T}i}$ 和 $\sum R_i$ 可以求得 LCP。

$$LCP = \frac{\sum M_{\mathrm{T}i}}{\sum R_i} \tag{9-63}$$

(12) 设置的气囊充气压力适当与否，主要看 $\sum R_i$ 的值与 W 的接近程度和 LCP 的值与 LCG 接近的程度。要求的误差不超过 5%。即

$$\left| \frac{W - \sum R_i}{W} \right| \leqslant 0.05 \tag{9-64}$$

和

$$\left| \frac{LCG - LCP}{LCG} \right| \leqslant 0.05 \tag{9-65}$$

倘若误差大于设定值，程序会自动调整设置的压力值。

图 9-18 表示出了人工设置的气囊压力与程序自动设置的气囊压力的比较。由图可以看到两种压力设置的区别。采用人工设置气囊充气压力，其气囊压力分布呈阶梯状，如图中虚线所示，在相邻两气囊间会产生压力阶跃现象。

气囊充气压力采用自动设置的结果如图中实线所示，艉部 10 个气囊的压力

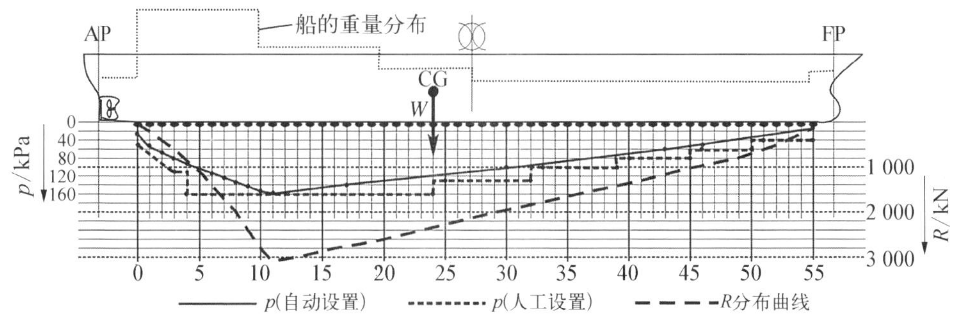

图 9-18　33 200 DWT 散货船气囊压力设置与承载力曲线

逐个递增，到第 11 个气囊达到最大值，然后逐渐递减，呈光顺的曲线，相邻两气囊间不会产生压力突变现象。这种缓和的压力变化规律有利于减少气囊下水中的船体结构应力。

图中还画出了船舶重量分布状态和自动压力设置得出的气囊承载力 R 分布曲线，尽管船舶重量分布形态与气囊承载力分布形态有所不同，但其作用力的中心应处于船纵长方向的同一位置，即船舶重心 CG 所在的位置。若不同心，船就会绕重心旋转，产生纵倾现象。

9.6.3　全浮过程计算

气囊下水过程计算是指从释放牵引钢缆开始，船在重力作用下启动下水直到全部浮起的过程。计算分步进行，每一步的船舶行程称为“步长”。计算的间距(步长)应尽量取得密一些，以便连成顺滑的曲线。通常，步长取 10～15 m 为宜，在气囊布置等间距的情况下，可以取 2～4 个气囊间距作为计算间距。

船舶行进一段距离后，各种参数都发生了改变，原来的平衡打破了。船舶会产生坐沉和绕重心旋转，以达到新的平衡。通常的情况是艉部向水面延伸并下垂，在没有接触水面以前呈悬臂状态。各个气囊相对于船体的纵向位置前移，船首部的气囊位置前移后，如果越过了艏柱线就会逸出，成为不起作用的气囊。船尾部的气囊前移后承载压力加大，导致船体坐沉和加大尾倾角，直到船尾部入水后得到浮力的支撑，这种情况才会逐步改善。

计算步骤、方法和数学模型介绍如下。

1) 确定各个气囊的新位置

由于是分步计算的，设 I 为计算步数，步长为 S_P。则船之行程 J_S：

$$J_S = I \cdot S_P \tag{9-66}$$

气囊的运动速度仅为船舶行进速度之半，故气囊相对于船舯的位置可按下式求得

$$A_i = A_{i(I=0)} + J_S/2 \tag{9-67}$$

式中 $A_{i(I=0)}$ 即为该编号气囊的初始设定位置。若计算得到的位置已超过艏编号最大一个气囊的原始位置[在本例中若 $A_i > A_{55(I=0)}$]，则可认为已越出艏部，不起作用了。处于艉部的气囊若已脱离副坡道末端一段距离，工作高度等于气囊直径，呈圆筒形，这样的气囊在浮力的作用下会沿船底倾斜面向上移动。

2）确定各个气囊的工作高度 H_i 和承载面积 S_i

首先假定 H_G 与 τ 不变，即采用上一步计算得到的 H_G 和 τ，按式(9-58)计算各个气囊的工作高度 H_i。

这里还要注意气囊相对于上坡道末端的位置。船舶未启动前，所有的气囊位置都位于上坡道终端的上方，气囊相对于终端的距离为正值。当船向下行进一段距离后，艉部的气囊也跟着下行，当越过终端之后，气囊相对于终端的距离变为负值。此时，主坡道面对气囊的约束消失。如果没有副坡道，而水深又足够的话，这个气囊就不受约束(压缩)，成自由状态了(即 $H_i = D$)。如果有副坡道，则气囊仍可能受约束，其工作高度的计算分析如下：

如图 9-19 所示的几何关系，当艉柱向左行进一段行程 J_S 后，任一气囊位置距上终端的距离 X_i 变为

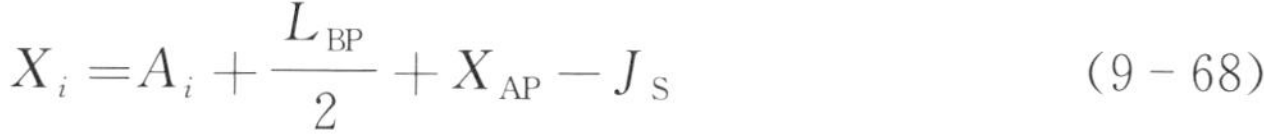

$$X_i = A_i + \frac{L_{BP}}{2} + X_{AP} - J_S \tag{9-68}$$

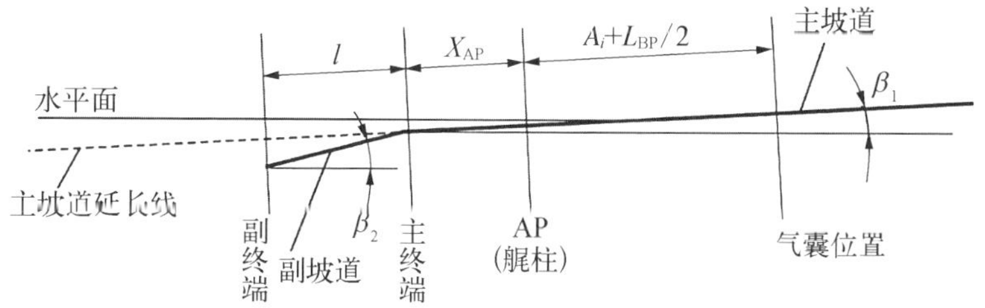

图 9-19　气囊与终端的相对位置

式(9-68)中，等式右边前两项为气囊相对于艉柱的位置，后两项为艉柱相对于上终端的位置。当行程 J_S 大于前三项的值时，X_i 变为负值，说明该气囊位

置已越过了上坡道终端。若没有下坡道的话，气囊就不受约束（压缩），成自由状态了（$H_i=D$）。

现在许多气囊下水坡道设计成双折角形式，即有主、副两段坡度不相同的坡道。设副坡道的倾角为 β_2，长度为 l，则在 $0>X_i\geqslant -l$ 的区段行程内，气囊的工作高度仍可能受到副坡道的约束，可用下式计算气囊的工作高度：

$$H_i=H_G-(A_i-LCG)\cdot\sin\tau+H_K-X_i\cdot\sin\beta_1+X_i\cdot\sin\beta_2 \tag{9-69}$$

若计算结果表明 $H_i\geqslant D$，则说明副坡道对该编号的气囊已不存在约束（$H_i=D$）。当 $X_i<-l$ 时，气囊就不再受任何约束（压缩）了，可直接写成 $H_i=D$。

有了 A_i 和 H_i 之后，就能计算出各个气囊的承载面积 S_i。

3）计算各个气囊的压力 p_i、承载力 R_i 和承载力对艏力矩 M_{Ti}

气囊的工作高度改变之后，内部压力也发生了变化。各个气囊的压力可利用式(9-56)和式(9-57)求得。

有了 p_i 和承载面积 S_i 之后，就能计算出各个气囊的承载力 R_i 和承载力对艏力矩 M_{Ti}。

4）浮力和浮心位置的计算

船尾部入水之后就产生了浮力，于是船的重量就由浮力和气囊的承载力分担了。浮力和浮心位置依据邦戎曲线数据计算。其计算方法在《船舶设计实用手册》（总体）中有介绍，本节结合气囊下水的实际做简要的介绍。

图 9-20 显示一艘倾斜的船沿坡道下到水中，艉部产生了浮力。邦戎曲线数据编制时一般把船的两柱间长等分为 20 等分，共 21 条站线，编号 0～20。在艏艉曲率变化大的部分增加了 0.5、1.5、18.5、19.5 四个半站线。每条站线代表一个横剖面，按照吃水给出了该吃水下的横剖面面积。因此可以用表 9-7 来计算。

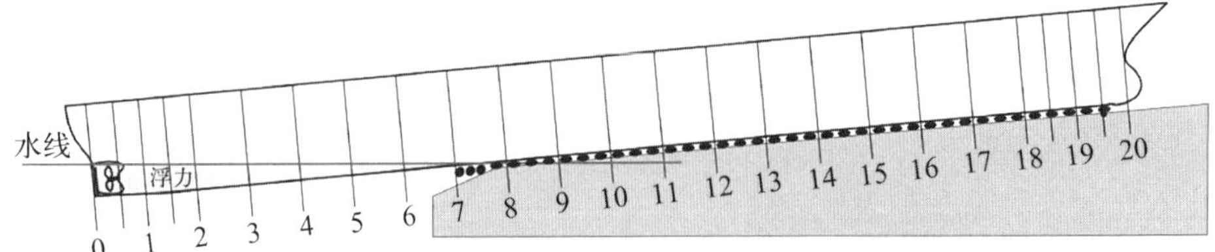

图 9-20　浮力计算

表 9-7 浮力、浮心纵向位置计算表

站号 j	吃水 T_j /m	横剖面面积 S_j /m^2	距舯距离 d_j /m	梯形法求体积 ∇_j /m^3	面积力矩 M_j /m^3
0	$T_0 = T_A$	S_0	$d_0 = -L_{BP}/2$	—	$S_0 \times d_0$
0.5	$T_{0.5}$	$S_{0.5}$	$d_{0.5}$	$(S_0 + S_{0.5})(d_{0.5} - d_0)/2$	…
1	T_1	S_1	d_1	$(S_{0.5} + S_1)(d_1 - d_{0.5})/2$	…
1.5	$T_{1.5}$	$S_{1.5}$	$d_{1.5}$	…	…
2	T_2	S_2	d_2	…	…
3	T_3	S_3	d_3	…	…
4	T_4	S_4	d_4	…	…
5	T_5	S_5	d_5	…	…
6	T_6	S_6	d_6	…	$S_6 \times d_6$
j_m	0	0	$d_7 = -L_{BP}/2 + l_0$	$S_6(d_7 - d_6)/2$	0
8					
9					
10					
11					
12					
13					
14					
15					
16					
17					
18					
18.5					
10					
19.5					
20	$T_{20} = T_F$				
		$\sum S_j$	LCB	$\sum \nabla_j$	$\sum M_j$

计算步骤和方法如下：

(1) 计算艉吃水。船相对于地面移动一段行程 J_S(指沿斜坡的行程)后,艉吃水的计算如下式:

$$T_A = -H_{AP} + (X_{AP} - J_S) \cdot \sin\beta + h_2 \tag{9-70}$$

(2) 求水线与龙骨线的交点及其站号。当艉吃水变为正值,而艏吃水仍为负值时,可求得水线与龙骨线交点距艉柱的长度 l_0:

$$l_0 = -\frac{T_A}{\sin\alpha} \tag{9-71}$$

注意:公式中出现负号是因为 α 为负值的缘故。

此长度可转化为站号,即水线与龙骨线交点的站号 j_m:

$$j_m = \frac{20 l_0}{L_{BP}} \tag{9-72}$$

j_m 若大于 j 站号而小于 $j+1$ 站号,则可用它来取代 $j+1$ 站号,以此类推作为浮力计算表的结束站点。如表 9-7 所示,即用 j_m 来取代 7 站号,在这个站点,吃水 $T_{jm}=0$,横剖面面积 $S_{jm}=0$,距船舯的距离:

$$d_{jm} = -L_{BP}/2 + l_0 \tag{9-73}$$

(3) 计算各站线处的吃水。若艉吃水为正值,则各站线处的吃水可按下式计算:

$$T_j = T_A + j\,\frac{L_{BP}}{20}\sin\alpha \quad (0 < j < j_m) \tag{9-74}$$

(4) 按吃水查取各站线处的横剖面面积 S_j。各站线处的横剖面面积 S_j 是从邦戎曲线数据表上查取的,将查得的数据填入表 9-7 第三列中。程序中采用拉格朗日插值法求取。

(5) 计算各横剖面距船舯的距离 d_j。各横剖面距船舯的距离 d_j 按下式计算:

$$d_j = -\frac{L_{BP}}{2} + j\,\frac{L_{BP}}{20} \tag{9-75}$$

(6) 计算排水体积 ∇_j 和浮力 Q。表中第五列为用梯形法计算排水体积 ∇_j,

将此排水体积求和即得总的排水体积 $\sum \nabla_j$，再乘以水的密度 ρ 和重力加速度 g，即能得到浮力 Q：

$$Q=\rho \cdot g \cdot \sum \nabla_j=\rho \cdot g \cdot \sum_{j=1}^{m} \frac{(S_j+S_{j-1})(d_j-d_{j-1})}{2} \tag{9-76}$$

(7) 计算各横剖面面积对舯的力矩 M_j 和浮心距舯的距离 LCB。表中第六列为各横剖面面积对舯的力矩 M_j，将其求和再除以横剖面面积的总和 $\sum S_j$ 即能得到浮心距船舯的距离 LCB：

$$LCB=\frac{\sum M_j}{\sum S_j} \tag{9-77}$$

5) 如何求平衡

在船舶气囊下水过程中求平衡是非常重要的。船舶在运动过程中是自动平衡的,包括绕重心旋转和坐沉。若计算状态未达到平衡状态,则所有的计算结果都是不准确的,有时候误差是很大的。所谓平衡状态,从数学的概念来讲,就是垂向力之和对舯力矩之和达到一个极小量,工程上常用基准值的 5%作为允许误差,因此可以把垂向力和纵倾力矩平衡方程写成如下不等式形式：

$$\begin{cases} |Q+P-W| \leqslant 5\%W \\ |W \cdot LCG-Q \cdot LCB-P \cdot LCP| \leqslant 5\%W \cdot |LCG| \end{cases} \tag{9-78}$$

满足上述不等式即算达到平衡状态。

现在假定船的起始状态已经设定,其初始纵倾为 τ_0，船舶重心处离地面的初始高度为 H_{G0}。当船行进一个步长 S_P 后,到了位置 1,各个气囊相对于船的位置 A_i 发生了变化,由于气囊相对于船来说是前行的,所以气囊的工作高度 H_i 也发生了变化。在计算时先假定船相对于坡道面的姿态没有变化,即 τ 和 H_G 不变,由 A_i 计算出 H_i、S_i、p_i、R_i 等一系列数据,以及艉吃水、浮力、LCB 等数据。此时,前一步的平衡状态已经打破,即不再满足式(9-78),须要对倾角 τ 和离地面高度 H_G 进行调整才能达到新的平衡状态。

(1) 调整重心处船底离地面高度 H_G。调整的方法是计算出坐沉量,即 ΔZ。因为各个气囊位置前移之后,加之艏部的气囊逸出,总的承载能力相对不足,必然导致船体下沉,使气囊内压和接触面积同时增加才能达到平衡。计算方

法如下：

① 用 $\sum R_i$ 除以 $\sum S_i$ 得到平均压力 p_m：

$$p_m = \frac{\sum R_i}{\sum S_i} \tag{9-79}$$

② 用 $\sum S_i$ 除以 Z_G 得到总的 K_A 值：

$$K_A = \frac{\sum S_i}{Z_G} \tag{9-80}$$

③ 求需增加的承载力：

$$\Delta R = W - Q - \sum R_i \tag{9-81}$$

④ 求需增加的 ΔZ：

$$\Delta Z = \frac{\Delta R}{K_A \cdot p_m} \tag{9-82}$$

⑤ 求新的重心处船底离地面高度 H_{G_new}：

$$H_{G\_new} = H_{G\_old} - \Delta Z \tag{9-83}$$

求得新的重心处船底离地面高度 H_{G_new} 后，再按以前的计算步骤用新的 H_{G_new} 代入重新计算一遍，包括艉吃水、浮力、浮心纵向位置 LCB 等，使数据全面刷新，接着进入下一步骤：调整船舶的纵倾角 τ。

(2) 调整船舶的纵倾角 τ。经过上一步骤，数据全面刷新之后，相信在满足式(9-78)方面有了显著改善。倘若仍不满足的话，就要调整船舶的纵倾角 τ 了。先按式(9-36)计算出新的船舶纵倾角 τ_{new}：

求得新的船舶的纵倾角 τ_{new} 后，再按以前的计算步骤用新的 τ_{new} 代入重新计算一遍，包括各气囊的工作高度、承压面积、内压、承载力、气囊压力中心的位置 LCP、艉吃水、浮力、浮心纵向位置 LCB 等，使数据全面刷新，相信经过这一步骤，在满足式(9-78)方面又有了改善。倘若仍不满足的话，就要再重复(1)调整重心处船底离地面高度 H_G。如果仍不满足，再调整船舶的纵倾角 τ。以此重复数次，必能达到新的平衡。

9.6.4　数据输出

程序计算结束后，全部数据输出形成一个命名为 OutputData 的文件，其内容主要如下：

(1) 船舶、坡道及使用气囊参数表（参阅表 9－2）。

(2) 气囊参数设置表（参阅表 9－6）。

(3) 气囊内压数据表（参阅表 9－8）。

(4) 全浮过程计算结果汇总表（参阅表 9－9）。

全浮过程计算的结果主要形成两类数据。一类是气囊内压在下水过程中不断变化的数据，参阅表 9－8。它的作用是能看到每一个气囊在哪一行程（步）达到最大压力，这个最大压力有多大，是否会产生爆破。在气囊标准中规定了各种型号气囊要求达到的爆破压力最小值。只要不超过这个规定的爆破压力值，就可认为是安全的。气囊内压的数据也是今后计算结构应力的依据。

表 9－8 中第 1 列是气囊编号。表中第 2 列（Step 0）所列压力即为初始设置的压力，此时船未动。从第 3 列开始，船向下朝着水面行进。气囊的内压开始变化，直到第 20 步船脱离坡道达到全浮状态为止。表中压力为 0 的气囊说明在所处的行程已经不起作用（表中浅灰色部分）。从表中可以看出，在下水过程中，压力变化比较大的仅是靠近艉部的 15 个气囊，编号为 0～14。第 15 号气囊以后（向艏）的气囊压力在下水过程中的变化缓和，均处于稳中有降的状况。图 9－21 画出了 1～13 号气囊内压在船舶气囊下水过程中的变化曲线。最大压力为 9 号气囊在行程 90 m 处出现，达到 276 kPa，为额定工作压力 160 kPa 的 1.73 倍，但仍远小于爆破压力（160 kPa×3＝480 kPa）。气囊标准规定的爆破压力至少要大于额定工作压力的 3 倍。

表 9－8　33 200 DWT 船型下水过程中的气囊内压变化/kPa

N	步数(Step)																				
	0	1	2	3	4	5	6	7	8	9	10	11	12	13	14	15	16	17	18	19	20
0	90	105	118	134	136	127	120	117	120	126	126	117	103	91	88	88	88	88	88	87	0
1	97	109	122	139	160	147	131	125	126	130	129	118	103	90	86	86	86	86	86	86	0
2	103	114	127	144	169	168	146	136	135	136	132	120	104	90	85	85	85	85	85	85	0
3	108	119	132	151	177	198	166	151	145	143	136	122	105	91	85	85	85	85	85	86	0

（续表）

N_i	步数(Step)																				
	0	1	2	3	4	5	6	7	8	9	10	11	12	13	14	15	16	17	18	19	20
4	114	125	139	158	175	198	193	170	159	152	141	126	108	93	86	85	85	85	85	85	0
5	120	132	146	167	174	194	230	194	175	162	147	130	110	95	87	86	86	86	86	0	0
6	125	137	152	165	171	189	223	222	192	172	152	132	112	96	86	85	85	85	85	0	0
7	132	145	161	165	170	186	216	262	216	185	159	136	115	98	88	86	86	86	86	0	0
8	138	151	160	163	168	182	207	248	243	198	166	140	117	100	89	85	85	85	85	0	0
9	145	159	160	163	167	179	200	232	276	214	174	144	120	102	90	86	85	85	85	0	0
10	152	159	159	162	165	175	193	217	252	232	181	148	123	104	92	86	85	85	85	0	0
11	152	151	151	153	156	164	178	195	218	242	182	145	119	101	88	81	80	80	80	0	0
12	149	148	148	149	151	158	168	180	194	210	187	147	120	101	87	80	78	78	78	0	0
13	146	145	144	145	146	152	159	167	173	181	194	149	121	101	87	79	76	76	76	0	0
14	143	142	141	141	142	146	151	155	156	157	166	151	121	101	87	79	74	73	73	0	0
15	140	138	137	137	138	140	143	143	140	137	141	153	122	102	87	78	73	71	71	0	0
16	137	135	134	134	133	134	135	133	127	121	122	132	123	102	88	79	72	69	69	0	0
17	135	133	132	131	130	130	129	124	116	108	107	114	125	104	89	80	73	68	68	0	0
18	132	130	128	127	126	125	122	116	106	97	94	98	109	105	90	81	73	67	65	0	0
19	129	127	125	123	121	120	116	107	96	87	83	86	94	106	91	82	74	65	63	0	0
20	126	124	122	120	117	115	109	100	88	78	75	76	83	94	92	83	73	64	0	0	0
21	123	121	118	116	113	110	103	93	81	71	67	68	73	82	94	85	72	62	0	0	0
22	120	118	115	112	109	105	98	86	74	65	62	62	65	73	83	83	70	0	0	0	0
23	117	115	112	109	105	100	92	80	68	60	57	57	59	65	74	80	67	0	0	0	0
24	115	112	109	106	102	97	88	75	63	56	54	54	55	59	65	69	0	0	0	0	0
25	112	109	106	103	98	92	83	70	58	52	51	51	52	54	57	60	0	0	0	0	0
26	109	106	103	99	95	88	78	65	54	49	49	49	49	50	52	0	0	0	0	0	0
27	106	103	100	96	91	84	73	60	50	47	47	47	47	47	48	0	0	0	0	0	0
28	103	100	96	92	87	79	69	56	47	45	45	45	45	45	0	0	0	0	0	0	0
29	100	97	93	89	83	75	64	52	44	43	43	43	43	43	0	0	0	0	0	0	0
30	97	94	90	85	80	71	60	48	41	41	41	40	40	0	0	0	0	0	0	0	0

（续表）

N_i	步数(Step)																				
	0	1	2	3	4	5	6	7	8	9	10	11	12	13	14	15	16	17	18	19	20
31	94	91	87	82	76	67	56	44	38	38	38	38	38	0	0	0	0	0	0	0	0
32	92	89	85	79	73	64	53	42	37	37	37	37	0	0	0	0	0	0	0	0	0
33	89	86	81	76	70	61	49	38	35	35	35	35	0	0	0	0	0	0	0	0	0
34	86	83	78	73	66	57	45	35	33	33	33	0	0	0	0	0	0	0	0	0	0
35	83	80	75	69	63	53	42	32	30	30	30	0	0	0	0	0	0	0	0	0	0
36	80	76	72	66	60	50	38	29	28	28	0	0	0	0	0	0	0	0	0	0	0
37	77	73	69	63	56	46	35	27	26	26	0	0	0	0	0	0	0	0	0	0	0
38	74	70	66	60	53	43	32	24	24	0	0	0	0	0	0	0	0	0	0	0	0
39	72	68	63	57	50	40	30	23	23	0	0	0	0	0	0	0	0	0	0	0	0
40	69	66	60	54	47	37	26	20	0	0	0	0	0	0	0	0	0	0	0	0	0
41	66	62	57	51	44	34	22	18	0	0	0	0	0	0	0	0	0	0	0	0	0
42	63	59	54	48	41	29	19	0	0	0	0	0	0	0	0	0	0	0	0	0	0
43	60	56	51	45	38	24	16	0	0	0	0	0	0	0	0	0	0	0	0	0	0
44	57	53	48	42	31	19	0	0	0	0	0	0	0	0	0	0	0	0	0	0	0
45	54	50	45	38	25	15	0	0	0	0	0	0	0	0	0	0	0	0	0	0	0
46	52	48	43	32	20	0	0	0	0	0	0	0	0	0	0	0	0	0	0	0	0
47	49	45	40	25	14	0	0	0	0	0	0	0	0	0	0	0	0	0	0	0	0
48	46	42	31	18	0	0	0	0	0	0	0	0	0	0	0	0	0	0	0	0	0
49	43	39	24	12	0	0	0	0	0	0	0	0	0	0	0	0	0	0	0	0	0
50	40	30	16	0	0	0	0	0	0	0	0	0	0	0	0	0	0	0	0	0	0
51	37	22	9	0	0	0	0	0	0	0	0	0	0	0	0	0	0	0	0	0	0
52	34	20	0	0	0	0	0	0	0	0	0	0	0	0	0	0	0	0	0	0	0
53	32	18	0	0	0	0	0	0	0	0	0	0	0	0	0	0	0	0	0	0	0
54	29	0	0	0	0	0	0	0	0	0	0	0	0	0	0	0	0	0	0	0	0
55	26	0	0	0	0	0	0	0	0	0	0	0	0	0	0	0	0	0	0	0	0

另一类数据是有关船的动态参数的，如行程，船舶重心离地面高度，纵倾角，艏艉吃水，浮力，气囊承载力及其作用力中心的纵向位置等。这些数据汇总在表

9－9 中，称为 33 200 DWT 散货船全浮过程计算结果汇总。

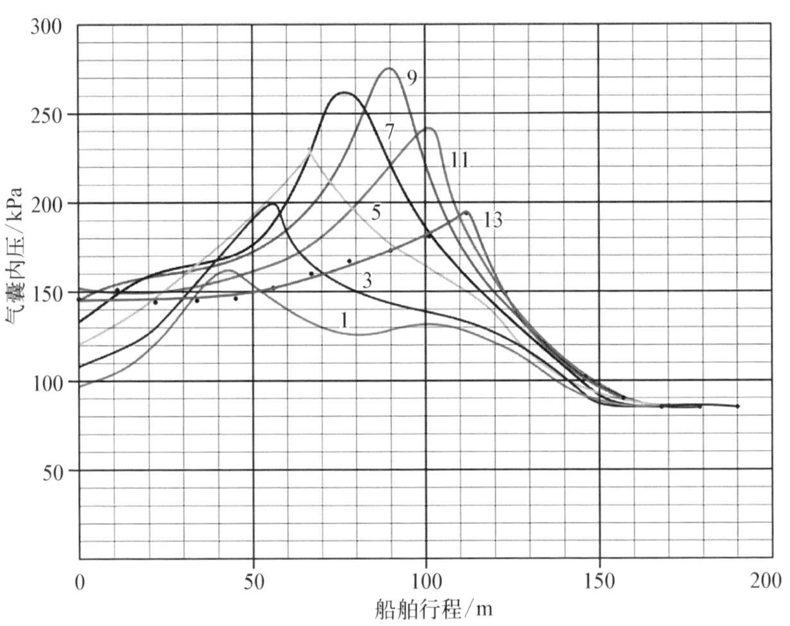

图 9－21　33 200 DWT 散货船气囊内压变化曲线(计算结果)

表 9－9　33 200 DWT 散货船全浮过程计算结果汇总

I	J_S /m	H_G /m	τ /(°)	α /(°)	H_{AP} /m	T_A /m	T_F /m	Q /kN	LCB	P /kN	LCP
0	0	0.80	0	−0.95	0.80	−0.35	−3.20	0	0	93 378	−8.76
1	11.2	0.81	−0.01	−0.97	0.79	−0.16	−3.04	0	0	93 907	−9.00
2	22.4	0.82	−0.03	−0.99	0.77	0.05	−2.89	0	0	93 687	−8.94
3	33.6	0.82	−0.07	−1.02	0.73	0.28	−2.76	0	0	94 021	−9.01
4	44.8	0.81	−0.11	−1.07	0.66	0.53	−2.65	190	−69.2	93 885	−8.68
5	56.0	0.79	−0.20	−1.16	0.51	0.87	−2.59	873	−62.8	93 227	−8.34
6	67.2	0.73	−0.35	−1.31	0.26	1.31	−2.59	2 700	−55.9	91 215	−7.32
7	78.4	0.64	−0.58	−1.53	−0.13	1.88	−2.68	6 444	−50.5	86 895	−5.76
8	89.6	0.50	−0.87	−1.83	−0.67	2.62	−2.84	12 758	−46.1	80 833	−2.95
9	100.8	0.28	−1.20	−2.15	−1.32	3.45	−2.96	21 543	−42.6	72 065	1.35
10	112.0	0.02	−1.43	−2.39	−1.89	4.21	−2.91	31 815	−39.3	61 784	6.94

(续表)

I	J_S /m	H_G /m	τ /(°)	α /(°)	H_{AP} /m	T_A /m	T_F /m	Q /kN	LCB	P/kN	LCP
11	123.2	−0.24	−1.55	−2.50	−2.30	4.81	−2.64	42 500	−36.1	51 233	13.75
12	134.4	−0.45	−1.54	−2.49	−2.50	5.19	−2.24	52 555	−32.8	40 840	22.04
13	145.6	−0.59	−1.45	−2.41	−2.53	5.41	−1.76	61 720	−29.4	31 531	31.90
14	156.8	−0.68	−1.33	−2.28	−2.45	5.51	−1.28	70 157	−26.0	23 364	43.19
15	168.0	−0.68	−1.13	−2.09	−2.19	5.44	−0.78	76 937	−22.3	17 174	50.73
16	179.2	−0.59	−0.91	−1.87	−1.81	5.25	−0.32	81 938	−18.5	12 210	54.61
17	190.4	−0.48	−0.75	−1.71	−1.49	5.11	0.03	86 008	−15.1	8 146	56.13
18	201.6	−0.33	−0.71	−1.67	−1.28	5.09	0.12	87 525	−14.3	6 557	61.30
19	212.8	−0.23	−0.50	−1.45	−0.89	4.89	0.56	92 498	−10.5	1 639	73.65
20	224.0	−0.07	−0.41	−1.36	−0.61	4.79	0.73	94 126	−9.01	0	0

表 9 - 9 中的内容说明如下：

(1) 表中第一列是步数，第二列是行程。从表中可以看出每一步的步长是相等的，为 11.2 m。

(2) 表中第三列是船舶重心处船底离地面的高度 H_G，第 6 列是船舶艉柱处船底离地面高度 H_{AP}，都是相对于主坡道表面而言的，出现负值则表示在主坡道的延长线之下。这种情况只可能出现在该处已越出了主坡道终端后，主坡道的延长线成为一个参考平面，如图 9 - 22 中的细点线所示。

(3) 第四、五两列都是说明船舶的纵倾角度，其中 τ 是相对于上坡道表面而言的，而 α 是相对于水平面而言的，二者相差一个 β 角。因为规定船舶下水行进方向是自右向左进行的，所以出现负值表示船舶产生艉倾。

(4) 第七、八两列是艉吃水 T_A 和艏吃水 T_F，负值表示在水平面以上，尚未入水。最底下一行显示的艏、艉吃水恰好就是空船的静浮吃水。从表列数据来看，最大的艉吃水出现在第十四步时，达到 5.51 m，比空船艉吃水 4.79 m 大 0.72 m，所以下水水域的水深应比计算得到的空船静浮吃水大一些，才能确保下水安全。

(5) 第九、十列是浮力 Q 和浮心纵向位置 LCB。随着艉部浮力的增加，浮心纵向位置逐渐向舯移近，当 $Q = W$ 时，LCB 应十分接近 LCG 的值。

(6) 第十一、十二列是气囊对船底的压力 P（即气囊承载力的合力）和压力纵向位置 LCP。当船底存在浮力和气囊作用力两种力时，浮力也可以看作水对船底的压力，两种合力的压力中心纵向位置 LCP^* 计算方法如下：

$$LCP^* = \frac{Q \cdot LCB + P \cdot LCP}{Q + P} \tag{9-84}$$

如图 9-22 所示是根据表 9-9 中数据绘制的曲线图。图中可以看到气囊承载力、浮力曲线的变化情况、船舶纵倾角的变化情况以及重心处船底离上坡道面高度和相对于水平面的高度。图中还画出了上坡道和下坡道的位置以及坡道参考线的位置(图中纵坐标的高度标尺为每格 0.4 m)。

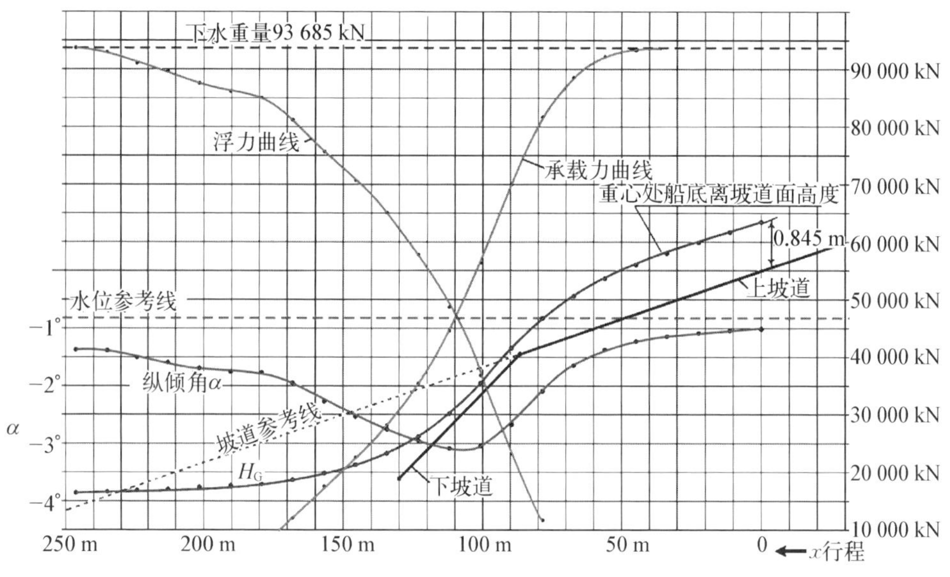

图 9-22　33 200 DWT 散货船气囊下水全浮过程曲线

9.7　船舶冲程计算

船舶进入水中达到全浮状态之后，在惯性冲力的作用下，会继续向前移动一段距离，称为冲程。当下水水域宽度受到限制时，为了不撞到对岸或水域中固定的设施，需要计算船舶气囊下水的冲程。当冲程大于可使用的水域宽度时，要采取适当的制动或规避措施，常见的如抛锚、转舵等。

9.7.1 力的计算模型

首先建立力的计算模型。

根据 $F=m\cdot a$ 的原理，式(9－44)的平衡方程可简化成

$$F=P(\tan\alpha-\mu)-R_{\mathrm{W}}=W\cdot a \tag{9-85}$$

式中：F ——驱动力/N；

P ——气囊对船底正压力的合力/N；

α ——船底基面相对于水平面的倾角/(°)；

μ ——气囊滚动阻力系数；

R_{W} ——水阻力/N；

W ——船的质量/kg；

a——加速度/(m · s^{-2})。

其中，水阻力可分为两个组成部分：

$$R_{\mathrm{W}}=R_{\mathrm{WF}}+R_{\mathrm{WR}} \tag{9-86}$$

R_{WF} 称为水的摩擦阻力，可采用 ITTC[①] 推荐的公式计算：

$$R_{\mathrm{WF}}=(C_{\mathrm{F}}+\Delta C_{\mathrm{F}})\frac{1}{2}\rho v^2 S_{\mathrm{W}} \tag{9-87}$$

式中：ΔC_{F} ——粗糙度补贴系数，取 0.4×10^{-3}；

ρ ——水的密度；

S_{W} ——船舶的浸湿面积/m^2；

C_{F} ——水的摩擦阻力系数，按下式计算：

$$C_{\mathrm{F}}=\frac{0.075}{(\lg Re-2)^2} \tag{9-88}$$

$$Re=v\cdot l/\nu \tag{9-89}$$

式中：v ——船的瞬时速度；

l ——瞬时浸湿长度；

ν ——动力黏性系数，海水取 $1.19\times10^{-6}\ \mathrm{m^2/s}$，淡水取 $1.14\times10^{-6}\ \mathrm{m^2/s}$。

---

① 国际船模拖曳水池会议(International Towing Tank Conference)。

R_{WR} 称为剩余阻力，目前尚无适合气囊下水的现成公式可以应用，在这里采用较为直观的前进方向正面水压力来取代，即

$$R_{WR} = S_M \cdot \frac{1}{2} T_A \cdot g \cdot \rho \tag{9-90}$$

式中：R_{WR} ——除摩擦阻力外的水阻力/N；

S_M ——船舶入水部分最大舯剖面面积/m^2；

T_A ——艉柱吃水/m；

g ——重力加速度(9.81 m/s^2)；

ρ ——水的密度/(kg/m^3)。

9.7.2 分步计算模型

采用与全浮过程计算相同的步长进行计算。这样可利用表 9-9 中的相关数据。

设起始点的速度为 v_0、t_0、a_0，走过 j 步(步长为 s)后到达第 j 个节点，此时有 v_j、t_j、a_j，则

$$a_j = \frac{F_j}{W} \quad (j = 1,\ 2,\ \cdots,\ m) \tag{9-91}$$

$$\Delta v_j = \sqrt{s\left(\frac{a_{j-1} + a_j}{2}\right)} \tag{9-92}$$

$$v_j = v_{j-1} + \Delta v_j \tag{9-93}$$

$$t_j = \frac{s}{v_j} \tag{9-94}$$

船尾部入水之后，产生了水阻力。由于水阻力是瞬时速度的函数，即 $R_W = f(v)$，这就形成了隐函数，在程序中只能采用迭代法求解。

到最后一个节点 ($j = m$) 时，此时船已全浮，气囊驱动力消失 ($P = 0$)，$v = v_m$，船继续前行，产生冲程，前行速度不断下降，直到 $v = v_{m+1} = 0$ 为止。此时水阻力 R_W 产生 a_m 为负值，则

$$t_{m+1} = \frac{-v_m}{a_m} \tag{9-95}$$

$$s_{m+1}=\frac{v_m}{2}\cdot t_{m+1}=-\frac{1}{2}\frac{v_m^2}{a_m} \tag{9-96}$$

式(9-96)即是船下水后冲程计算的公式,它是建立在前面计算的基础上的。这个模块称为动力学计算模块。表 9-10 为 70 000 DWT 船型动力学计算结果。

表 9-10 70 000 DWT 船型动力学计算结果

步数	船舶行程 J_S/m	气囊承载力 P/kN	倾角 α/(°)	艉吃水 T_A/m	气囊驱动力 F_A/kN	水阻力 R_W/kN	加速度 a/(m/s²)	速度 v/(m/s)	历时 t/s
0	0.00	120 588	−0.69	−0.11	723.39		0.06	0.00	0.00
1	12.50	122 185	−0.70	0.06	757.40		0.06	0.87	28.70
2	25.00	122 179	−0.72	0.24	806.23		0.07	1.43	37.44
3	37.50	122 509	−0.74	0.43	857.41		0.07	1.88	44.08
4	50.00	119 613	−0.78	0.65	920.86	4.57	0.08	2.28	49.56
5	62.50	117 748	−0.87	0.97	1 071.34	16.22	0.09	2.66	54.25
6	75.00	114 500	−0.98	1.36	1 270.76	38.51	0.10	3.05	58.36
7	87.50	109 074	−1.13	1.85	1 494.08	84.14	0.12	3.44	61.99
8	100.00	99 786	−1.34	2.49	1 735.97	167.10	0.13	3.84	65.25
9	112.50	88 051	−1.59	3.25	1 910.33	303.18	0.13	4.22	68.21
10	125.00	74 108	−1.76	3.91	1 833.75	481.66	0.11	4.56	70.95
11	137.50	61 205	−1.83	4.37	1 584.21	590.36	0.08	4.81	73.55
12	150.00	50 888	−1.80	4.60	1 288.70	711.20	0.05	4.97	76.07
13	162.50	42 191	−1.72	4.71	1 014.91	802.15	0.02	5.05	78.55
14	175.00	34 815	−1.62	4.71	776.92	856.21	−0.01	5.06	81.02
15	187.50	27 780	−1.53	4.70	575.77	902.18	−0.03	5.02	83.51
16	200.00	22 418	−1.41	4.64	417.58	928.48	−0.04	4.93	86.04
17	212.50	16 541	−1.26	4.46	263.47	912.89	−0.05	4.81	88.64
18	225.00	11 132	−1.14	4.32	154.28	895.98	−0.06	4.66	91.32
19	237.50	9 002	−1.11	4.31	120.70	892.13	−0.06	4.48	94.11
20	250.00	4 247	−1.02	4.20	49.82	875.38	−0.07	4.29	97.02

（续表）

步数	船舶行程 J_S/m	气囊承载力 P/kN	倾角 α/(°)	艉吃水 T_A/m	气囊驱动力 F_A/kN	水阻力 R_W/kN	加速度 a/(m/s²)	速度 v/(m/s)	历时 t/s
21	262.50	2 613	−0.98	4.16	28.93	817.33	−0.06	4.09	100.08
22	275.00	653	−0.93	4.09	6.66	804.59	−0.07	3.88	103.30
23	287.50	0	−0.91	4.07	0.00	792.49	−0.06	3.66	106.71
24	390.58							0.00	163.05

10 气囊下水对船体结构的影响

船舶采用气囊下水时，应关注气囊下水对船体结构的影响。船体结构是否会产生破坏或永久性变形是本章要讨论的问题。

10.1 船体结构强度的概念

船舶强度，是指船体结构在正常的使用过程中和设计的使用寿命中具有不破坏或不发生永久变形的能力。由于船舶通常的工作状态是航行状态，因此设计人员往往是按规范来确定船体构件的尺度，然后进行总纵强度和局部强度的校核。

总纵强度是指船体整个结构抵御纵向变形或破坏的能力。计算通常是将船体静置在波浪上，包括处于中拱或中垂状态，通过力学方法计算沿船长方向分布的重力与浮力作用下的弯曲变形与应力。

实际上，船体在重力和浮力的作用下，往往不仅会发生总纵弯曲变形和扭转变形，同时在局部范围内船体结构还会发生局部变形，如果局部变形超过一定的限度，也会对船体造成损害，进而危及船舶安全。这就需要校核船体的局部强度。

在气囊下水过程中，船体受力的特点主要可分为两个阶段。在第一阶段中，船体未接触水面，所以没有浮力的作用，船体所受的力主要是重力和各个气囊的支承力，二者叠加就产生了分布载荷曲线。这个阶段包括起墩作业、陆上移船作业、下水启动至船尾入水前的一段行程；第二阶段是指船尾入水至船全浮的过程，在这个阶段中，浮力开始起作用，直至气囊的支承力全部为浮力所替代，当船体全部浮起时，船体的受力状态与船舶在静水中的受力状态完全一致，所以一般不会成为问题。

10.1.1 载荷曲线

在给定计算状态下，描述引起船体梁总纵弯曲的载荷沿船长分布状况的曲线称为载荷曲线，其值等于重力曲线与支承(浮力)曲线之差，用 $q(x)$ 表示，即

$$q(x)=r(x)-w(x) \tag{10-1}$$

式中：$w(x)$——重力分布载荷，作用方向是向下的，为负值；

$r(x)$——支承力的分布载荷，支承力中包含气囊支承力和水的浮力，其作用方向是向上的，为正值；

$q(x)$——船体上作用外力的分布载荷，其值有正，有负。

现代船舶大多采用艉机舱布局，下水时船舱中未载货，因此重力分布曲线的面积形心在舯后，如图 10-1 所示。

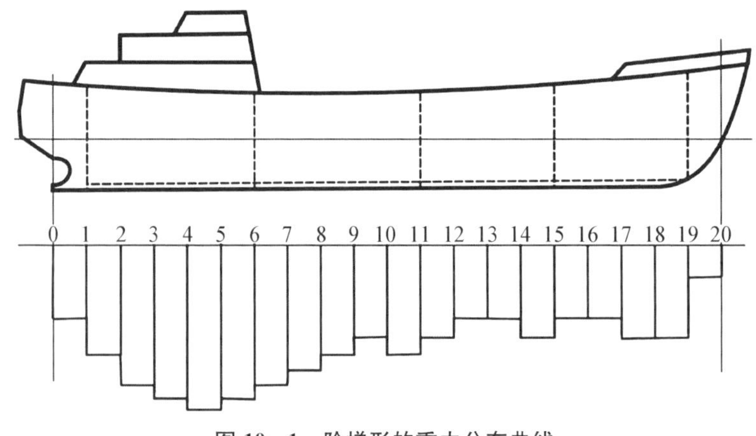

图 10-1　阶梯形的重力分布曲线

支承力分布曲线与气囊在船底下的布置以及充气压力有关，可以通过人工配置或计算机自动配置来匹配，如图 9-18 所示。

重力分布曲线与支承力分布曲线叠加后，可以得到分布载荷曲线，如图 10-2 所示。

如图 10-2 所示的载荷曲线类似于船舶处于波峰上的情况，即船体梁呈中拱弯曲受力状态。船舶在气囊下水过程中，这是典型的受力状态。

从力学角度出发，静置在气囊上的船体梁是平衡的，所以船舶的载荷曲线与 x 轴之间所围的上、下面积之和的代数值为零，该面积对 x 轴上任一点的静力矩

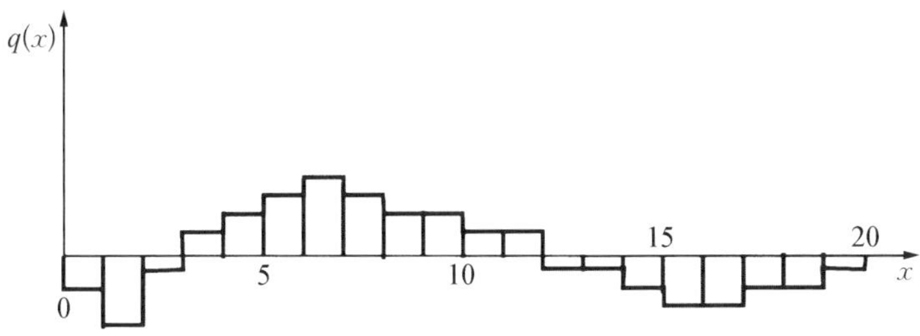

图 10-2 阶梯形分布载荷曲线

亦为零,即

$$\int_0^L q(x)\mathrm{d}x = \int_0^L r(x)\mathrm{d}x - \int_0^L w(x)\mathrm{d}x = R - W = 0 \tag{10-2}$$

$$\int_0^L q(x)x\mathrm{d}x = \int_0^L r(x)x\mathrm{d}x - \int_0^L w(x)x\mathrm{d}x = R \cdot x_P - W \cdot x_G = 0 \tag{10-3}$$

式中:L ——船长,通常指两柱间长/m;

R ——气囊支承力的总和/kN;

W ——下水船舶的总重量/kN;

x_P ——气囊压力中心在 x 轴上的位置/m;

x_G ——船舶重心在 x 轴上的位置/m。

在进行剪力和弯矩计算前,应对载荷曲线的这些性质进行检验,以判断船舶是否已处于所要求的平衡位置,或是出现了计算错误,以免造成不必要的计算返工。

10.1.2 重力分布曲线

描述全船重力沿船长分布状况的曲线称为重力分布曲线。其纵坐标表示船体梁单位长度上重力分布值,单位为 kN/m。

绘制重力分布曲线的方法是将船舶各项重力按静力等效原则分配到相应的船长范围内,允许作适当的变通调整,再逐项叠加得到重力分布阶梯图。手工计算时,通常将各项重力分配到 20 个理论站距中去,理论站的编号一般从船尾至船首排列。每个理论站距内的重力可以认为均匀分布,从而作出阶梯形重力分布曲线,并以此来代替真实的重力分布曲线,如图 10-1 所示。按上述方法求得的重力分布曲线虽然与实际情况仍有差别,但不会对剪力和弯矩的计算带来明显的误差,所以这种绘制重力分布曲线的方法是可行的。

10.1.3 剪力曲线和弯矩曲线

载荷曲线的一次积分是剪力曲线,二次积分是弯矩曲线。作用在船体梁任意截面上的剪力和弯矩可用下式计算:

$$N(x)=\int_0^x q(x)\mathrm{d}x \tag{10-4}$$

$$M(x)=\int_0^x N(x)\mathrm{d}x=\int_0^x\int_0^x q(x)\mathrm{d}x\mathrm{d}x \tag{10-5}$$

剪力曲线和弯矩曲线的形态如图 10-3 所示。船体梁在气囊上处于平衡状态时,船体两端完全自由,因此艏、艉端点处的剪力和弯矩应为零,即剪力曲线和弯矩曲线在端点处是封闭的。在大多数情况下,由于计算过程中存在误差的积累,船体梁端点处剪力和弯矩为零的条件实际上很难达到。一般计算的精度要求如下:

$$\left|\frac{N_{20}}{N_{\max}}\right|\leqslant 0.025 \tag{10-6}$$

$$\left|\frac{M_{20}}{M_{\max}}\right|\leqslant 0.05 \tag{10-7}$$

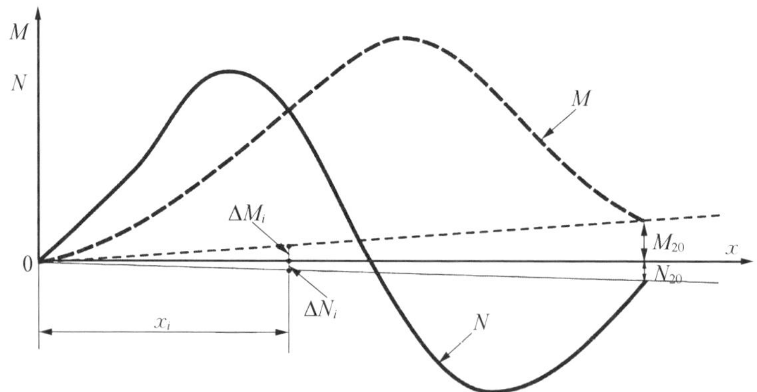

图 10-3 剪力曲线和弯矩曲线的形态

式中: N_{20}——第 20 站处的剪力值/kN;

$N_{\max}$——最大(绝对值)剪力值/kN;

M_{20} ——第 20 站处的弯矩值/(kN·m)；

M_{max} ——最大(绝对值)弯矩值/(kN·m)。

若上述条件式不能满足，则表示在计算过程中产生了较大误差，必须进行复查和重新计算。

当产生不封闭的现象时，如图 10-3 所示中，在第 20 站处，M_{20} 和 N_{20} 不为零，可采用线性修正法修正。即另作两条直线分别把剪力曲线和弯矩曲线封闭起来，按下面的式子对各理论站的剪力、弯矩进行修正：

第 i 站剪力的修正值为

$$\Delta N_i = -\frac{i}{20} N_{20} \tag{10-8}$$

第 i 站弯矩的修正值为

$$\Delta M_i = -\frac{i}{20} M_{20} \tag{10-9}$$

10.2　气囊下水对船体结构的影响

本节以 70 000 DWT 船型为例讨论气囊下水对船体结构的影响。

70 000 DWT 船舶“新东莞 1”号下水时(见图 10-4)，委托某大学进行了结构应力测试，为进行船舶气囊下水结构力学计算提供了佐证。

10.2.1　70 000 DWT 船型气囊下水概述

1) 主尺度和总布置

70 000 DWT 散货船总布置图如图 10-5 所示，主尺度如下：

总长：222 m；两柱间长：216.16 m；型宽：32.26 m；型深：18 m；满载吃水：11.3 m；方形系数：0.87；棱形系数：0.873 7；舯剖面系数：0.995 7；排水量：70 541.1 t；下水重量：12 200 t；重心纵向位置 LCG：−11.08 m(舯后)。

2) 气囊下水环境参数

图 10-6 为 70 000 DWT 船的建造船台及下水坡道。

环境参数：船台(主坡道)坡度：0.69°；副坡道坡度：4.35°，长度为 16 m；船

图 10－4　70 000 DWT 船舶“新东莞 1”号下水

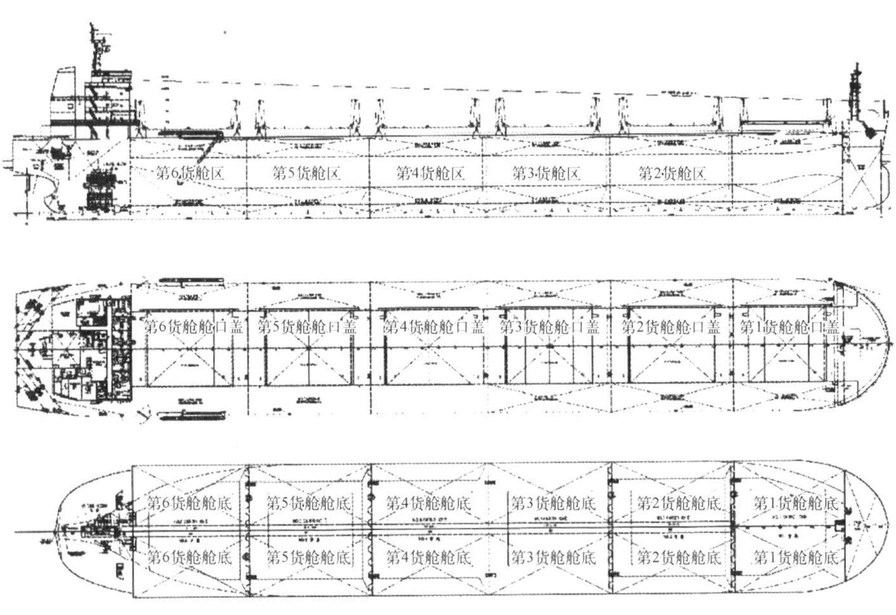

图 10－5　70 000 DWT 散货船总布置图

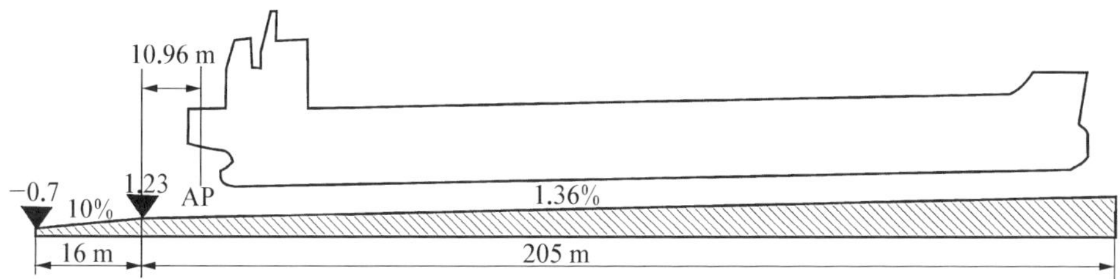

图 10-6 船台及下水坡道

艉柱距主坡道终端距离：10.96 m；副坡道末端水深：7.0 m；主坡道末端水位：0.87 m；起墩工作高度：0.85 m。

3) 气囊配置

本船使用直径 1.5 m，7 层高承载力气囊，额定工作压力 160 kPa。由于舯部船底平面的最大宽度达到 31 m，现有气囊长度为 18 m，满足不了要求，因此用长度为 10 m 的短气囊拼接。两个气囊端部拼接处至少空开 1 m。起墩时气囊数量按公式(6-1)计算得到 64 排。采用不等间距布置形式，如图 10-7 所示。

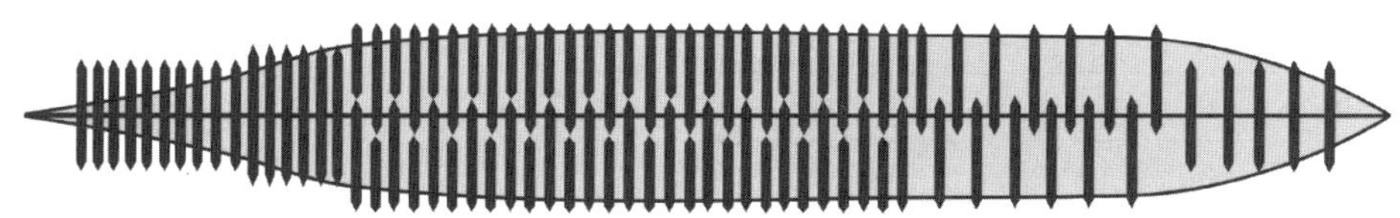

图 10-7 70 000 DWT 船气囊布置

起墩时气囊压力的配置先是人工配置，后来又用程序计算配置，两种配置结果在表 10-1 中列出。

表 10-1 70 000 DWT 船型气囊起墩的压力配置

气囊编号	位置距舯/m	气囊工作高度/m	气囊接触长度/m	气囊接触面积/m^2	人工配置的充气压力/kPa	程序配置的充气压力/kPa
0	−94.78	0.85	3.01	3.07	40	03
1	−92.08	0.85	3.73	3.80	50	98
2	−89.38	0.85	4.74	4.84	60	106
3	−86.68	0.85	5.89	6.01	70	113
4	−83.98	0.85	7.41	7.57	80	115

（续表）

气囊编号	位置距舯/m	气囊工作高度/m	气囊接触长度/m	气囊接触面积/m²	人工配置的充气压力/kPa	程序配置的充气压力/kPa
5	−81.28	0.85	9.24	9.43	100	114
6	−78.58	0.85	11.84	12.08	110	113
7	−75.88	0.85	13.83	14.12	130	111
8	−73.18	0.85	15.83	16.16	150	110
9	−70.48	0.85	17.83	18.20	160	109
10	−67.78	0.85	20.07	20.48	160	108
11	−65.08	0.85	21.85	22.30	160	107
12	−62.38	0.85	23.49	23.97	160	106
13	−59.68	0.85	24.50	25.00	160	105
14	−56.98	0.85	26.39	26.93	160	104
15	−54.28	0.85	27.51	28.07	160	102
16	−51.58	0.85	25.43	25.95	160	101
17	−48.88	0.85	26.15	26.68	160	100
18	−46.18	0.85	26.48	27.03	160	99
19	−43.48	0.85	26.96	27.51	160	98
20	−40.78	0.85	27.35	27.91	160	97
21	−38.08	0.85	27.65	28.22	160	96
22	−35.38	0.85	27.83	28.40	160	95
23	−32.68	0.85	27.99	28.56	160	93
24	−29.98	0.85	28.00	28.57	160	92
25	−27.28	0.85	28.00	28.57	160	91
26	−24.58	0.85	28.00	28.57	160	90
27	−21.88	0.85	28.00	28.57	160	89
28	−19.18	0.85	28.00	28.57	160	88
29	−16.48	0.85	28.00	28.57	160	87
30	−13.78	0.85	28.00	28.57	160	86
31	−11.08	0.85	28.00	28.57	160	84
32	−8.38	0.85	28.00	28.57	160	83
33	−5.68	0.85	28.00	28.57	140	82

（续表）

气囊编号	位置距舯/m	气囊工作高度/m	气囊接触长度/m	气囊接触面积/m²	人工配置的充气压力/kPa	程序配置的充气压力/kPa
34	−2.98	0.85	28.00	28.57	140	81
35	0.52	0.85	28.00	28.57	130	80
36	4.02	0.85	28.00	28.57	130	78
37	7.52	0.85	28.00	28.57	130	77
38	11.02	0.85	28.00	28.57	130	75
39	14.52	0.85	28.00	28.57	130	74
40	18.02	0.85	28.00	28.57	120	72
41	21.52	0.85	28.00	28.57	120	71
42	25.02	0.85	28.00	28.57	120	69
43	28.52	0.85	28.00	28.57	100	68
44	32.02	0.85	28.00	28.57	100	66
45	35.52	0.85	28.00	28.57	100	65
46	39.02	0.85	28.00	28.57	80	63
47	42.52	0.85	28.00	28.57	80	62
48	46.02	0.85	28.00	28.57	80	61
49	49.52	0.85	28.00	28.57	80	59
50	53.02	0.85	28.00	28.57	60	58
51	56.52	0.85	27.86	28.43	60	56
52	60.02	0.85	27.82	28.39	60	55
53	63.52	0.85	27.28	27.84	60	53
54	67.02	0.85	24.50	25.00	50	52
55	70.52	0.85	24.50	25.00	50	50
56	74.02	0.85	24.50	25.00	50	49
57	77.52	0.85	24.50	25.00	50	47
58	81.02	0.85	24.01	24.51	50	46
59	84.52	0.85	23.23	23.71	50	44
60	88.02	0.85	18.50	18.88	40	43
61	91.52	0.85	17.71	18.07	40	42

（续表）

气囊编号	位置距艉/m	气囊工作高度/m	气囊接触长度/m	气囊接触面积/m²	人工配置的充气压力/kPa	程序配置的充气压力/kPa
62	95.02	0.85	14.61	14.90	40	40
63	98.52	0.85	11.10	11.33	40	39

10.2.2 气囊压力配置对结构影响的探讨

从结构力学的观点来看，气囊下水过程中产生的剪力和弯矩主要由各剖面上的重力和支承力不平衡所引起。由于船底下气囊布置的特殊条件，气囊载力的分布曲线与船舶重力的分布曲线大相径庭，只能做到形态尽量接近。在图 10-8 中对两种气囊压力配置做了比较。图中灰色曲线所包含的面积（灰色）表示重力分布，从力的方向上来区分，它应当属于向下的力，为了便于同载力（向上）曲线相比较，这里也画成了同一方向。载力曲线有两条，虚线是程序配置的载力分布曲线，实线是人工配置的载力分布曲线。在图的下方是压力配置曲线。相比较而言，程序配置的载力分布曲线更接近于重力分布曲线。

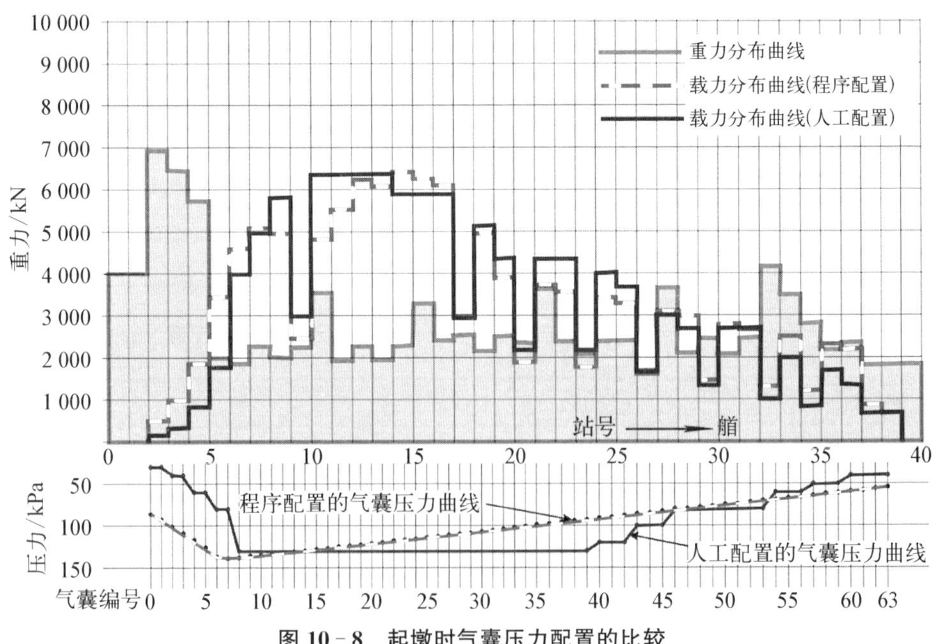

图 10-8 起墩时气囊压力配置的比较

从图 10－8 中可以看出，起墩时，人工配置的气囊充气压力不可能做到渐变的形态，只能呈阶梯状的分布，艉部的 8 个气囊压力设置偏低，加上这几个气囊处于船底龙骨末端的轴包架之下，气囊与船体的接触部分（长度）较短，承载面积小，所以这 8 个气囊能够承载的重量很有限。然而对于目前普遍采用的艉机型船而言，船舶空载下水时，船体重量较大部分集中在艉部，重力曲线与承载力曲线在艉部差距很大，从而形成很大的剪力，如图 10－9 所示。在船体舯部，从 8 号气囊到 39 号气囊，人工配置的充气压力是相等的。从 39 号气囊向艏，人工配置的气囊充气压力呈阶跃式分布，在阶跃的地方，会产生应力突变，对结构强度不利。由于人工配置气囊充气压力需要丰富的经验，能够做到这样已经是很不容易了。

图 10－8 中，通过计算机程序配置的气囊充气压力曲线变化较为和顺，从 8 号气囊到艏部的 63 号气囊，其充气压力呈线性缩减，这样不会产生附加的结构应力。位于艉部的 6 个气囊由于与船体的接触长度短，考虑到船体下水过程中，这些气囊会向船舯移动，接触长度会不断增加，直到达到气囊的全长。这些气囊随着与船体接触长度的增加，其内部压力也会逐渐升高。程序配置这几个气囊充气压力的原则是当这些气囊被全部压扁时，配置的压力加上增加的压力应当等于可配置的最高工作压力，或不大于额定工作压力。所以这些气囊的充气压力在一开始（起墩）时不能配置得太高，要留有余地。在本例中，全压缩长度气囊是从 8 号气囊开始的。顺序号小于 8 的气囊，其与船体的接触长度均小于气囊自身的长度，因此配置压力要适当降低。

当不用程序来配置时，可采用下列经验公式来设置艉部这几个气囊的充气压力：

$$p_{\max}=\left(\frac{L_{\mathrm{C}}}{L}\right)^{0.3}\cdot P_{\mathrm{E}}$$

式中：$p_{\max}$——气囊允许配置的最大压力/kPa；

L_{C}——气囊与船底的接触长度/m；

L——气囊的工作长度/m；

P_{E}——气囊的额定工作压力/kPa。

如图 10－9 所示给出两种配置的剪力曲线和弯矩曲线的比较，可见程序生成的载力曲线所引起的剪力和弯矩的峰值均有不同程度的降低。

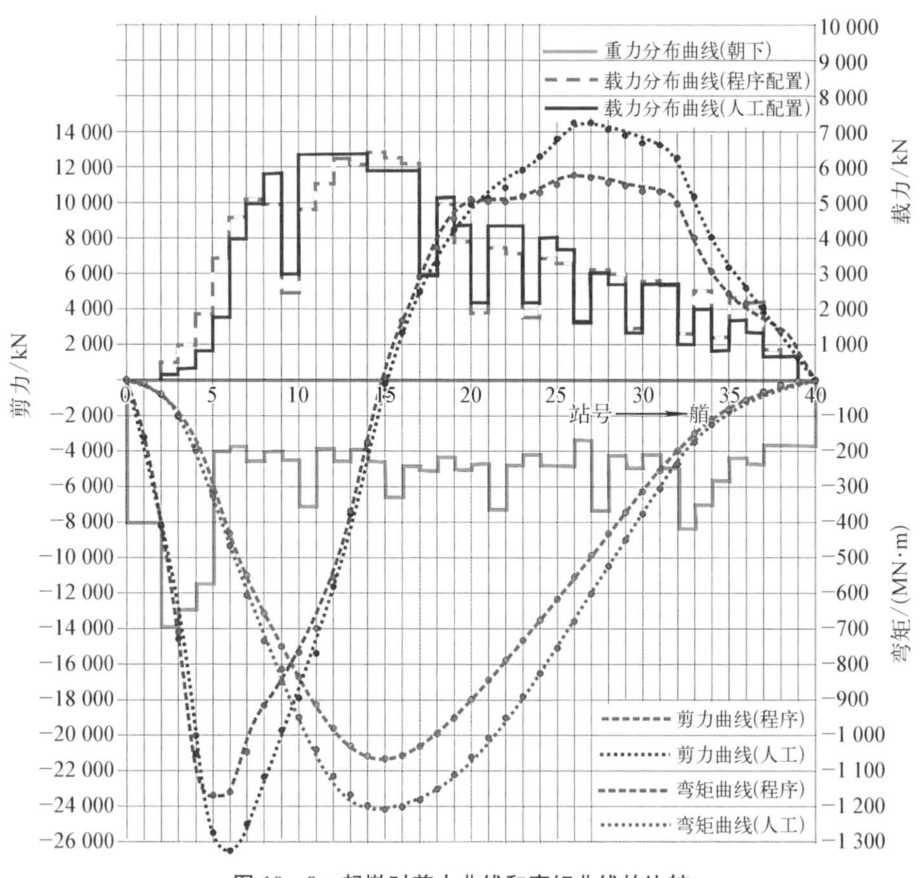

图 10-9　起墩时剪力曲线和弯矩曲线的比较

10.2.3　下水过程中的弯矩曲线

当船舶启动下水后，由于艉部悬空，引起弯矩急剧增长。如图 10-10 所示是行程中产生的弯矩曲线。气囊下水起始段，随着行程的增长，弯矩也迅速增长，在重心越过坡道拐点的瞬间达到最大值。在图上标志的是第八步(每一步的步长是 12.5 m，8 步的总行程是 100 m)，过了第八步，弯矩又开始递减。图的下面标出了船舶重心相对于坡道拐点的位置。气囊下水过程中的弯矩曲线形态基本相似，但随着气囊配置的不同以及环境参数的变化，峰值会有改变，可以通过程序计算做方案比较。

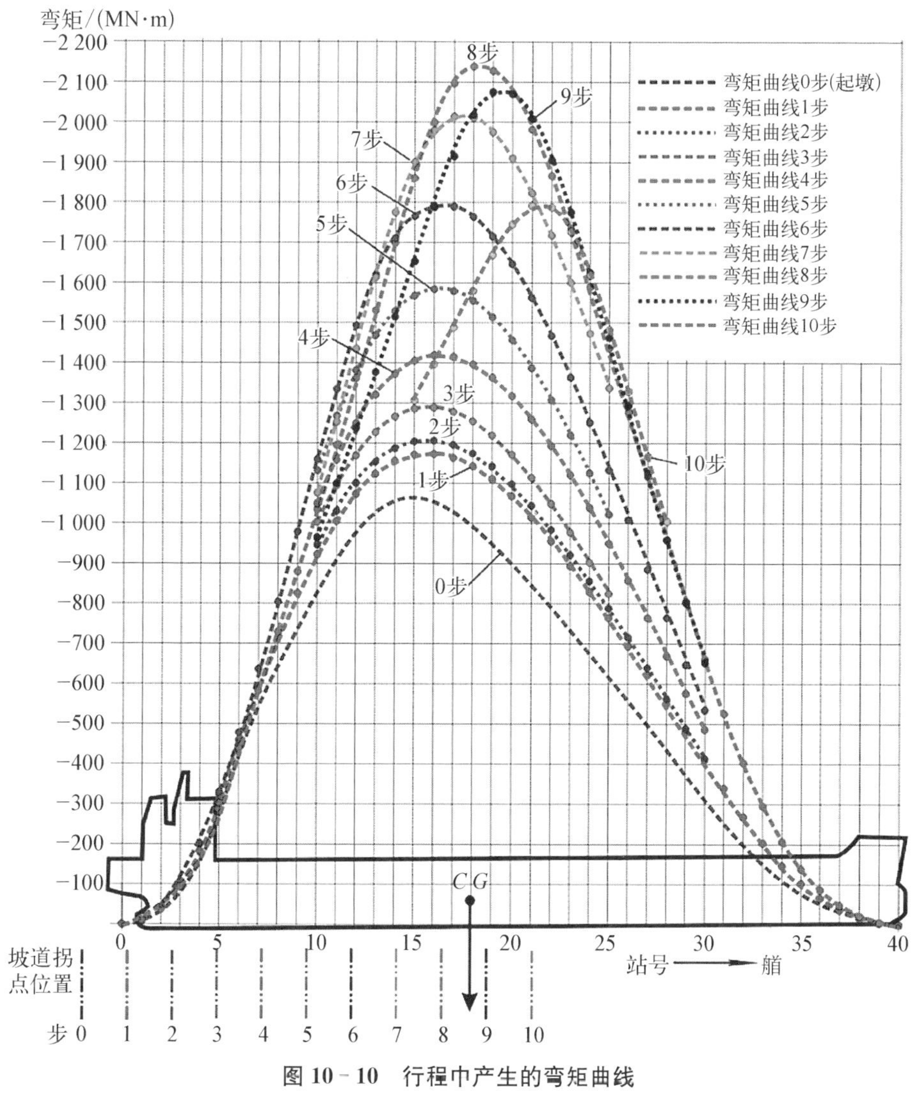

图 10-10　行程中产生的弯矩曲线

10.3　结构应力校核的程序设计

船舶气囊下水结构力学计算是一个全新的课题，它是船舶气囊下水计算发展的高级阶段，也是整个气囊下水计算中最为复杂的课题。其复杂性在于要把外力计算得非常精确，而且气囊下水过程中，气囊力、浮力都在动态变化，气囊随着船舶运动，其相对于船舶的位置不断改变，船舶的姿态（纵倾角）也在不断变化，各种气囊参数(工作高度、气囊与船底的接触长度、浸水深度)都在改变，大量的数据需要处理，并且求得平衡条件。这样大量的运算不依赖于计算机程序是不可能完成的。

10.3.1 数据输入

结构应力校核需要输入的数据：

(1) 重量分布数据。

(2) 横剖面的惯性矩或剖面模数。

船舶下水时的重量分布数据由船舶设计院或船厂提供，一般是按肋位号给出，如表 10－2 所示。大型船舶横剖面的惯性矩或剖面模数全船各个区段不同，一般按区段给出，如图 10－11 所示。

表 10－2　重量资料的输入格式

距艉垂线距离 X /m	肋位号	重量 W/t
−3	−5	15.13
−2.4	−4	17.23
−1.8	−3	19.35
−1.2	−2	21.47
−0.6	−1	23.57
0	0	27.65
0.6	1	31.56
1.2	2	33.44
1.8	3	30.85
2.4	4	29.6
3	5	32.5
3.6	6	33.06
4.2	7	31.29
4.8	8	28.13
5.4	9	32.43
6	10	51.45
6.6	11	64.7

（续表）

距艉垂线距离 X /m	肋位号	重量 W/t
7.2	12	68.43
8.02	13	72.61
8.84	14	71.1
9.66	15	70.83
10.48	16	69.63
11.3	17	72.47
12.12	18	86.1
12.94	19	93
13.76	20	92.26
14.58	21	94.89
15.4	22	98.09
16.22	23	101.06
17.04	24	103.8
17.86	25	106.84
18.68	26	109.87
19.5	27	111.15
20.32	28	113.09
21.14	29	114.88
21.96	30	103.87
…	…	…

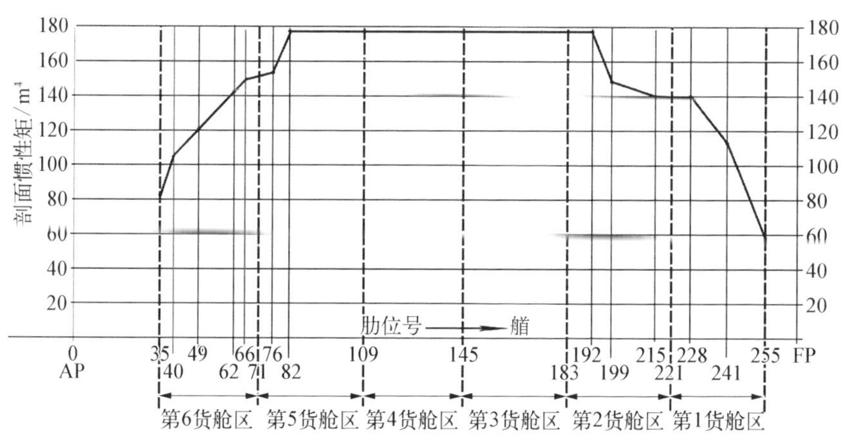

图 10 - 11 70 000 DWT 船型惯性矩曲线

10.3.2 力沿船长的分布

对船舶气囊下水来说,作用于船舶的外力主要是各个气囊的载力和入水部分产生的浮力。在全浮过程计算模块中,已经求得了每一步(行程)结束节点的瞬时浮力和气囊承载力的合力以及浮心和承载力作用中心的纵向位置(参阅表 9-9),但这还不够,结构力学计算需要把这些力细分为每一分段的浮力和气囊的载力。这需要在前面的程序中添加一些辅助功能来实现。

把重力、气囊载力、浮力变成沿船长的分布载荷。具体做法是把两柱间长划分成若干等份,再把这些力按作用力的中心位置分配到相应的区间中去。大型船舶的长度较大,通常均分为 40 等分,共 41 个站点,编号自艉向艏,从 0# 到 40#。然后把各种力分配到各站段中去。

在下水过程中,重力是不变的,可认为是常量。浮力和气囊载力是随行程变化的。表 10-3 是前 13 步计算得到的行程气囊载力和浮力分布数据。

表 10-3　行程气囊载力和浮力分布数据　　单位: kN

站号	1步	2步	3步	4步	5步	6步	7步	8步	9步	10步	11步	12步	13步
0	0	0	0	2	3	5	6	15	34	51	57	59	57
1	0	0	0	20	33	50	71	113	189	254	287	301	304
2	0	0	0	56	93	142	207	300	448	587	675	726	753
3	0	0	0	90	159	247	360	501	742	999	1 189	1 316	1 395
4	458	0	0	52	95	149	217	299	447	615	744	832	889
5	1 474	813	0	136	312	520	785	1 087	1 601	2 213	2 679	2 996	3 201
6	2 685	2 652	1 501	136	312	520	785	1 087	1 601	2 213	2 679	2 996	3 201
7	3 720	4 124	4 286	91	381	718	1 143	1 643	2 343	3 160	3 777	4 194	4 473
8	4 619	4 852	5 370	5 613	381	718	1 143	1 643	2 343	3 160	3 777	4 194	4 473
9	5 291	5 326	5 144	6 012	3 547	679	1 181	1 797	2 572	3 421	4 093	4 555	4 880
10	5 274	5 810	5 612	5 758	7 099	2 181	1 181	1 797	2 572	3 421	4 093	4 555	4 880
11	5 492	5 285	6 073	5 293	7 483	4 350	1 313	1 618	2 419	3 268	3 954	4 448	4 808
12	5 974	5 529	5 511	6 744	6 720	8 391	2 040	1 618	2 419	3 268	3 954	4 448	4 808

（续表）

站号	1 步	2 步	3 步	4 步	5 步	6 步	7 步	8 步	9 步	10 步	11 步	12 步	13 步
13	5 883	5 967	5 745	6 123	7 930	8 617	3 779	2 269	2 049	2 864	3 537	4 045	4 431
14	5 650	5 866	6 117	5 490	7 095	10 473	6 565	2 541	2 376	2 864	3 537	4 045	4 431
15	5 446	5 624	5 989	6 448	6 260	8 455	12 270	4 153	2 882	2 319	2 972	3 487	3 894
16	5 213	5 383	5 662	6 309	7 152	7 263	12 733	7 895	2 941	3 299	2 972	3 487	3 894
17	5 095	5 171	5 396	5 911	6 866	8 036	10 431	14 991	5 044	2 727	2 374	2 897	3 325
18	4 976	5 016	5 133	5 550	6 346	7 461	9 146	13 626	8 690	2 400	3 354	2 897	3 325
19	4 859	4 863	4 957	5 224	5 843	6 692	8 769	11 599	15 061	3 393	3 088	2 634	2 755
20	4 684	4 738	4 811	4 988	5 386	5 989	7 719	10 496	15 324	6 273	2 963	3 614	2 755
21	4 566	4 557	4 611	4 757	5 000	5 380	6 639	8 236	12 353	9 141	2 974	2 703	3 169
22	4 420	4 434	4 414	4 531	4 682	4 828	5 752	6 714	9 190	17 570	5 070	3 434	3 169
23	2 151	2 170	4 219	4 282	4 347	4 411	4 927	5 512	6 820	12 870	8 609	2 447	3 138
24	4 158	4 162	2 055	4 064	4 050	3 987	4 292	4 507	5 237	9 220	14 133	4 690	3 340
25	2 006	1 992	3 920	3 848	3 737	3 584	3 750	3 720	4 006	6 246	10 847	6 683	2 086
26	3 897	3 865	1 866	1 820	3 453	3 225	3 265	3 069	3 083	4 537	7 323	10 818	3 586
27	1 890	3 686	3 600	3 463	1 606	1 484	2 793	2 495	2 337	3 334	5 105	9 116	5 035
28	3 636	1 783	1 708	3 199	2 958	2 668	2 395	1 974	1 713	2 406	3 666	5 861	8 225
29	1 718	3 421	3 261	1 515	1 378	2 279	1 961	1 544	1 131	1 621	2 625	4 258	7 266
30	3 349	1 610	1 553	2 818	2 499	1 025	822	1 077	638	953	1 780	3 096	4 953
31	3 176	3 130	2 930	1 328	1 146	1 786	1 354	374	121	372	1 052	2 183	3 698
32	1 544	1 493	2 774	2 477	2 096	785	544	439	0	0	426	1 427	2 715
33	2 952	2 861	1 288	1 173	953	1 360	866	82	0	0	3	767	1 878
34	1 113	1 214	2 133	1 947	1 594	548	310	1	0	0	0	157	1 117
35	2 097	2 105	895	811	1 235	858	405	0	0	0	0	0	336
36	912	934	1 537	1 406	525	346	197	0	0	0	0	0	234
37	1 293	1 257	531	532	754	486	34	0	0	0	0	0	0
38	425	686	659	648	258	150	5	0	0	0	0	0	0
39	286	0	0	0	155	104	0	0	0	0	0	0	0
40	0	0	0	0	0	0	0	0	0	0	0	0	0

将重力分布载荷减去支承力(包括浮力和气囊载力)分布载荷,即得到该区段上的分布载荷,经过二次积分后,得到各行程的弯矩曲线,如图10-10所示。

10.3.3 剖面中的应力

1) 纵总弯矩引起的构件应力

船舶气囊下水过程中,由纵总弯矩引起的构件应力可按下式求得

$$\sigma_1 = \frac{M_{max}}{\frac{I}{y}} = \frac{M_{max}}{W_{min}} \tag{10-10}$$

式中:σ_1——纵总弯矩引起的构件应力/Pa;

M_{max}——行程中的最大弯矩/(N·m);

I——剖面惯性矩/$m^4$①;

y——构件离开剖面中和轴的距离/m;

W_{min}——最小剖面模数/m^3。

在船体结构中,最小剖面模数往往是指甲板剖面模数 $W_{甲板}$ 和船底板剖面模数 $W_{船底}$。应力校核主要是校核甲板应力和船底板应力。

采用气囊下水时,气囊的作用力在开始阶段集中在中部,因此船体呈中拱状态。这种状态的弯矩在工程力学中称为负弯矩,即甲板承受拉应力,船底板承受压应力。

当要求计算给定 i 剖面的应力时,首先要找到这一剖面位置在整个下水过程中发生的最大弯矩 M_{max}。图10-12给出了在下水全过程中,每一站线位置可能产生的最大弯矩值。这条曲线也称为“弯曲力矩包络曲线”。从这条曲线上可以查到船体上任一剖面位置在整个下水过程中承受的最大总纵弯矩值。

2) 局部弯曲应力

船底板承受气囊的压力会引起局部应力,如图10-13所示为局部应力计算模型。

假定船底板处于纵桁和肋骨围成的板格中。纵桁间距大于肋骨间距(本例中 $a=0.82$ m),气囊的长度方向平行于肋骨(横向)布置,则气囊压力引起的船

① 可从图10-11中查取。

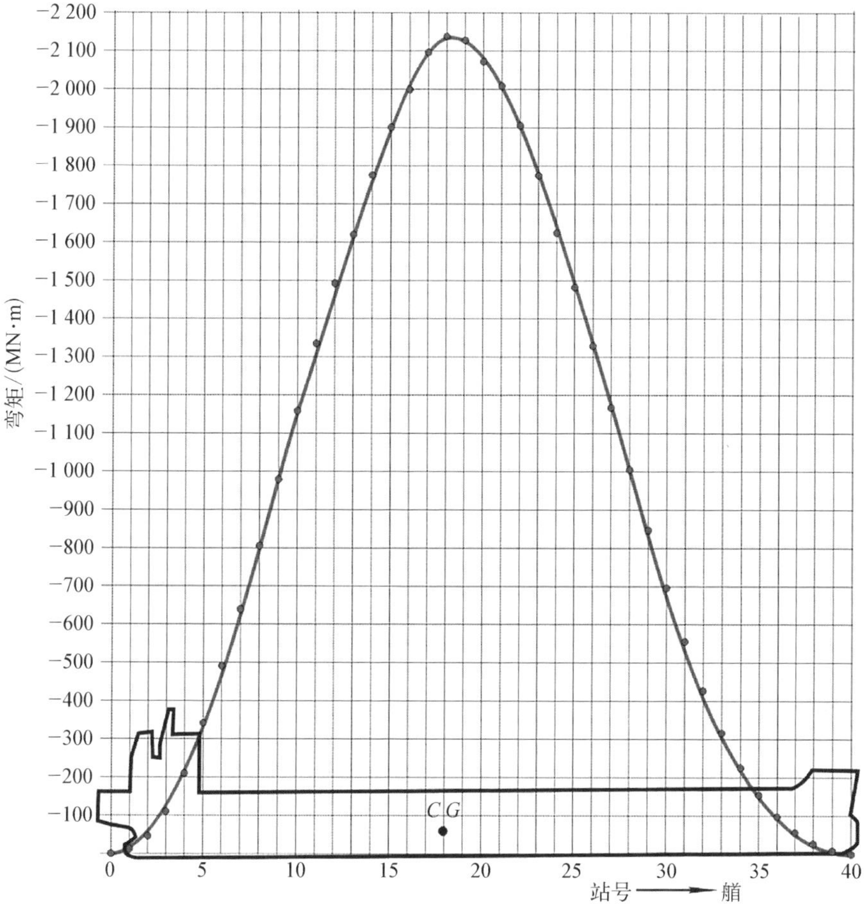

弯矩/(MN·m)

−2 200
−2 100
−2 000
−1 900
−1 800
−1 700
−1 600
−1 500
−1 400
−1 300
−1 200
−1 100
−1 000
−900
−800
−700
−600
−500
−400
−300
−200
−100

CG

0　5　10　15　20　25　30　35　40

站号——→艏

图 10 - 12　行程中的最大弯矩曲线(包络曲线)

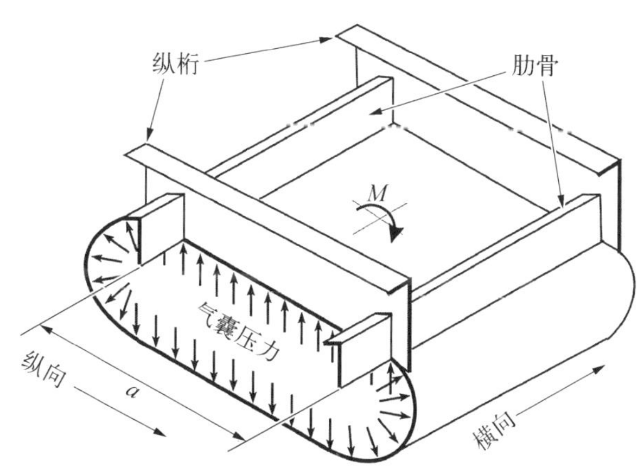

图 10 - 13　局部应力计算模型

底板格中央弯曲局部应力按下式计算：

$$\sigma_0 = \mp 2.5p(a/t)^2 \tag{10-11}$$

式中：σ_0——板格中央的弯曲应力/MPa；

p——板表面承受的压力，取气囊内压力/kPa；

a——肋骨间距/m；

t——船底板厚度/cm。

注意：上面的负号表示板外表面的应力；下面的正号表示板内表面的应力。

大型船舶船底板的厚度在纵长方向和宽度方向都是变化的，如图 10－14 所示。

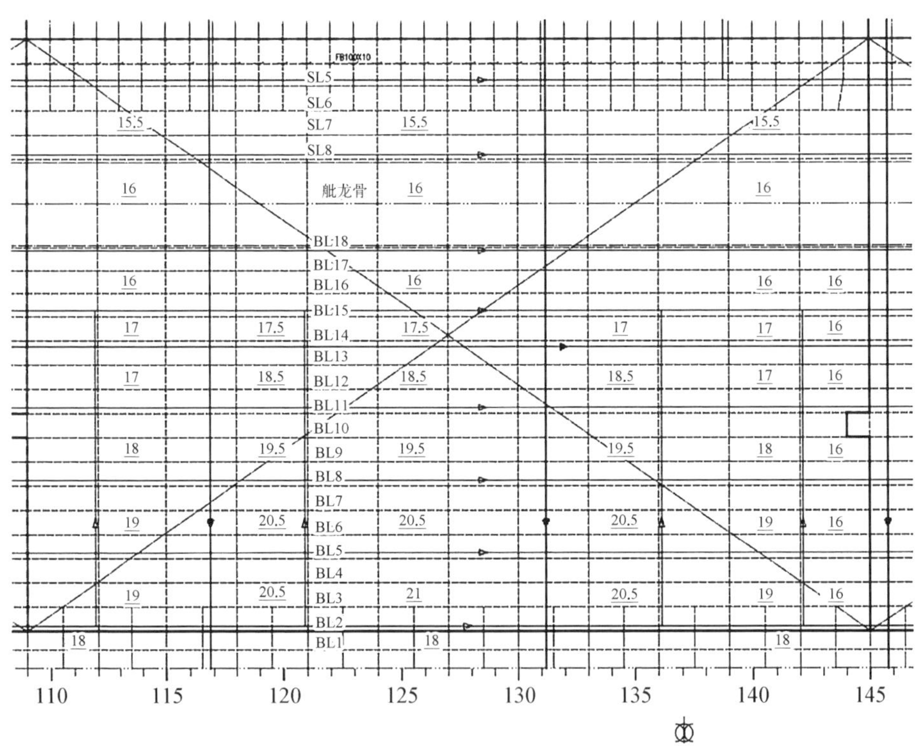

图 10－14　70 000 DWT 货船第四货舱船底外板展开图

3）合成应力

合成应力 σ 按下式计算：

$$\sigma = \sigma_1 + \sigma_0 \tag{10-12}$$

10.3.4 计算与实测的比较

表 10－4 是在 70 000 DWT 船型气囊下水过程中所做的应力测试结果汇总。

表 10－4 70 000 DWT 船型应力测试结果汇总 单位：Mpa

	底板纵向应力		底板横向应力		甲板纵向应力		
	肋位号	最大值	肋位号	最大值	肋位号	最大值	最小值
5 号舱	97	—95	98	—86			
	100	—96	101	—87			
	103	—120	104	—164			
	106	—114	107	—164			
4 号舱	109	—173	110	—224	109	80	—26
	112	—174	113	—209	112	26	—30
	115	—180	116	—190	115	42	—27
	118	—180	119	—185	118	38	—30
	121	—190	122	—196	121	40	—32
	127	—160	125	—165	123	27	—20
	130	—173	128	—174	130	42	—34
	133	—118	134	—144			
	136	—165	137	—186			
	139	—144	140	—176			
	142	—130	143	—180			
3 号舱	145	—103	146	—146			
	148	—104	149	—164			
	151	—130	152	—154			
	154	—119	155	—119			

由表 10－4 可见，其中以第四货舱 109 肋位至 130 肋位的测试数据最为完整。因此，可与程序计算的结果相对照。表 10－5 是 70 000 DWT 船型第四舱程序计算得到的应力。

表 10-5　70 000 DWT 船型第四舱程序计算得到的应力

计算剖面纵向位置(距艉柱)/m	行程中出现的最大弯矩/kN·m	甲板剖面模数/m^3	船底剖面模数/m^3	行程中最大弯矩引起的甲板板应力/MPa	行程中最大弯矩引起的船底板应力/MPa	行程中最大弯矩出现的步阶	船底板厚度/mm	计算区域肋骨间距/m	气囊对船底板压力/kPa	由气囊压力引起的船底板局部应力/MPa	船底板合成应力/MPa
86.74	−1 952 974	17.30	22.87	112.89	−85.39	8 步	16	0.82	213	−139.86	−225.26
89.20	−1 998 121	17.30	22.87	115.50	−87.37	8 步	19	0.82	256	−119.21	−206.58
91.66	−2 034 725	17.30	22.87	117.61	−88.97	8 步	19	0.82	235	−109.43	−198.40
94.12	−2 059 231	17.30	22.87	119.03	−90.04	8 步	20.5	0.82	235	−94.00	−184.04
96.58	−2 072 474	17.30	22.87	119.80	−90.62	8 步	21	0.82	216	−82.33	−172.95
101.50	−2 068 293	17.30	22.87	119.55	−90.44	8 步	21	0.82	185	−70.52	−160.96
103.96	−2 052 390	17.30	22.87	118.64	−89.74	8 步	21	0.82	172	−65.56	−155.30
106.42	−2 029 271	17.30	22.87	117.30	−88.73	8 步	20.5	0.82	161	−64.40	−153.13
108.88	−1 998 772	17.30	22.87	115.54	−87.40	8 步	20.5	0.82	151	−60.40	−147.80
111.34	−1 962 882	17.30	22.87	113.46	−85.83	8 步	19	0.82	151	−70.31	−156.14
113.80	−1 920 936	17.30	22.87	111.04	−83.99	8 步	19	0.82	142	−66.12	−150.12
116.26	−1 879 359	17.30	22.87	108.63	−82.18	9 步	16	0.82	160	−105.06	−187.24

程序没有计算横向应力，所以横向应力不做比较。仅以纵向应力计算的结果与实测数据做比较，如表 10-6 所示。本船采用 AH32 高强度钢板，其许用应力为 315 MPa，虽然 109 肋位出现的船底板最大应力达到 225.26 MPa，但仍在安全范围之内。

表 10-6　纵向应力计算结果与实测的比较

肋 位 号	距艉柱距离/m	应力测试结果/MPa	程序计算结果/MPa
		船底最大应力	船底最大应力
109	86.74	−173	−225.26
112	89.20	−174	−206.58
115	91.66	−180	−198.40
118	94.12	−180	−184.04

（续表）

肋 位 号	距艉柱距离/m	应力测试结果/MPa	程序计算结果/MPa
		船底最大应力	船底最大应力
121	96.58	−190	−172.95
127	101.5	−160	−160.96
130	103.96	−173	−155.30

通过上述实测数据与计算机输出数据的对比可见，船底板计算应力和实测应力基本上在一个数量级上，计算结果与实际测试基本吻合。计算机辅助船舶气囊下水计算基本满足实际要求。

附录 A　气囊下水的十大经典船型

山东济南昌林气囊容器厂有限公司自 20 世纪 90 年代开始采用气囊下水，历经 20 多年，积累了丰富的经验，以下列举济南昌林气囊容器厂有限公司 1993—2013 年采用气囊下水的十大经典船型，以记载气囊下水技术发展的历程。

1　万吨级油船“舟海油 28”

2002 年 10 月 7 日，万吨级油船“舟海油 28”（见图 A－1）在浙江省台州市黄岩吉祥船务公司建造完工，采用山东济南昌林气囊容器厂有限公司新研制成功

图 A－1　万吨级油船“舟海油 28”

的高承载力多层揉压气囊 40 余个，将这艘万吨轮顺利送下水。该船总长 138 m，宽 19 m，排水量 15 000 多吨，下水时重量达到 4 000 多吨。这在气囊下水历程上是一个里程碑，它开创了万吨船应用气囊下水的新阶段。

2　“长能”号液化气运输船

2006 年 7 月 25 日，由浙江省长江能源发展有限公司投资建造的 3 500 m^3 液化气运输船在湖北省黄冈市江北源汉造船有限公司建成下水，该船全长 99.8 m，型宽 14.6 m，型深 7.2 m，为当时国内最大的全压式液化气运输船。

该船的特征是具有 V 形船底，采用常规的气囊下水方式不能下水。该船最后由济南昌林气囊容器厂有限公司承包下水工程，采用特殊的坡道形状使这艘船顺利下水，开创了 V 形底船气囊下水新技术。“长能”号液化气运输船如图 A-2 所示。

图 A-2　“长能”号液化气运输船

3　中山舰

2008 年 5 月，中国一代名舰“中山”舰（见图 A-3）有“浓缩的中国现代史”之喻。该舰于1997年在武汉市长江中整体打捞出水，为了弘扬孙中山先生的爱国主义和民主革命精神，追寻中山舰的风雨革命历程，武汉市政府决定将其恢复历史风貌，并在武汉市江夏区建立了中山舰博物馆。从长江边到博物馆，这艘军舰在昌林气囊的驮运下经由陆路迁移625 m。这就形成了历史上最为壮观的“中山”舰长距离气囊迁移工程。

图A-3 “中山”舰

4 “VICTORIA I”号散货船

2008年8月3日上午9:00，55 000 DWT的巴拿马型散货船“VICTORIA I”号(见图A-4)在浙江省三门健跳船厂举行隆重的下水典礼，它是当时世界采用气囊下水的最大船舶。该船长190 m，宽32.26 m，深18 m，下水时重量达到12 000 t。这是气囊下水发展史上又一个里程碑，它标志着气囊下水船舶重量突破了万吨大关。

图 A-4 "VICTORIA I"号散货船

5 "希望之路"号半潜船

2009 年 12 月 22 日，国内自行设计、建造的首艘大吨位自航式半潜船"希望之路"号采用昌林气囊在天津滨海新区顺利下水。"希望之路"号半潜船(见图 A-5)总长 156 m，型宽 36 m，型深 10 m，设计吃水 7.45 m，最大潜深 19 m，最大载重量 20 000 t，下水重量达 12 900 t。该船的成功下水，填补了我国大型自航半潜工程船气囊下水的空白，为进一步研究大型特殊工程船舶气囊下水技术奠定了良好的基础。

6 "新东莞 1"号

2010 年 12 月 3 日，浙江正和公司承制的"新东莞 1"号(见图 A-6)70 000 DWT 散货船顺利实现了气囊下水。该船总长 222 m，型宽 32.26 m，型深 18 m，满载吃水 11.3 m，排水量 70 541 t，下水重量 13 000 t。这艘船的下水不仅创造了气囊下水吨位的新纪录，而且在这艘船上采用了一系列气囊下水新技术。例如：这艘船的气囊布置采用了不等间距、横向拼接的方案是一个重大的技术创新。在这艘船的下水过程中委托浙江工业大学进行了结构应力测量，对气囊下

水的研究有重大贡献。

图 A-5 “希望之路”号半潜船

图 A-6 “新东莞 1”号

7　CP－300 自升式海上石油钻井平台

2011 年 11 月 20 日，由我国自主研制的 CP－300 自升式海上石油钻井平台(见图 A－7)在辽宁盘锦辽河石油装备制造总公司由山东济南昌林船舶气囊与靠球技术研究中心气囊下水工程服务队成功下水。该钻井平台利用气囊成功下水属国际首创，开创了海洋工程平台下水新模式，具有深远的划时代里程碑式意义。

图 A－7　CP－300 自升式海上石油钻井平台

CP－300 自升式海上石油钻井平台可以在全球无限航区，300 ft(约 91.44 m)水深以内各种海域环境条件下的钻井作业，最大钻井作业深度可达到 9 000 m。该钻井平台的主船体型长 60.98 m、型宽 55.78 m、型深 7.62 m、自重 6 360 t，下水重量达 7 400 余吨。

8 “PRETTY MASTER”号散货船

2012 年 7 月 4 日，在浙江省庄吉船业有限公司，利用气囊将一艘 82 000 DWT 散货船 PRETTY MASTER 号(见图 A-8)顺利送下水。该船长 229 m，型宽 32.26 m，型深 20.05 m，设计吃水 11.3 m，下水重量达 13 000 余吨，是迄今为止气囊下水最大的船舶。

图 A-8 “PRETTY MASTER”号散货船

9 “辽河一号”风电设备安装船

2012 年 11 月 3 日，我国自主研制的 HTV 海上风电设备安装船“辽河一号”(见图 A-9)在渤海装备辽河重工有限公司由济南昌林气囊容器厂有限公司下水工程服务队成功下水。该型风电设备安装船利用气囊成功下水属国际首创，开创了海上风电设备安装平台应用气囊下水的新模式。

风电设备安装船的设备重量集中在艏部，因此这艘船采用艏部先入水的模式，打破了艉部先入水的常规模式。

图 A－9　“辽河一号”风电设备安装船

10　60 000 DWT 储卸工程船 KFT－2 号

2012 年 7 月 18 日，60 000 DWT 的储卸工程船“KFT－2”号（见图 A－10）在

图 A－10　60 000 DWT 储卸工程船“KFF－2”号

大连寺冈重工有限公司利用昌林气囊安然下水，创下了自重 1.6 万吨船舶下水的最新纪录。该船长 192 m，型宽 50 m，型深 15.0 m，是一艘超宽、超重的工程船舶。该型船的顺利下水，标志着气囊下水技术在船型特殊的工程船领域又取得了新的突破。

附录 B　高承载力多层揉压气囊的性能参数

以下列出济南昌林气囊容器厂有限公司生产的昌林牌高承载力多层揉压气囊（船舶下水用气囊）的性能参数，以供选用气囊参考。

各个厂商生产的气囊由于材质和制作工艺不同，其性能参数和承载能力也各不相同，不能一概而论。用户选用时应以厂方提供的数据为准。

1　单位长度的承载力

昌林牌气囊单位长度的承载力如表 B－1～表 B－5 所示。

表 B－1　昌林牌 4 层高承载力揉压气囊单位长度的承载力

气囊直径 Diameter	工作压力 Working pressure	工作高度 Working height	单位长度的承载力保证值 Guaranteed bearing capacity per unit length		
			kN/m	t/m	lb/ft
D=1.0 m (*D*=3.28 ft)	0.209 MPa (30.31 psi)	0.6 m (1.968 ft)	131.25	13.38	8 993
		0.5 m (1.640 ft)	164.06	16.72	11 238
		0.4 m (1.312 ft)	196.88	20.07	13 489
		0.3 m (0.984 ft)	229.69	23.41	15 734
		0.2 m (0.656 ft)	262.50	26.76	17 986
D=1.2 m (*D*=3.94 ft)	0.175 MPa (25.38 psi)	0.7 m (2.296 ft)	137.37	14.00	9 412
		0.6 m (1.968 ft)	164.85	16.80	11 294
		0.5 m (1.640 ft)	192.33	19.60	13 177
		0.4 m (1.312 ft)	219.80	22.40	15 059

（续表）

气囊直径 Diameter	工作压力 Working pressure	工作高度 Working height	单位长度的承载力保证值 Guaranteed bearing capacity per unit length		
			kN/m	t/m	lb/ft
(D=3.94 ft)	0.175 MPa (25.38 psi)	0.3 m (0.984 ft)	247.27	25.20	16 942
		0.2 m (0.656 ft)	274.75	28.00	18 824
D=1.5 m (D=4.92 ft)	0.14 MPa (20.31 psi)	0.9 m (2.952 ft)	131.88	13.44	9 035
		0.8 m (2.624 ft)	153.86	15.68	10 541
		0.7 m (2.296 ft)	175.84	17.92	12 047
		0.6 m (1.968 ft)	197.82	20.16	13 553
		0.5 m (1.640 ft)	219.80	22.40	15 059
		0.4 m (1.312 ft)	241.78	24.64	16 565
		0.3 m (0.984 ft)	263.76	26.88	18 071
		0.2 m (0.656 ft)	285.74	29.13	19 577
D=1.8 m (D=5.90 ft)	0.116 MPa (16.82 psi)	1.2 m (3.936 ft)	109.27	11.14	7 486
		1.1 m (3.608 ft)	127.48	13.00	8 734
		1.0 m (3.280 ft)	145.70	14.85	9 982
		0.9 m (2.952 ft)	163.90	16.70	11 230
		0.8 m (2.624 ft)	182.12	18.56	12 478
		0.7 m (2.296 ft)	200.33	20.42	13 725
		0.6 m (1.968 ft)	218.54	22.28	14 973
		0.5 m (1.640 ft)	236.75	24.13	16 221
		0.4 m (1.312 ft)	254.97	25.99	17 469
		0.3 m (0.984 ft)	273.18	27.85	18 717
D=2.0 m (D=6.56 ft)	0.105 MPa (15.23 psi)	1.4 m (4.592 ft)	98.91	10.08	6 776
		1.3 m (4.264 ft)	115.40	11.76	7 906
		1.2 m (3.936 ft)	131.88	13.44	9 035
		1.1 m (3.608 ft)	148.36	15.12	10 165
		1.0 m (3.280 ft)	164.85	16.80	11 295

(续表)

气囊直径 Diameter	工作压力 Working pressure	工 作 高 度 Working height	单位长度的承载力保证值 Guaranteed bearing capacity per unit length		
			kN/m	t/m	lb/ft
D=2.0 m (D=6.56 ft)	0.105 MPa (15.23 psi)	0.9 m (2.952 ft)	181.33	18.48	12 424
		0.8 m (2.624 ft)	197.82	20.16	13 553
		0.7 m (2.296 ft)	214.30	21.84	14 683
		0.6 m (1.968 ft)	230.79	23.52	15 812
		0.5 m (1.640 ft)	247.27	25.20	16 942
		0.4 m (1.312 ft)	263.76	26.89	18 071
		0.3 m (0.984 ft)	280.24	28.56	19 200
D=2.5 m (D=8.20 ft)	0.084 MPa (12.18 psi)	1.8 m (5.904 ft)	92.31	9.41	6 325
		1.7 m (5.576 ft)	105.50	10.75	7 228
		1.6 m (5.248 ft)	118.69	12.10	8 132
		1.5 m (4.920 ft)	131.88	13.44	9 035
		1.4 m (4.592 ft)	145.07	14.79	9 939
		1.3 m (4.264 ft)	158.25	16.13	10 842
		1.2 m (3.936 ft)	171.44	17.47	11 746
		1.1 m (3.608 ft)	184.63	18.82	12 650
		1.0 m (3.280 ft)	197.82	20.16	13 553
		0.9 m (2.952 ft)	211.00	21.51	14 457
		0.8 m (2.624 ft)	224.20	22.85	15 360
		0.7 m (2.296 ft)	237.38	24.20	16 264
		0.6 m (1.968 ft)	250.57	25.54	17 167
		0.5 m (1.640 ft)	263.76	26.88	18 071
		0.4 m (1.312 ft)	276.95	28.23	18 975
		0.3 m (0.984 ft)	290.13	29.57	19 878

表 B-2　昌林牌 5 层高承载力揉压气囊单位长度的承载力

气囊直径 Diameter	工作压力 Working pressure	工作高度 Working height	单位长度的承载力保证值 Guaranteed bearing capacity per unit length		
			kN/m	t/m	lb/ft
D=1.0 m (D=3.28 ft)	0.263 MPa (38.14 psi)	0.6 m (1.968 ft)	165.16	16.84	11 316
		0.5 m (1.640 ft)	206.45	21.04	14 145
		0.4 m (1.312 ft)	247.75	25.25	16 974
		0.3 m (0.984 ft)	289.04	29.46	19 803
		0.2 m (0.656 ft)	330.33	33.67	22 632
D=1.2 m (D=3.94 ft)	0.219 MPa (31.76 psi)	0.7 m (2.296 ft)	171.91	17.52	11 778
		0.6 m (1.968 ft)	206.30	21.03	14 134
		0.5 m (1.640 ft)	240.68	24.53	16 490
		0.4 m (1.312 ft)	275.06	28.04	18 846
		0.3 m (0.984 ft)	309.44	31.54	21 201
		0.2 m (0.656 ft)	343.83	35.05	23 557
D=1.5 m (D=4.92 ft)	0.175 MPa (25.38 psi)	0.9 m (2.952 ft)	164.85	16.80	11 294
		0.8 m (2.624 ft)	192.32	19.60	13 177
		0.7 m (2.296 ft)	219.80	22.40	15 059
		0.6 m (1.968 ft)	247.27	25.21	16 942
		0.5 m (1.640 ft)	274.75	28.00	18 824
		0.4 m (1.312 ft)	302.22	30.81	20 706
		0.3 m (0.984 ft)	329.70	33.61	22 589
		0.2 m (0.656 ft)	357.17	36.41	24 471
D=1.8 m (D=5.90 ft)	0.145 MPa (21.03 psi)	1.2 m (3.936 ft)	136.59	13.92	9 358
		1.1 m (3.608 ft)	159.35	16.24	10 918
		1.0 m (3.280 ft)	182.12	18.56	12 478
		0.9 m (2.952 ft)	204.88	20.88	14 037
		0.8 m (2.624 ft)	227.65	23.20	15 597
		0.7 m (2.296 ft)	250.41	25.53	17 157

（续表）

气囊直径 Diameter	工作压力 Working pressure	工 作 高 度 Working height	单位长度的承载力保证值 Guaranteed bearing capacity per unit length		
			kN/m	t/m	lb/ft
D=1.8 m (D=5.90 ft)	0.145 MPa (21.03 psi)	0.6 m (1.968 ft)	273.18	27.85	18 716
		0.5 m (1.640 ft)	295.94	30.17	20 276
		0.4 m (1.312 ft)	318.71	32.49	21 836
		0.3 m (0.984 ft)	341.47	34.81	23 396
D=2.0 m (D=6.56 ft)	0.131 MPa (19.00 psi)	1.4 m (4.592 ft)	123.40	12.58	8 454
		1.3 m (4.264 ft)	143.97	14.67	9 864
		1.2 m (3.936 ft)	164.53	16.77	11 273
		1.1 m (3.608 ft)	185.10	18.87	12 682
		1.0 m (3.280 ft)	205.67	20.96	14 091
		0.9 m (2.952 ft)	226.23	23.06	15 500
		0.8 m (2.624 ft)	246.80	25.16	16 909
		0.7 m (2.296 ft)	267.37	27.25	18 318
		0.6 m (1.968 ft)	287.94	29.35	19 728
		0.5 m (1.640 ft)	308.50	31.45	21 137
		0.4 m (1.312 ft)	329.07	33.54	22 546
		0.3 m (0.984 ft)	349.64	35.64	23 955
D=2.5 m (D=8.20 ft)	0.105 MPa (15.23 psi)	1.8 m (5.904 ft)	115.39	11.76	7 906
		1.7 m (5.576 ft)	131.88	13.44	9 035
		1.6 m (5.248 ft)	148.36	15.12	10 165
		1.5 m (4.920 ft)	164.85	16.80	11 294
		1.4 m (4.592 ft)	181.33	18.48	12 424
		1.3 m (4.264 ft)	197.82	20.16	13 553
		1.2 m (3.936 ft)	214.30	21.84	14 683
		1.1 m (3.608 ft)	230.79	23.52	15 812
		1.0 m (3.280 ft)	247.27	25.20	16 942

（续表）

气囊直径 Diameter	工作压力 Working pressure	工作高度 Working height	单位长度的承载力保证值 Guaranteed bearing capacity per unit length		
			kN/m	t/m	lb/ft
D=2.5 m (D=8.20 ft)	0.105 MPa (15.23 psi)	0.9 m (2.952 ft)	263.76	26.89	18 071
		0.8 m (2.624 ft)	280.24	28.56	19 201
		0.7 m (2.296 ft)	296.73	30.25	20 330
		0.6 m (1.968 ft)	313.21	31.93	21 459
		0.5 m (1.640 ft)	329.70	33.60	22 589
		0.4 m (1.312 ft)	346.18	35.29	23 718
		0.3 m (0.984 ft)	362.67	36.97	24 848

表 B-3　昌林牌 6 层高承载力揉压气囊单位长度的承载力

气囊直径 Diameter	工作压力 Working pressure	工作高度 Working height	单位长度的承载力保证值 Guaranteed bearing capacity per unit length		
			kN/m	t/m	lb/ft
D=1.0 m (D=3.28 ft)	0.315 MPa (45.69 psi)	0.6 m (1.968 ft)	197.82	20.16	13 553
		0.5 m (1.640 ft)	247.27	25.21	16 942
		0.4 m (1.312 ft)	296.73	30.25	20 330
		0.3 m (0.984 ft)	346.18	35.29	23 718
		0.2 m (0.656 ft)	395.64	40.33	27 107
D=1.2 m (D=3.94 ft)	0.262 MPa (38.00 psi)	0.7 m (2.296 ft)	205.67	20.96	14 091
		0.6 m (1.968 ft)	246.80	25.16	16 910
		0.5 m (1.640 ft)	287.94	29.35	19 728
		0.4 m (1.312 ft)	329.07	33.54	22 546
		0.3 m (0.984 ft)	370.20	37.74	25 364
		0.2 m (0.656 ft)	411.34	41.93	28 183
D=1.5 m (D=4.92 ft)	0.21 MPa (30.46 psi)	0.9 m (2.952 ft)	197.82	20.16	13 553
		0.8 m (2.624 ft)	230.79	23.52	15 812

（续表）

气囊直径 Diameter	工作压力 Working pressure	工 作 高 度 Working height	单位长度的承载力保证值 Guaranteed bearing capacity per unit length		
			kN/m	t/m	lb/ft
D=1.5 m (D=4.92 ft)	0.21 MPa (30.46 psi)	0.7 m (2.296 ft)	263.76	26.89	18 071
		0.6 m (1.968 ft)	296.73	30.25	20 330
		0.5 m (1.640 ft)	329.70	33.60	22 589
		0.4 m (1.312 ft)	362.67	36.97	24 848
		0.3 m (0.984 ft)	395.64	40.33	27 107
		0.2 m (0.656 ft)	428.61	43.69	29 366
D=1.8 m (D=5.90 ft)	0.175 MPa (25.38 psi)	1.2 m (3.936 ft)	164.85	16.80	11 294
		1.1 m (3.608 ft)	192.32	19.60	13 177
		1.0 m (3.280 ft)	219.80	22.40	15 059
		0.9 m (2.952 ft)	247.27	25.20	16 942
		0.8 m (2.624 ft)	274.75	28.00	18 824
		0.7 m (2.296 ft)	302.22	30.80	20 706
		0.6 m (1.968 ft)	329.70	33.61	22 589
		0.5 m (1.640 ft)	357.17	36.41	24 471
		0.4 m (1.312 ft)	384.65	39.21	26 354
		0.3 m (0.984 ft)	412.12	42.01	28 236
D=2.0 m (D=6.56 ft)	0.157 MPa (22.77 psi)	1.4 m (4.592 ft)	147.89	15.07	10 133
		1.3 m (4.264 ft)	172.54	17.59	11 821
		1.2 m (3.936 ft)	197.19	20.10	13 510
		1.1 m (3.608 ft)	221.84	22.61	15 199
		1.0 m (3.280 ft)	246.49	25.12	16 888
		0.9 m (2.952 ft)	271.14	27.64	18 577
		0.8 m (2.624 ft)	295.79	30.15	20 265
		0.7 m (2.296 ft)	320.44	32.66	21 954
		0.6 m (1.968 ft)	345.08	35.17	23 643

（续表）

气囊直径 Diameter	工作压力 Working pressure	工作高度 Working height	单位长度的承载力保证值 Guaranteed bearing capacity per unit length		
			kN/m	t/m	lb/ft
D=2.0 m (D=6.56 ft)	0.157 MPa (22.77 psi)	0.5 m (1.640 ft)	369.73	37.69	25 332
		0.4 m (1.312 ft)	394.38	40.20	27 021
		0.3 m (0.984 ft)	419.03	42.71	28 710
D=2.5 m (D=8.20 ft)	0.126 MPa (18.27 psi)	1.8 m (5.904 ft)	138.47	14.11	9 487
		1.7 m (5.576 ft)	158.25	16.13	10 842
		1.6 m (5.248 ft)	178.04	18.15	12 198
		1.5 m (4.920 ft)	197.82	20.16	13 553
		1.4 m (4.592 ft)	217.60	22.18	14 909
		1.3 m (4.264 ft)	237.38	24.20	16 264
		1.2 m (3.936 ft)	257.16	26.21	17 619
		1.1 m (3.608 ft)	276.95	28.23	18 975
		1.0 m (3.280 ft)	296.73	30.25	20 330
		0.9 m (2.952 ft)	316.51	32.26	21 685
		0.8 m (2.624 ft)	336.29	34.28	23 041
		0.7 m (2.296 ft)	356.07	36.30	24 396
		0.6 m (1.968 ft)	375.86	38.31	25 752
		0.5 m (1.640 ft)	395.64	40.33	27 107
		0.4 m (1.312 ft)	415.42	42.34	28 462
		0.3 m (0.984 ft)	435.20	44.36	29 818

表 B-4　昌林牌 7 层高承载力揉压气囊单位长度的承载力

气囊直径 Diameter	工作压力 Working pressure	工作高度 Working height	单位长度的承载力保证值 Guaranteed bearing capacity per unit length		
			kN/m	t/m	lb/ft
D=1.0 m (D=3.28 ft)	0.367 MPa (53.23 psi)	0.6 m (1.968 ft)	230.47	23.49	15 791
		0.5 m (1.640 ft)	288.10	29.37	19 738

（续表）

气囊直径 Diameter	工作压力 Working pressure	工 作 高 度 Working height	单位长度的承载力保证值 Guaranteed bearing capacity per unit length		
			kN/m	t/m	lb/ft
D=1. 0 m (D=3. 28 ft)	0. 367 MPa (53. 23 psi)	0. 4 m (1. 312 ft)	345. 71	35. 24	23 686
		0. 3 m (0. 984 ft)	403. 33	41. 11	27 634
		0. 2 m (0. 656 ft)	460. 95	46. 99	31 582
D=1. 2 m (D=3. 94 ft)	0. 306 MPa (44. 38 psi)	0. 7 m (2. 296 ft)	240. 21	24. 49	16 458
		0. 6 m (1. 968 ft)	288. 25	29. 38	19 749
		0. 5 m (1. 640 ft)	336. 29	34. 28	23 041
		0. 4 m (1. 312 ft)	384. 33	39. 18	26 332
		0. 3 m (0. 984 ft)	432. 37	44. 07	29 624
		0. 2 m (0. 656 ft)	480. 42	48. 97	32 915
D=1. 5 m (D=4. 92 ft)	0. 245 MPa (35. 53 psi)	0. 9 m (2. 952 ft)	230. 79	23. 53	15 812
		0. 8 m (2. 624 ft)	269. 25	27. 44	18 448
		0. 7 m (2. 296 ft)	307. 72	31. 37	21 083
		0. 6 m (1. 968 ft)	346. 18	35. 29	23 718
		0. 5 m (1. 640 ft)	384. 65	39. 21	26 354
		0. 4 m (1. 312 ft)	423. 11	43. 13	28 989
		0. 3 m (0. 984 ft)	461. 58	47. 05	31 625
		0. 2 m (0. 656 ft)	500. 04	50. 97	34 260
D=1. 8 m (D=5. 90 ft)	0. 204 MPa (29. 59 psi)	1. 2 m (3. 936 ft)	192. 17	19. 59	13 166
		1. 1 m (3. 608 ft)	224. 20	22. 85	15 360
		1. 0 m (3. 280 ft)	256. 22	26. 12	17 555
		0. 9 m (2. 952 ft)	288. 25	29. 38	19 749
		0. 8 m (2. 624 ft)	320. 28	32. 65	21 944
		0. 7 m (2. 296 ft)	352. 31	35. 91	24 138
		0. 6 m (1. 968 ft)	384. 33	39. 18	26 332
		0. 5 m (1. 640 ft)	416. 36	42. 44	28 527

（续表）

气囊直径 Diameter	工作压力 Working pressure	工作高度 Working height	单位长度的承载力保证值 Guaranteed bearing capacity per unit length		
			kN/m	t/m	lb/ft
D=1.8 m (D=5.90 ft)	0.204 MPa (29.59 psi)	0.4 m (1.312 ft)	448.39	45.70	30 721
		0.3 m (0.984 ft)	480.42	48.97	32 915
D=2.0 m (D=6.56 ft)	0.184 MPa (26.69 psi)	1.4 m (4.592 ft)	173.33	17.67	11 875
		1.3 m (4.264 ft)	202.21	20.61	13 854
		1.2 m (3.936 ft)	231.10	23.55	15 834
		1.1 m (3.608 ft)	259.99	26.50	17 813
		1.0 m (3.280 ft)	288.88	29.44	19 792
		0.9 m (2.952 ft)	317.77	32.39	21 771
		0.8 m (2.624 ft)	346.65	35.33	23 751
		0.7 m (2.296 ft)	375.54	38.28	25 730
		0.6 m (1.968 ft)	404.43	41.22	27 709
		0.5 m (1.640 ft)	433.32	44.17	29 688
		0.4 m (1.312 ft)	462.21	47.11	31 668
		0.3 m (0.984 ft)	491.10	50.06	33 647
D=2.5 m (D=8.20 ft)	0.147 MPa (21.32 psi)	1.8 m (5.904 ft)	161.55	16.47	11 068
		1.7 m (5.576 ft)	184.63	18.82	12 650
		1.6 m (5.248 ft)	207.71	21.17	14 231
		1.5 m (4.920 ft)	230.79	23.52	15 812
		1.4 m (4.592 ft)	253.87	25.88	17 393
		1.3 m (4.264 ft)	276.95	28.23	18 975
		1.2 m (3.936 ft)	300.02	30.58	20 556
		1.1 m (3.608 ft)	323.10	32.94	22 137
		1.0 m (3.280 ft)	346.18	35.29	23 718
		0.9 m (2.952 ft)	369.26	37.64	25 300
		0.8 m (2.624 ft)	392.34	39.99	26 881

（续表）

气囊直径 Diameter	工作压力 Working pressure	工 作 高 度 Working height	单位长度的承载力保证值 Guaranteed bearing capacity per unit length		
			kN/m	t/m	lb/ft
D=2.5 m (D=8.20 ft)	0.147 MPa (21.32 psi)	0.7 m (2.296 ft)	415.42	42.34	28 462
		0.6 m (1.968 ft)	438.50	44.70	30 043
		0.5 m (1.640 ft)	461.58	47.05	31 625
		0.4 m (1.312 ft)	484.66	49.40	33 206
		0.3 m (0.984 ft)	507.74	51.75	34 787

表B-5 昌林牌8层高承载力揉压气囊单位长度的承载力

气囊直径 Diameter	工作压力 Working pressure	工 作 高 度 Working height	单位长度的承载力保证值 Guaranteed bearing capacity per unit length		
			kN/m	t/m	lb/ft
D=1.0 m (D=3.28 ft)	0.42 MPa (60.91 psi)	0.6 m (1.968 ft)	263.76	26.88	18 071
		0.5 m (1.640 ft)	329.70	33.61	22 589
		0.4 m (1.312 ft)	395.64	40.33	27 107
		0.3 m (0.984 ft)	461.58	47.05	31 625
		0.2 m (0.656 ft)	527.52	53.77	36 143
D=1.2 m (D=3.94 ft)	0.35 MPa (50.76 psi)	0.7 m (2.296 ft)	274.75	28.00	18 824
		0.6 m (1.968 ft)	329.70	33.61	22 589
		0.5 m (1.640 ft)	384.65	39.21	26 354
		0.4 m (1.312 ft)	439.60	44.81	30 119
		0.3 m (0.984 ft)	494.55	50.41	33 884
		0.2 m (0.656 ft)	549.50	56.01	37 648
D=1.5 m (D=4.92 ft)	0.28 MPa (40.61 psi)	0.9 m (2.952 ft)	263.76	26.88	18 071
		0.8 m (2.624 ft)	307.72	31.37	21 083
		0.7 m (2.296 ft)	351.68	35.85	24 095
		0.6 m (1.968 ft)	395.64	40.33	27 107

（续表）

气囊直径 Diameter	工作压力 Working pressure	工作高度 Working height	单位长度的承载力保证值 Guaranteed bearing capacity per unit length		
			kN/m	t/m	lb/ft
D=1.5 m (D=4.92 ft)	0.28 MPa (40.61 psi)	0.5 m (1.640 ft)	439.60	44.81	30 119
		0.4 m (1.312 ft)	483.56	49.29	33 131
		0.3 m (0.984 ft)	527.52	53.77	36 143
		0.2 m (0.656 ft)	571.48	58.25	39 154
D=1.8 m (D=5.90 ft)	0.233 MPa (33.79 psi)	1.2 m (3.936 ft)	219.48	22.37	15 038
		1.1 m (3.608 ft)	256.06	26.10	17 544
		1.0 m (3.280 ft)	292.65	29.83	20 050
		0.9 m (2.952 ft)	329.23	33.56	22 557
		0.8 m (2.624 ft)	365.81	37.29	25 063
		0.7 m (2.296 ft)	402.39	41.02	27 569
		0.6 m (1.968 ft)	438.97	44.74	30 076
		0.5 m (1.640 ft)	475.55	48.47	32 582
		0.4 m (1.312 ft)	512.13	52.20	35 088
		0.3 m (0.984 ft)	548.71	55.93	37 595
D=2.0 m (D=6.56 ft)	0.21 MPa (30.46 psi)	1.4 m (4.592 ft)	197.82	20.16	13 553
		1.3 m (4.264 ft)	230.79	23.52	15 812
		1.2 m (3.936 ft)	263.76	26.88	18 071
		1.1 m (3.608 ft)	296.73	30.25	20 330
		1.0 m (3.280 ft)	329.70	33.60	22 589
		0.9 m (2.952 ft)	362.67	36.97	24 848
		0.8 m (2.624 ft)	395.64	40.33	27 107
		0.7 m (2.296 ft)	428.61	43.69	29 366
		0.6 m (1.968 ft)	461.58	47.05	31 625
		0.5 m (1.640 ft)	494.55	50.41	33 884
		0.4 m (1.312 ft)	527.52	53.77	36 143
		0.3 m (0.984 ft)	560.49	57.13	38 401

（续表）

气囊直径 Diameter	工作压力 Working pressure	工 作 高 度 Working height	单位长度的承载力保证值 Guaranteed bearing capacity per unit length		
			kN/m	t/m	lb/ft
D=2.5 m (D=8.20 ft)	0.168 MPa (24.37 psi)	1.8 m (5.904 ft)	184.63	18.82	12 650
		1.7 m (5.576 ft)	211.01	21.51	14 457
		1.6 m (5.248 ft)	237.38	24.20	16 264
		1.5 m (4.920 ft)	263.76	26.88	18 071
		1.4 m (4.592 ft)	290.13	29.58	19 878
		1.3 m (4.264 ft)	316.51	32.26	21 685
		1.2 m (3.936 ft)	342.89	34.95	23 493
		1.1 m (3.608 ft)	369.26	37.64	25 300
		1.0 m (3.280 ft)	395.64	40.33	27 107
		0.9 m (2.952 ft)	422.01	43.02	28 914
		0.8 m (2.624 ft)	448.39	45.70	30 721
		0.7 m (2.296 ft)	474.77	48.40	32 528
		0.6 m (1.968 ft)	501.14	51.08	34 335
		0.5 m (1.640 ft)	527.52	53.77	36 143
		0.4 m (1.312 ft)	553.89	56.46	37 950
		0.3 m (0.984 ft)	580.27	59.15	39 757

2　气囊的表面积、体容积和重量

气囊的表面积、体容积和重量如表 B－6～表 B－11 所示。

表 B－6　高承载力揉压气囊的表面积(理论平方数)

气囊有效长度 L/m	气囊表面积(理论平方数)S/m²					
	D = 0.8 m	D = 1.0 m	D = 1.2 m	D = 1.5 m	D = 1.8 m	D = 2.0 m
5	14.58	18.85	23.37	30.63	38.45	43.98
6	17.09	21.99	27.14	35.34	44.11	50.27

（续表）

气囊有效长度 L/m	气囊表面积(理论平方数)S/m²					
	$D=0.8$ m	$D=1.0$ m	$D=1.2$ m	$D=1.5$ m	$D=1.8$ m	$D=2.0$ m
7	19.60	25.13	30.91	40.06	49.76	56.52
8	22.12	28.27	34.68	44.77	55.42	62.83
9	24.68	31.42	38.45	49.48	61.07	69.12
10	27.14	34.56	42.22	54.19	66.73	75.40
11	29.66	37.70	45.99	58.90	72.38	81.68
12	32.17	40.84	49.76	63.62	78.04	87.96
13	34.68	43.98	53.53	68.33	83.69	94.25
14	37.20	47.12	57.30	73.04	89.35	100.53
15	39.71	50.27	61.07	77.75	95.00	106.81
16	42.22	53.41	64.84	82.47	100.66	113.10
17	44.74	56.55	68.61	87.18	106.31	119.38
18	47.25	59.69	72.38	91.89	111.97	125.66

注：表中的直径、长度及表面积均指充气后的值。

表 B-7　高承载力揉压气囊的体容积(理论立方数)

气囊有效长度 L/m	气囊体容积(理论立方数)V/m³					
	$D=0.8$ m	$D=1.0$ m	$D=1.2$ m	$D=1.5$ m	$D=1.8$ m	$D=2.0$ m
5	2.75	4.38	6.44	10.36	15.37	19.33
6	3.25	5.17	7.57	12.13	17.91	22.47
7	3.75	5.95	8.70	13.90	20.45	25.62
8	4.25	6.74	9.83	15.67	23.00	28.76
9	4.76	7.52	10.96	17.43	25.54	31.90
10	5.26	8.31	12.09	19.20	28.09	35.04
11	5.76	9.09	13.22	20.97	30.63	38.18
12	6.26	9.88	14.35	22.73	33.18	41.32
13	6.77	10.66	15.49	24.50	35.72	44.46
14	7.27	11.45	16.62	26.27	38.27	47.61
15	7.77	12.23	17.75	28.04	40.81	50.75

(续表)

气囊有效长度 L/m	气囊体容积(理论立方数)V/m^3					
	$D=0.8$ m	$D=1.0$ m	$D=1.2$ m	$D=1.5$ m	$D=1.8$ m	$D=2.0$ m
16	8.27	13.02	18.88	29.80	43.36	53.89
17	8.78	13.80	20.01	31.57	45.90	57.03
18	9.28	14.59	21.14	33.34	48.45	60.17

注：表中的直径、长度及体容积均指充气后的值。

表B-8　4层高承载力揉压气囊的重量

气囊有效长度 L/m	气囊的重量(理论值)W/kg					
	$D=0.8$ m	$D=1.0$ m	$D=1.2$ m	$D=1.5$ m	$D=1.8$ m	$D=2.0$ m
5	89	112	143	187	234	268
6	105	131	166	216	269	307
7	120	150	188	245	303	345
8	135	168	211	273	337	383
9	150	191	234	301	372	421
10	165	210	257	330	406	459
11	181	229	280	359	441	497
12	196	249	303	388	476	535
13	211	268	326	417	511	573
14	226	288	349	446	546	611
15	241	307	372	475	581	649
16	256	326	395	504	616	687
17	271	344	418	533	651	725
18	286	364	441	562	686	763

注：重量误差为±5 kg。

表B-9　5层高承载力揉压气囊的重量

气囊有效长度 L/m	气囊的重量(理论值)W/kg					
	$D=0.8$ m	$D=1.0$ m	$D=1.2$ m	$D=1.5$ m	$D=1.8$ m	$D=2.0$ m
5	107	138	171	223	281	321
6	125	161	198	258	322	367

（续表）

气囊有效长度 L/m	气囊的重量(理论值)W/kg					
	D = 0.8 m	D = 1.0 m	D = 1.2 m	D = 1.5 m	D = 1.8 m	D = 2.0 m
7	143	184	226	292	363	412
8	161	206	253	326	404	458
9	180	229	280	361	445	504
10	198	252	308	395	486	550
11	216	275	335	429	527	596
12	234	298	362	463	568	642
13	252	321	389	497	609	688
14	270	344	416	531	650	734
15	288	367	443	565	691	780
16	306	390	470	599	732	826
17	324	413	497	633	773	872
18	342	436	524	667	814	918

注：重量误差为±5 kg。

表 B-10　6 层高承载力揉压气囊的重量

气囊有效长度 L/m	气囊的重量(理论值)W/kg					
	D = 0.8 m	D = 1.0 m	D = 1.2 m	D = 1.5 m	D = 1.8 m	D = 2.0 m
5	121	157	194	254	320	365
6	142	183	226	293	367	417
7	163	209	257	332	413	469
8	183	235	288	371	460	521
9	204	260	319	410	506	573
10	225	286	350	449	553	625
11	246	312	381	488	600	677
12	267	338	412	527	647	729
13	288	364	443	566	694	781
14	309	390	474	605	741	833

（续表）

气囊有效长度 L/m	气囊的重量(理论值)W/kg					
	D = 0.8 m	D = 1.0 m	D = 1.2 m	D = 1.5 m	D = 1.8 m	D = 2.0 m
15	330	416	505	644	788	885
16	351	442	536	683	835	937
17	372	468	567	722	882	989
18	393	494	598	761	929	1 041

注：重量误差为±5 kg。

表 B-11　7层高承载力揉压气囊的重量

气囊有效长度 L/m	气囊的重量(理论值)W/kg					
	D = 0.8 m	D = 1.0 m	D = 1.2 m	D = 1.5 m	D = 1.8 m	D = 2.0 m
5		176	217	285	358	409
6		205	253	328	411	467
7		234	288	372	463	526
8		263	323	416	515	584
9		291	357	459	567	642
10		321	392	503	620	700
11		350	427	547	672	759
12		379	462	591	725	817
13		408	497	634	778	875
14		437	531	678	830	934
15		466	566	722	883	992
16		495	601	765	936	1 050
17		525	636	809	988	1 108
18		554	670	853	1 041	1 167

注：重量误差为±5 kg。

附录C　一般用途钢丝绳

本附录摘自国家标准GB/T 20118—2006《一般用途钢丝绳》，供选用钢丝绳时参考。一般用途钢丝绳分类如表C-1所示。

表C-1　一般用途钢丝绳分类

组别	类　别	分类原则	典型结构		直径范围/mm
			钢丝绳	股	
1	单股钢丝绳	1个圆股，每股外层丝可到18根，中心丝外捻制1～3层钢丝	1×7 1×19 1×37	(1+6) (1+6+12) (1+6+12+18)	0.6～12 1～16 1.4～22.5
2	6×7	6个圆股，每股外层丝可到7根，中心丝(或无)外捻制1～2层钢丝，钢丝等捻距	6×7 6×9W	(1+6) (3+3/3)	1.8～36 14～36
3	6×19(a)	6个圆股，每股外层丝8～12根，中心丝外捻制2～3层钢丝，钢丝等捻距	6×19S 6×19W 6×25Fi 6×26WS 6×31WS	(1+9+9) (1+6+6/6) (1+6+6F+12) (1+5+5/5+10) (1+6+6/6+12)	6～36 6～40 8～44 13～40 12～46
	6×19(b)	6个圆股，每股外层丝12根，中心丝外捻制2层钢丝	6×19	(1+6+12)	3～46
4	6×37(a)	6个圆股，每股外层丝14～18根，中心丝外捻制3～4层钢丝，钢丝等捻距	6×29Fi 6×36WS 6×37S(点线接触) 6×41WS 6×49SWS 6×55SWS	(1+7+7F+14) (1+7+7/7+14) (1+6+15+15) (1+8+8/8+16) (1+8+8+8/8+16) (1+9+9+9/9+18)	10～44 12～60 10～60 32～60 36～60 36～60

（续表）

组别	类　别	分类原则	典型结构		直径范围/mm
			钢丝绳	股	
4	6×37(b)	6个圆股，每股外层丝18根，中心丝外捻制3层钢丝	6×37	(1+6+12+18)	5～60
5	6×61	6个圆股，每股外层丝24根，中心丝外捻制4层钢丝	6×61	(1+6+12+18+24)	40～60
6	8×19	8个圆股，每股外层丝8～12根，中心丝外捻制2～3层钢丝，钢丝等捻距	8×19S 8×19W 8×25Fi 8×26WS 8×31WS	(1+9+9) (1+6+6/6) (1+6+6F+12) (1+5+5/5+10) (1+6+6/6+12)	11～44 10～48 18～52 16～48 14～56
7	8×37	8个圆股，每股外层丝14～18根，中心丝外捻制3～4层钢丝，钢丝等捻距	8×36WS 8×41WS 8×49SWS 8×55SWS	(1+7+7/7+14) (1+8+8/8+16) (1+8+8+8/8+16) (1+9+9+9/9+18)	14～60 40～60 44～60 44～60
8	18×7	钢丝绳中有17或18个圆股，在纤维芯或钢芯外捻制2层股，外层10～12个股，每股外层丝4～7根，中心丝外捻制1层钢丝	17×7 18×7	(1+6) (1+6)	6～44 6～44
9	18×19	钢丝绳中有17或18个圆股，在纤维芯或钢芯外捻制2层股，外层10～12个股，每股外层丝8～12根，中心丝外捻制2～3层钢丝	18×19W 18×19S 18×19	(1+6+6/6) (1+9+9) (1+6+12)	14～44 14～44 10～44
10	34×7	钢丝绳中有34～36个圆股，在纤维芯或钢芯外捻制3层股，外层17～18个股，每股外层丝4～8根，中心丝外捻制1层钢丝	34×7 36×7	(1+6) (1+6)	16～44 16～44
11	35W×7	钢丝绳中有24～40个圆股，在钢芯外捻制2～3层股，外层12～18个股，每股外层丝4～8根，中心丝外捻制1层钢丝	35W×7 24W×7	(1+6) (1+6)	12～50 12～50

（续表）

组别	类 别	分类原则	典型结构		直径范围/mm
			钢丝绳	股	
12	6×12	6个圆股，每股外层丝12根，股纤维芯外捻制1层钢丝	6×12	(FC+12)	8～32
13	6×24	6个圆股，每股外层丝12～16根，股纤维芯外捻制2层钢丝	6×24 6×24S 6×24W	(FC+9+15) (FC+12+12) (FC+8+8/8)	8～40 10～44 10～44
14	6×15	6个圆股，每股外层丝15根，股纤维芯外捻制1层钢丝	6×15	(FC+15)	10～32
15	4×19	4个圆股，每股外层丝8～12根，中心丝外捻制2～3层钢丝，钢丝等捻距	4×19S 4×25Fi 4×26WS 4×31WS	(1+9+9) (1+6+6F+12) (1+5+5/5+10) (1+6+6/6+12)	8～28 12～34 12～31 12～36
16	4×37	4个圆股，每股外层丝14～18根，中心丝外捻制3～4层钢丝，钢丝等捻距	436WS 441WS	(1+7+7/7+14) (1+8+8/8+16)	14～42 26～46

注：① 3组和4组内推荐用(a)类钢丝绳。
② 12～14组仅为纤维芯，其余组别的钢丝绳可由需方指定纤维芯或钢芯。
③ (a)为线接触，(b)为点接触。

各类钢丝绳的最小破断拉力如表C-2～表C-7所示。

表C-2　6×7类钢丝绳最小破断拉力

钢丝绳公称直径/mm	参考重量/(kg/100 m)			钢丝绳公称抗拉强度/MPa							
				1 570		1 670		1 770		1 870	
				钢丝绳最小破断拉力/kN							
	天然纤维芯钢丝绳	合成纤维芯钢丝绳	钢芯钢丝绳	纤维芯钢丝绳	钢芯钢丝绳	纤维芯钢丝绳	钢芯钢丝绳	纤维芯钢丝绳	钢芯钢丝绳	纤维芯钢丝绳	钢芯钢丝绳
1.8	1.14	1.11	1.25	1.69	1.83	1.80	1.94	1.90	2.06	2.01	2.18
2	1.40	1.38	1.55	2.08	2.25	2.22	2.40	2.35	2.54	2.48	2.69
3	3.16	3.10	3.48	4.69	5.07	4.99	5.40	5.29	5.72	5.59	6.04

(续表)

钢丝绳公称直径/mm	参考重量/(kg/100 m)			钢丝绳公称抗拉强度/MPa							
				1 570		1 670		1 770		1 870	
				钢丝绳最小破断拉力/kN							
	天然纤维芯钢丝绳	合成纤维芯钢丝绳	钢芯钢丝绳	纤维芯钢丝绳	钢芯钢丝绳	纤维芯钢丝绳	钢芯钢丝绳	纤维芯钢丝绳	钢芯钢丝绳	纤维芯钢丝绳	钢芯钢丝绳
4	5.62	5.50	6.19	8.34	9.02	8.87	9.59	9.40	10.2	9.93	10.7
5	8.78	8.60	9.68	13.0	14.1	13.9	15.0	14.7	15.9	15.5	16.8
6	12.6	12.4	13.9	18.8	20.3	20.0	21.6	21.2	22.9	22.4	24.2
7	17.2	16.9	19.0	25.5	27.6	27.2	29.4	28.8	31.1	30.4	32.9
8	22.5	22.0	24.8	33.4	36.1	35.5	38.4	37.6	40.7	39.7	43.0
9	28.4	27.9	31.3	42.2	45.7	44.9	48.6	47.6	51.5	50.3	54.4
10	35.1	34.4	38.7	52.1	56.4	55.4	60.0	58.8	63.5	62.1	67.1
11	42.5	41.6	46.8	63.1	68.2	67.1	72.5	71.1	76.9	75.1	81.2
12	50.5	49.5	55.7	75.1	81.2	79.8	86.3	84.6	91.5	89.4	96.7
13	59.3	58.1	65.4	88.1	95.3	93.7	101	99.3	107	105	113
14	68.8	67.4	75.9	102	110	109	118	115	125	122	132
16	89.9	88.1	99.1	133	144	142	153	150	163	159	172
18	114	111	125	169	183	180	194	190	206	201	218
20	140	138	155	208	225	222	240	235	254	248	269
22	170	166	187	252	273	268	290	284	308	300	325
24	202	198	223	300	325	319	345	338	366	358	387
26	237	233	262	352	381	375	405	397	430	420	454
28	275	270	303	409	442	435	470	461	498	487	526
30	316	310	348	469	507	499	540	529	572	559	604
32	359	352	396	534	577	568	614	602	651	636	687
34	406	398	447	603	652	641	693	679	735	718	776
36	455	446	502	676	730	719	777	762	824	805	870

注：最小钢丝破断拉力总和＝钢丝绳最小破断拉力×1.134(纤维芯)或1.214(钢芯)。

表 C－3　6×19(a)类钢丝绳的破断拉力

钢丝绳公称直径/mm	参考重量/(kg/100 m)			钢丝绳公称抗拉强度/MPa											
				1 570		1 670		1 770		1 870		1 960		2 160	
				钢丝绳最小破断拉力/kN											
	天然纤维芯钢丝绳	合成纤维芯钢丝绳	钢芯钢丝绳	纤维芯钢丝绳	钢芯钢丝绳	纤维芯钢丝绳	钢芯钢丝绳	纤维芯钢丝绳	钢芯钢丝绳	纤维芯钢丝绳	钢芯钢丝绳	纤维芯钢丝绳	钢芯钢丝绳	纤维芯钢丝绳	钢芯钢丝绳
6	13.3	13.0	14.6	18.7	20.1	19.8	21.4	21.0	22.7	22.2	24.0	23.3	25.1	25.7	27.7
7	18.1	17.6	19.9	25.4	27.4	27.0	29.1	28.6	30.9	30.2	32.6	31.7	34.2	34.9	37.7
8	23.6	23.0	25.9	33.2	35.8	35.3	38.0	37.4	40.3	39.5	42.6	41.4	44.6	45.6	49.2
9	29.9	29.1	32.8	42.0	45.3	44.6	48.2	47.3	51.0	50.0	53.9	52.4	56.5	57.7	62.3
10	36.9	35.0	40.6	51.8	55.9	55.1	59.5	58.4	63.0	61.7	66.6	64.7	69.8	71.3	76.9
11	44.6	43.5	49.1	62.7	67.6	66.7	71.9	70.7	76.2	74.7	80.6	78.3	84.4	86.2	93.0
12	53.1	51.8	58.4	74.6	80.5	79.4	85.6	84.1	90.7	88.9	95.9	93.1	100	103	111
13	62.3	60.8	68.5	87.6	94.5	93.1	100	98.7	106	104	113	109	118	120	130
14	72.2	70.5	79.5	102	110	108	117	114	124	121	130	127	137	140	151
16	94.4	92.1	104	133	143	141	152	150	161	158	170	166	179	182	197
18	119	117	131	168	181	179	193	189	204	200	216	210	226	231	249
20	147	144	162	207	224	220	238	234	252	247	266	259	279	285	308
22	178	174	196	251	271	267	288	283	305	299	322	313	338	345	372
24	212	207	234	298	322	317	342	336	363	355	383	373	402	411	443
26	249	243	274	350	378	373	402	395	426	417	450	437	472	482	520
28	289	282	318	406	438	432	466	458	494	484	522	507	547	559	603
30	332	324	365	466	503	496	535	526	567	555	599	582	628	642	692
32	377	369	415	531	572	564	609	598	645	632	682	662	715	730	787
34	426	416	469	599	646	637	687	675	728	713	770	748	807	824	889
36	478	466	525	671	724	714	770	757	817	800	863	838	904	924	997
38	532	520	585	748	807	796	858	843	910	891	961	934	1 010	1 030	1 110
40	590	576	649	829	894	882	951	935	1 010	987	1 070	1 030	1 120	1 140	1 230

注：最小钢丝破断拉力总和＝钢丝绳最小破断拉力×1.214(纤维芯)或 1.308(钢芯)。

表C-4 6×19(b)类钢丝绳最小破断拉力

钢丝绳公称直径/mm	参考重量/(kg/100 m)			钢丝绳公称抗拉强度/MPa							
				1 570		1 670		1 770		1 870	
				钢丝绳最小破断拉力/kN							
	天然纤维芯钢丝绳	合成纤维芯钢丝绳	钢芯钢丝绳	纤维芯钢丝绳	钢芯钢丝绳	纤维芯钢丝绳	钢芯钢丝绳	纤维芯钢丝绳	钢芯钢丝绳	纤维芯钢丝绳	钢芯钢丝绳
3	3.16	3.10	3.60	4.34	4.69	4.61	4.99	4.89	5.29	5.17	5.59
4	5.62	5.50	6.40	7.71	8.34	8.20	8.87	8.69	9.40	9.19	9.93
5	8.78	8.60	10.0	12.0	13.0	12.8	13.9	13.6	14.7	14.4	15.5
6	12.6	12.4	14.4	17.4	18.8	18.5	20.0	19.6	21.2	20.7	22.4
7	17.2	16.9	19.6	23.6	25.5	25.1	27.2	26.6	28.8	28.1	30.4
8	22.5	22.0	25.6	30.8	33.4	32.8	35.5	34.8	37.6	36.7	39.7
9	28.4	27.9	32.4	39.0	42.2	41.6	44.9	44.0	47.6	46.5	50.3
10	35.1	34.4	40.0	48.2	52.1	51.3	55.4	54.4	58.8	57.4	62.1
11	42.5	41.6	48.4	58.3	63.1	62.0	67.1	65.8	71.1	69.5	75.1
12	50.5	50.0	57.6	69.4	75.1	73.8	79.8	78.2	84.6	82.7	89.4
13	59.3	58.1	67.6	81.5	88.1	86.6	93.7	91.8	99.3	97.0	105
14	68.8	67.4	78.4	94.5	102	100	109	107	115	113	122
16	89.9	88.1	102	123	133	131	142	139	150	147	159
18	114	111	130	156	169	166	180	176	190	186	201
20	140	138	160	193	208	205	222	217	235	230	248
22	170	166	194	233	252	248	268	263	284	278	300
24	202	198	230	278	300	295	319	313	338	331	358
26	237	233	270	326	352	346	375	367	397	388	420
28	275	270	314	378	409	402	435	426	461	450	487
30	316	310	360	434	469	461	499	489	529	517	559
32	359	352	410	494	534	525	568	557	602	588	636
34	406	398	462	557	603	593	641	628	679	664	718
36	455	446	518	625	676	664	719	704	762	744	805
38	507	497	578	696	753	740	801	785	849	829	896

(续表)

钢丝绳公称直径/mm	参考重量/(kg/100 m)			钢丝绳公称抗拉强度/MPa							
				1 570		1 670		1 770		1 870	
				钢丝绳最小破断拉力/kN							
	天然纤维芯钢丝绳	合成纤维芯钢丝绳	钢芯钢丝绳	纤维芯钢丝绳	钢芯钢丝绳	纤维芯钢丝绳	钢芯钢丝绳	纤维芯钢丝绳	钢芯钢丝绳	纤维芯钢丝绳	钢芯钢丝绳
40	562	550	640	771	834	820	887	869	940	919	993
42	619	607	706	850	919	904	978	959	1 040	1 010	1 100
44	680	666	774	933	1 010	993	1 070	1 050	1 140	1 110	1 200
46	743	728	846	1 020	1 100	1 080	1 170	1 150	1 240	1 210	1 310

注：最小钢丝破断拉力总和=钢丝绳最小破断拉力×1.226(纤维芯)或1.321(钢芯)。

表 C-5　6×37(a)类钢丝绳最小破断拉力

钢丝绳公称直径/mm	参考重量/(kg/100 m)			钢丝绳公称抗拉强度/MPa											
				1 570		1 670		1 770		1 870		1 960		2 160	
				钢丝绳最小破断拉力/kN											
	天然纤维芯钢丝绳	合成纤维芯钢丝绳	钢芯钢丝绳	纤维芯钢丝绳	钢芯钢丝绳	纤维芯钢丝绳	钢芯钢丝绳	纤维芯钢丝绳	钢芯钢丝绳	纤维芯钢丝绳	钢芯钢丝绳	纤维芯钢丝绳	钢芯钢丝绳	纤维芯钢丝绳	钢芯钢丝绳
8	24.3	23.7	26.8	33.2	35.8	35.3	38.0	37.4	40.3	39.5	42.6	41.4	44.7	45.6	49.2
10	38.0	37.1	41.8	51.8	55.9	55.1	59.5	58.4	63.0	61.7	66.6	64.7	69.8	71.3	76.9
12	54.7	53.4	60.2	74.6	80.5	79.4	85.6	84.1	90.7	88.9	95.9	93.1	100	103	111
13	64.2	62.7	70.6	87.6	94.5	93.1	100	98.7	106	104	113	109	118	120	130
14	74.5	72.7	81.9	102	110	108	117	114	124	121	130	127	137	140	151
16	97.3	95.0	107	133	143	141	152	150	161	158	170	166	179	182	197
18	123	120	135	168	181	179	193	189	204	200	216	210	226	231	249
20	152	148	167	207	224	220	238	234	252	247	266	259	279	285	308
22	184	180	202	251	271	267	288	283	305	299	322	313	338	345	372
24	219	214	241	298	322	317	342	336	363	355	383	373	402	411	443

（续表）

钢丝绳公称直径/mm	参考重量/(kg/100 m)			钢丝绳公称抗拉强度/MPa											
				1 570		1 670		1 770		1 870		1 960		2 160	
				钢丝绳最小破断拉力/kN											
	天然纤维芯钢丝绳	合成纤维芯钢丝绳	钢芯钢丝绳	纤维芯钢丝绳	钢芯钢丝绳	纤维芯钢丝绳	钢芯钢丝绳	纤维芯钢丝绳	钢芯钢丝绳	纤维芯钢丝绳	钢芯钢丝绳	纤维芯钢丝绳	钢芯钢丝绳	纤维芯钢丝绳	钢芯钢丝绳
26	257	251	283	350	378	373	402	395	426	417	450	437	472	482	520
28	298	291	328	406	438	432	466	458	494	484	522	507	547	559	603
30	342	334	376	466	503	496	535	526	567	555	599	582	628	642	692
32	389	380	428	531	572	564	609	598	645	632	682	662	715	730	787
34	439	429	483	599	646	637	687	675	728	713	770	748	807	824	889
36	492	481	542	671	724	714	770	757	817	800	863	838	904	924	997
38	549	536	604	748	807	796	858	843	910	891	961	934	1 010	1 030	1 110
40	608	594	669	829	894	882	951	935	1 010	987	1 070	1 030	1 120	1 140	1 230
42	670	654	737	914	986	972	1 050	1 030	1 110	1 090	1 170	1 140	1 230	1 260	1 360
44	736	718	809	1 000	1 080	1 070	1 150	1 130	1 220	1 190	1 290	1 250	1 350	1 380	1 490
46	804	785	884	1 100	1 180	1 170	1 260	1 240	1 330	1 310	1 410	1 370	1 480	1 510	1 630
48	876	855	963	1 190	1 290	1 270	1 370	1 350	1 450	1 420	1 530	1 490	1 610	1 640	1 770
50	950	928	1 040	1 300	1 400	1 380	1 490	1 460	1 580	1 540	1 660	1 620	1 740	1 780	1 920
52	1 030	1 000	1 130	1 400	1 510	1 490	1 610	1 580	1 700	1 670	1 800	1 750	1 890	1 930	2 080
54	1 110	1 080	1 220	1 510	1 630	1 610	1 730	1 700	1 840	1 800	1 940	1 890	2 030	2 080	2 240
56	1 100	1 160	1 310	1 620	1 750	1 730	1 860	1 830	1 980	1 940	2 090	2 030	2 190	2 240	2 410
58	1 280	1 250	1 410	1 740	1 880	1 850	2 000	1 960	2 120	2 080	2 240	2 180	2 350	2 400	2 590
60	1 370	1 340	1 500	1 870	2 010	1 980	2 140	2 100	2 270	2 220	2 400	2 330	2 510	2 570	2 770

注：最小钢丝破断拉力总和＝钢丝绳最小破断拉力×1.226(纤维芯)或1.321(钢芯)，其中6×37S纤维芯为1.191，钢芯为1.283。

表 C-6　8×19 类钢丝绳最小破断拉力

钢丝绳公称直径/mm	参考重量/(kg/100 m)			钢丝绳公称抗拉强度/MPa											
				1 570		1 670		1 770		1 870		1 960		2 160	
				钢丝绳最小破断拉力/kN											
	天然纤维芯钢丝绳	合成纤维芯钢丝绳	钢芯钢丝绳	纤维芯钢丝绳	钢芯钢丝绳	纤维芯钢丝绳	钢芯钢丝绳	纤维芯钢丝绳	钢芯钢丝绳	纤维芯钢丝绳	钢芯钢丝绳	纤维芯钢丝绳	钢芯钢丝绳	纤维芯钢丝绳	钢芯钢丝绳
10	34.6	33.4	42.2	46.0	54.3	48.9	57.8	51.9	61.2	54.8	64.7	57.4	67.8	63.3	74.7
11	41.9	40.4	51.1	55.7	65.7	59.2	69.9	62.8	74.1	66.3	78.3	69.5	82.1	76.6	90.4
12	49.9	48.0	60.8	66.2	78.2	70.5	83.2	74.7	88.2	78.9	93.2	82.7	97.7	91.1	108
13	58.5	56.4	71.3	77.7	91.8	82.7	97.7	87.6	103	92.6	109	97.1	115	107	126
14	67.9	65.4	82.7	90.2	106	95.9	113	102	120	107	127	113	133	124	146
16	88.7	85.4	108	118	139	125	148	133	157	140	166	147	174	162	191
18	112	108	137	149	176	159	187	168	198	178	210	186	220	205	242
20	139	133	169	184	217	196	231	207	245	219	259	230	271	253	299
22	168	162	204	223	263	237	280	251	296	265	313	278	328	306	362
24	199	192	243	265	313	282	333	299	353	316	373	331	391	365	430
26	234	226	285	311	367	331	391	351	414	370	437	388	458	428	505
28	271	262	331	361	426	384	453	407	480	430	507	450	532	496	586
30	312	300	380	414	489	440	520	467	551	493	582	517	610	570	673
32	355	342	432	471	556	501	592	531	627	561	663	588	694	648	765
34	400	386	488	532	628	566	668	600	708	633	748	664	784	732	864
36	449	432	547	596	704	634	749	672	794	710	839	744	879	820	969
38	500	482	609	664	784	707	834	749	884	791	934	829	979	914	1 080
40	554	534	675	736	869	783	925	830	980	877	1 040	919	1 090	1 010	1 200
42	611	589	744	811	958	863	1 020	915	1 080	967	1 140	1 010	1 200	1 120	1 320
44	670	646	817	891	1 050	947	1 120	1 000	1 190	1 060	1 250	1 110	1 310	1 230	1 450
46	733	706	893	973	1 150	1 040	1 220	1 100	1 300	1 160	1 370	1 220	1 430	1 340	1 580
48	798	769	972	1 060	1 250	1 130	1 330	1 190	1 410	1 260	1 490	1 320	1 560	1 460	1 720

注：最小钢丝破断拉力总和＝钢丝绳最小破断拉力×1.214(纤维芯)或 1.360(钢芯)。

表 C-7　8×37 类钢丝绳最小破断拉力

钢丝绳公称直径/mm	参考重量/(kg/100 m)			钢丝绳公称抗拉强度/MPa											
				1 570		1 670		1 770		1 870		1 960		2 160	
				钢丝绳最小破断拉力/kN											
	天然纤维芯钢丝绳	合成纤维芯钢丝绳	钢芯钢丝绳	纤维芯钢丝绳	钢芯钢丝绳	纤维芯钢丝绳	钢芯钢丝绳	纤维芯钢丝绳	钢芯钢丝绳	纤维芯钢丝绳	钢芯钢丝绳	纤维芯钢丝绳	钢芯钢丝绳	纤维芯钢丝绳	钢芯钢丝绳
14	70.0	67.4	85.3	90.2	106	95.9	113	102	120	107	127	113	133	124	146
16	91.4	88.1	111	118	139	125	148	133	157	140	166	147	174	162	191
18	116	111	141	149	176	159	187	168	198	178	210	186	220	205	242
20	143	138	174	184	217	196	231	207	245	219	259	230	271	253	299
22	173	166	211	223	263	237	280	251	296	265	313	278	328	306	362
24	206	198	251	265	313	283	333	299	363	316	373	331	391	365	430
26	241	233	294	311	367	331	391	352	414	370	437	388	458	428	505
28	280	270	341	361	426	384	453	407	480	430	507	450	532	496	586
30	321	310	392	414	489	440	520	467	551	493	582	517	610	570	673
32	366	352	445	471	556	501	592	531	627	561	663	588	694	648	765
34	413	398	503	532	628	566	668	600	708	633	748	664	784	732	864
36	463	446	564	596	704	634	749	672	794	710	839	744	879	820	969
38	516	497	628	664	784	707	834	749	884	791	934	829	979	914	1 080
40	571	550	696	736	869	783	925	830	980	877	1 040	919	1 090	1 010	1 230
42	630	607	767	811	958	863	1 020	915	1 080	967	1 140	1 010	1 200	1 120	1 320
44	691	666	842	890	1 050	947	1 120	1 000	1 190	1 060	1 250	1 110	1 310	1 230	1 450
46	755	728	920	973	1 150	1 040	1 220	1 100	1 300	1 160	1 370	1 220	1 430	1 340	1 580
48	823	793	1 000	1 060	1 250	1 130	1 330	1 190	1 410	1 260	1 490	1 320	1 560	1 460	1 720
50	892	860	1 090	1 150	1 360	1 220	1 440	1 300	1 530	1 370	1 620	1 440	1 700	1 580	1 870
52	965	930	1 180	1 240	1 470	1 320	1 560	1 400	1 660	1 480	1 750	1 550	1 830	1 710	2 020
54	1 040	1 000	1 270	1 340	1 580	1 430	1 680	1 510	1 790	1 600	1 890	1 670	1 980	1 850	2 180
56	1 120	1 080	1 360	1 440	1 700	1 530	1 810	1 630	1 920	1 720	2 030	1 800	2 130	1 980	2 340
58	1 200	1 160	1 460	1 550	1 830	1 650	1 940	1 740	2 060	1 840	2 180	1 930	2 280	2 130	2 510
60	1 290	1 240	1 570	1 660	1 960	1 760	2 080	1 870	2 200	1 970	2 330	2 070	2 440	2 280	2 690

注：最小钢丝破断拉力总和＝钢丝绳最小破断拉力×1.226(纤维芯)或 1.374(钢芯)。

附录 D　气囊下水的国际标准

本附录摘录了 ISO 14409 和 ISO 17682 两个标准中实用性部分的内容，为便于读者使用，同时提供了参考性的中译文，可供气囊下水设计和实际操作参考。

附录 D1　ISO 14409：2011（摘录）

Ships and marine technology — Ship launching air bags

1　Scope

This International Standard specifies the terms and definitions, classification, materials and dimensions, test items and methods for air bags to be used for launching a vessel. It also specifies issues such as marking, documentation, packaging, transport, storage and so on.

This International Standard is intended for designing, manufacturing, testing and accepting air bags that are made of synthetic-tyre-cord reinforcement layers.

2　Normative references

The following referenced documents are indispensable for the application of this document. For dated references, only the edition cited applies. For undated references, the latest edition of the referenced document (including any amendments) applies.

ISO 34-1, *Rubber, vulcanized or thermoplastic — Determination of tear strength — Part 1: Trouser, angle and crescent test pieces*

ISO 37, *Rubber, vulcanized or thermoplastic — Determination of tensile stress-strain properties*

ISO 188, *Rubber, vulcanized or thermoplastic — Accelerated ageing and heat resistance tests*

ISO 815-1, *Rubber, vulcanized or thermoplastic — Determination of compression set — Part 1: At ambient or elevated temperatures*

ISO 1431-1, *Rubber, vulcanized or thermoplastic — Resistance to ozone cracking — Part 1: Static and dynamic strain testing*

ISO 7619 - 1, *Rubber, vulcanized or thermoplastic — Determination of indentation hardness — Part 1: Durometer method (Shore hardness)*

3 Terms and definitions

For the purposes of this document, the following terms and definitions apply.

3.1

bearing capacity of air bag

maximum load carrying capacity of the air bag, while it suffers no permanent deformation or damage

3.2

body of air bag

cylindrical part of the air bag after being fully inflated with compressed air

NOTE　See item 3 of Figure 2.

3.3

burst pressure

internal pressure at which the air bag bursts

3.4

diameter of air bag

diameter of the air bag body

NOTE　See *D* in Figure 2.

3.5

head of air bag

conical parts connecting the body and the mouths of the air bag

NOTE　See item 2 of Figure 2.

3.6

initial internal pressure

air pressure that fully inflates the air bag, before compression

NOTE　See Figure A. 1.

3.7

length of air bag

length of the air bag body

NOTE　Shown as *L* in Figure 2.

3.8

mouth of air bag

metal valves mounted on both ends of the air bag for charging air

NOTE　Shown in item 1 of Figure 2.

3.9

percentage deformation

ratio of the deformed height to the original diameter of the air bag while the air bag is being compressed.

NOTE Shown in Figure 1 and Equation (1).

$$P=(D-H)/D \tag{1}$$

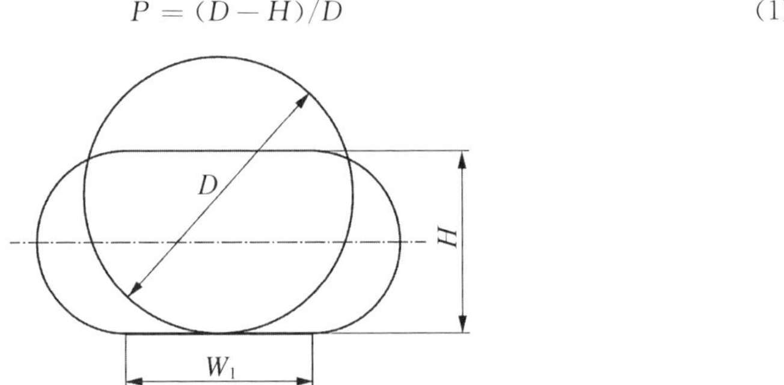

Figure 1 An air bag being compressed

where

P is the percentage deformation/%;

D is the original diameter of the air bag/m;

H is the height of the compressed air bag/m.

3.10

rated working pressure

maximum allowable internal pressure of the air bag while supporting a weight or load equal to the rated bearing capacity of the air bag

3.11

synthetic-tyre-cord layer

reinforcement layer of the air bag which is made of rubber coated synthetic-tyre-cord fabrics

3.12

total length of air bag

overall length of the air bag

NOTE Shown as L_{OA} in Figure 2.

4 Classification

4.1 Type and model

4.1.1 Air bags are categorized by the following two types according to the bearing capacity, per metre in length:

a) QP — ordinary air bag;

b) QG — high-bearing capacity air bag.

4.1.2　The types and models of air bags are specified in Table 1.

Table 1　Type and model of air bags

Type	Type No.	Model
QP	QP3	ordinary air bag with 3 layers of cord fabric
	QP4	ordinary air bag with 4 layers of cord fabric
	QP5	ordinary air bag with 5 layers of cord fabric
QG	QG6	high-bearing capacity air bag with 6 layers of cord fabric

4.2　Structure

As shown in Figure 2, an air bag has a cylindrical body and two conical heads, one at each end.

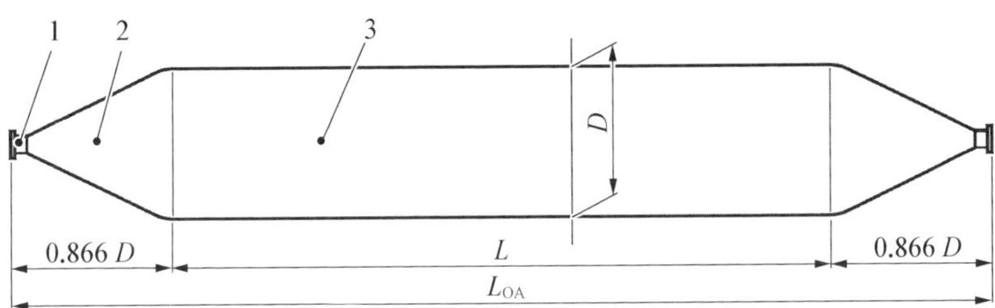

1—mouth; 2—head; 3—body.

Figure 2　Structure of a typical air bag

4.3　Size

4.3.1　Diameter of air bag (D) varies such as 0.8 m, 1.0 m, 1.2 m, 1.5 m, 1.8 m, etc.

4.3.2　Length of air bag (L) is to be specified by the user.

5　Materials and dimensions

5.1　Materials

5.1.1　An air bag is to be constructed of an outer rubber layer, one or more synthetic-tyre-cord layers, and an inner rubber layer. The arrangement of synthetic-tyre-cord reinforcement layers is shown in Figure 3. All materials shall be vulcanized firmly.

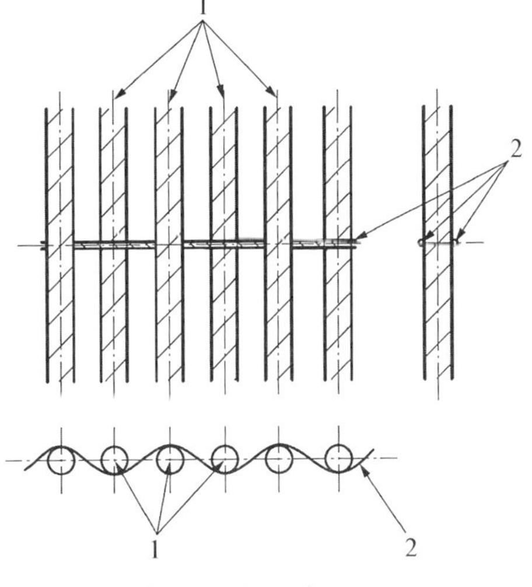

1—warp; 2—weft.

Figure 3　Tyre cord

5.1.2　Prior to the air bag production, the

outer and inner rubber layers shall be tested to meet the criteria in Table 2 in accordance with the test methods given in the International Standards listed in Table 2. While only one satisfactory sample per batch is required for test numbers 1 through 3, all others must be tested for test numbers 4 through 9 annually. If the first sample fails, two additional samples shall be tested. If the additional samples pass the test requirements, the materials will be deemed to have passed the test. Otherwise, the materials will be deemed to have failed the test and another batch of materials shall be selected.

Table 2 Rubber material requirements

No.	Test item		Required value	Test method
1	Tensile strength/MPa		≥18	ISO 37
2	Elongation at break/%		≥400	ISO 37
3	Hardness/(°) (Shore A)		60±10	ISO 7619—1
4	Tear strength/(N/cm)		≥400	ISO 34—1
5	Compression set/% (70℃±1℃, 22 h)		≤30	ISO 815—1
6	After thermal ageing at 70℃±1℃, 96 h	Holding of pull lengthening/%	≥80	ISO 188
7		Holding of elongation at break/%	≥80	ISO 188
8		Change of hardness/(°) (Shore A)	≤8	ISO 7619—1
9	Static ozone ageing at 40℃×96 h [ozone concentration $(50\pm5)\times10^{-8}$], extension 20%		No crack	ISO 1431—1

5.1.3 As a reinforcing material, the warp should be (90±5) cords per 100 mm in width, and the breaking strength shall be more than 205 N per cord.

5.2 Appearance

The appearance of an air bag shall be smooth, glossy and without blemish such as crack, blister, delamination, pits or impurities.

5.3 Dimensional tolerances

The length and diameter of an air bag shall be measured with the rated working pressure and be within ±3%.

6 Test

6.1 General

All products must meet the following test criteria.

6.2　Test condition

6.2.1　Unless otherwise specified, tests shall be performed under the following conditions:

a) ambient temperature: 10℃～35℃;

b) media: (1) dry clean compressed air, and (2) clean fresh water for bursting test.

6.2.2　Testing instruments, including pressure gauges and testing machine, shall be calibrated.

6.2.3　The test should be performed using a full-sized air bag. If the air bag is too large to be mounted on the test machine, the test may be performed on a scaled-down air bag. In order to maintain a proper representation of the full-sized sample air bag, the diameter of the scaled-down air bag shall be no less than 1/2 of the full-sized sample air bag diameter, while the length (L) shall be no less than 3 times the diameter of the scaled-down air bag.

6.3　Gastightness test

Without carrying any load, fill the air bag till the internal pressure of the air bag reaches P_e in Table 3. The internal pressure should be recorded and compared with P_e after 1 hour. The pressure loss should be less than 5% of P_e.

Table 3　Performance parameters of air bags

Type No.	Diameter /m	Initial internal pressure for test /kPa	Rated working pressure, P_e /kPa	Bearing capacity per meter in length, P_h (when compress deformation reaches 70%, and the inner pressure reaches the rated working pressure, P_e) /(kN/m)	Minimum burst pressure /kPa
QP3	0.8	25	130	114	390
	1.0	18	100	110	300
	1.2	15	85	112	260
	1.5	13	70	115	210
	1.8	11	60	118	180
QP4	0.8	35	170	149	510
	1.0	25	130	143	390
	1.2	20	110	145	330
	1.5	16	90	148	270
	1.8	14	80	158	240
QP5	0.8	48	210	184	630

（续表）

Type No.	Diameter /m	Initial internal pressure for test /kPa	Rated working pressure, P_e /kPa	Bearing capacity per meter in length, P_h (when compress deformation reaches 70%, and the inner pressure reaches the rated working pressure, P_e) /(kN/m)	Minimum burst pressure /kPa
QP5	1.0	35	170	186	510
	1.2	28	140	185	420
	1.5	20	110	181	330
	1.8	16	90	178	270
QG6	0.8	56	245	215	740
	1.0	45	200	219	600
	1.2	32	165	217	490
	1.5	25	130	215	390
	1.8	20	110	218	330
Rated working pressure may deviate ±5%. Compress deformation may deviate ±2%.					
NOTE　Initial internal pressure is the reference value.					

6.4 Compression test

6.4.1 Compression test under the initial internal pressure specified in Table 3 should be carried out after the tests of 5.1, 5.2, 5.3 and 6.3.

6.4.2 The air bag is to be put on a press with large enough width and length to ensure that all parts of the compressed air bag are within the press. The test should be conducted as follows:

a) fill the air bag to the initial pressure in Table 3, start the test machine and press the air bag perpendicularly till the percentage deformation reaches 70%. Observe to see if the air bag is functioning properly;

b) gradually reduce the compressive force on the air bag until the air bag, by its own flexibility, returns to the height of its original state. Record the internal pressure;

c) apply a compressive force perpendicularly to the air bag again, till the percentage deformation reaches 70%.

During the course of compressing and releasing, the reaction forces, internal pressures and deformation rate should be recorded at every 10% deformation interval.

6.4.3 The compression performance curve of a QG6 air bag is shown in Figure A.1. The rated working pressure of the air bag is as specified in Table 3.

6.5 Bearing capacity test

6.5.1 When the internal pressure reaches the rated working pressure, P_e, and the percentage deformation reaches 70%, the carrying capacity per metre in length of an air bag shall be equal to or greater than the values specified in Table 3. The curve of the bearing capacity per metre in length of a QG6 air bag is shown in Figure A. 2.

6.5.2 In order to carry out the bearing capacity test, mark two parallel lines circumferentially somewhere along the body of the air bag that has been filled to the initial pressure listed in Table 3. The distance between the parallel lines should be 1 000 mm ±5 mm. The marking lines should be made far away from the joint lines between heads and body of the air bag. This distance shall be no less than 1/4 of the air bag's diameter. The test shall be conducted as follows.

a) Fill the air bag to the initial pressure stated in Table 3. Start the test machine, and compress the air bag perpendicularly until the deformation reaches 70%. The air bag shall be kept in this compressed state for a minimum of five minutes. After 5 minutes, record the internal pressure, P_1, of the air bag. Measure and record the contact area width, W_1, between the air bag and the press table, in a direction perpendicular to the length of the air bag. Take three measurements at three locations within the two parallel lines, and calculate the arithmetic mean value of the width. The bearing capacity per unit length, P_h, shall be calculated in accordance with Equation (2):

$$P_h = W_1 \times P_1 \tag{2}$$

where

P_h is the bearing capacity per unit length/(kN/m);

W_1 is contact width between the body of the air bag, within the 2 parallel lines, and the platform of the test machine shown as W_1 in Figure 1/m;

P_1 is the internal pressure of the air bag/kPa.

b) Inspect the air bag to see if it is functioning properly. If it is, continue to increase the pressure until the internal pressure reaches 125% of the rated working pressure stated in Table 3 and hold it there for five minutes. Again, inspect the air bag for any damage or defect such as cracks.

c) Gradually lessen the compressive force on the air bag until the force of the test machine returns to zero. The air bag should return to the original height of the free state.

Both compressed height and internal pressure of the air bag shall be recorded. W_1 shall be measured and recorded at every 5% deformation interval.

6.6 Bursting test

6.6.1 Air bags shall be tested to the minimum burst pressures as specified in Table 3.

6.6.2 Fill the air bag with water until the air bag bursts. The water pressure at the time of bursting shall equal or be more than the value specified in Table 3.

6.7 Compression-recovery test

6.7.1 To test the recoverability of an air bag, the air bag is to be repeatedly and rapidly compressed and released over a very short period of time.

6.7.2 Fill the air bag with air until reaching the initial pressure stated in Table 3, and then compress the air bag perpendicularly till the percentage deformation reaches 75%. The air bag shall be kept in this compressed state for 1 minute. Afterward, release the air bag and it shall recover more than 97% of its original diameter within 5 minutes.

7 Type approval test

7.1 General

The type approval test shall be carried out under one of the following situations:

a) initial production;

b) whenever the elastomer formulation is changed significantly;

c) whenever the structure or type of products is changed;

d) whenever the manufacturing technique which could affect the functionality of the air bag or one of its components is changed significantly;

e) upon reproduction or re-manufacturing, after having being suspended from production for one year or more; or

f) upon authority request.

7.2 Test items

The following tests for type approval shall be carried out, in addition to the items required in 5.1, 5.2 and 5.3:

a) gastightness test, see 6.3;

b) compression test, see 6.4;

c) bearing capacity test, see 6.5;

d) bursting test, see 6.6; and

e) compression-recovery test, see 6.7.

7.3 Acceptance criteria

Only one sample of each type of air bag is necessary for the type test. If the sample meets all test requirements, the air bag will be deemed to have passed the type test. However, if the sample fails to meet any of the test requirements, two additional samples shall be tested. If the additional samples pass all test requirements, the air bag will be deemed to have passed the type test. Otherwise, the air bag will be deemed to have failed the type test.

8 Acceptance test

8.1 Test items

Prior to delivery of the air bags, the manufacturer shall test every air bag for the following items:

a) appearance, see 5. 2;

b) dimensional tolerances, see 5. 3; and

c) gastightness, see 6. 3.

8.2 Acceptance criteria

If the air bag meets the requirements specified in 8. 1, the product will be deemed to have passed the acceptance test. However, if the air bag fails to meet any of the test requirements, repair may be allowed only one time for re-tests. If the repaired air bag passes the test requirements in 8. 1, the air bag will be deemed to have passed the acceptance test. Otherwise, the air bag will be deemed to have failed the acceptance test.

9 Marking

9. 1 An accepted air bag is to be marked on one of its heads as follows:

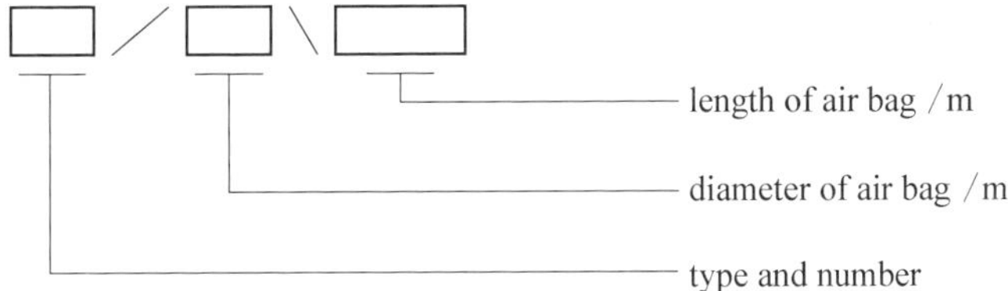

For example, an air bag with three layers of cord fabric has a diameter of 1. 5 m, and the length of 15 m is to be marked as:

Air bag ISO 14409: 2011 QP3/1. 5×15

9. 2 Markings should have the following information:

a) product name;

b) type;

c) size (diameter and length);

d) individual serial number;

e) rated working pressure;

f) weight;

g) full or abbreviated name of the manufacturer; and

h) date of manufacture or its abbreviation.

10 Documentation, packaging, transport and storage

10.1 Documentation

Per batch of the air bags, the manufacturer should provide the purchaser with a certificate indicating that the air bags have been tested and inspected in accordance with this International Standard and that all the requirements have been met. In addition, the manufacturer must supply the purchaser with a user guide as well as maintenance manuals.

10.2 Packaging

The air bags may be folded and then bundled up.

10.3 Transport

For a short distance move, the air bags may be relocated by being (1) lifted vertically from one end with a crane or some other machinery, (2) carried over shoulders, or (3) rolled on the ground, if the air bags are filled with air.

For a long distance move, drain out the air, properly prepare the air bags (see 10.4), and pack them into shipping/storage crates/containers. The sides and bottoms of the containers/crates should be padded to protect and secure the air bags.

10.4 Storage

10.4.1 When the air bags are not to be used for a long period of time, they should be drained, cleaned, dried, filled with talc powder, and the exterior surfaces should be coated with talc powder. The air bags should be maintained in a dry, ventilated room and be protected from light. The air bags should be stored in a relaxed condition free from tension, compression or other deformation.

10.4.2 The air bags should be kept away from any heat source.

10.4.3 The air bags should be protected from acids, alkalis, oils or organic solvents.

Annex A
(informative)

The compression performance curve for a QG6 (Ø1.2 m) air bag

A.1 The compression performance curve of a QG6 air bag (Ø1.2 m) is shown in Figure A.1.

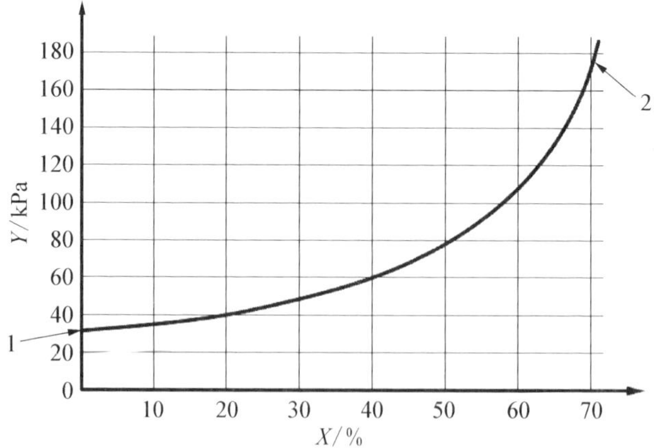

X—compress deformation; Y—internal compress;
1—initial pressure; 2—rated working pressure.

Figure A.1 The compression performance curve for a QG6 (Ø1.2 m) air bag

A. 2　The bearing capacity per metre in length for a QG6 air bag (Ø1. 2 m) is shown in Figure A. 2.

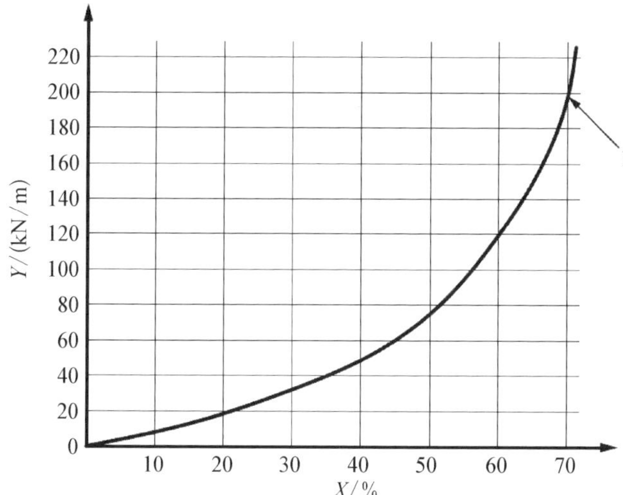

X—compress deformation; Y—bearing capacity per metre; 1—bearing capacity.

Figure A. 2　The bearing capacity per metre in length for a QG6 (Ø1. 2 m) air bag

附录 D2　ISO 14409：2011(参考性译文)
船舶与海上技术——船舶下水用气囊

(Ships and marine technology — Ship launching air bags)

1　范围

本国际标准规定了船舶下水用气囊的术语和定义、分级、原料和尺寸、检测项目和方法。本标准还规定了下水用气囊的标志、文件、包装、运输和储存等事项。

本国际标准适用于合成轮胎帘布增强层制作的气囊的设计、生产、检测和验收。

2　引用标准

下面引用到的文件是应用本文件不可或缺的。对于有日期标注的引用文件,仅被引用的版本适用。未标注日期的文件,适用于引用文件的最新版本(包括任何修改)。

ISO 34－1　硫化或热缩性橡胶—撕裂强度的测定　第1部分：裤形、角形和新月形试样

ISO 37　硫化或热塑性橡胶—拉伸应力应变特性的测定

ISO 188　硫化或热塑性橡胶—加速老化和耐热性试验

ISO 815－1　硫化或热塑性橡胶—压缩永久变形的测定　第1部分：室温或更高温度

ISO 1431－1　硫化或热塑性橡胶—耐臭氧龟裂特性　第1部分：静态和动态应变试验

ISO 7619－1　硫化或热塑性橡胶—压痕硬度的测定　第1部分：硬度计法(肖氏硬度)

3　术语和定义

为了达到本文件的目的,采用下列术语和定义。

3.1

气囊承载力

在不会导致永久变形或损坏情况下,气囊的最大载荷能力。

3.2

气囊体

气囊充满压缩空气完全胀开后的圆柱形部分。

注：如图 2 中第 3 项。

3.3

爆破压力

气囊爆破时的内部压力。

3.4

气囊直径

气囊体的直径。

注：如图 2 中 D。

3.5

气囊头

气囊体和气囊嘴连接的锥形部分。

注：如图 2 中第 2 项。

3.6

初始内部压力

未受压缩且完全充胀气囊的空气压力。

注：见图 A.1。

3.7

气囊长度

气囊体的长度。

注：在图 2 中以 L 表示。

3.8

气囊嘴

安装在气囊两端,用于充气的金属阀。

注：见图 2 中第 1 项。

3.9

变形(百分)率

气囊受压时,其压缩掉的高度与原始直径的比率。

注:显示于图1并用公式(1)表达:

$$P=(D-H)/D \tag{1}$$

式中:P ——变形率/%;

D ——气囊原始直径/m;

H ——气囊压缩后的高度/m。

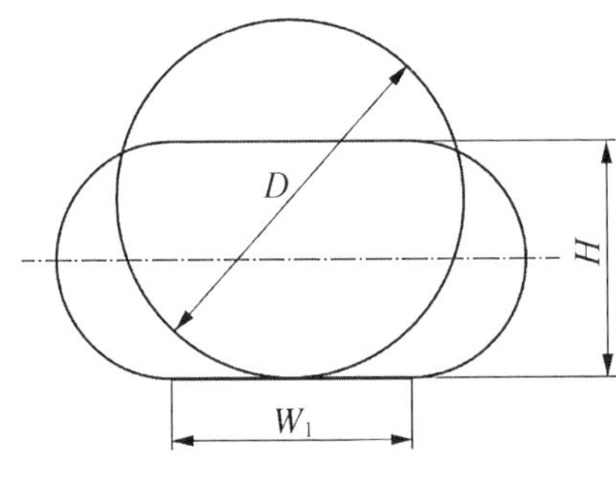

图1　受压缩的气囊

3.10

额定工作压力

当气囊支撑的重量或负载等于额定承载力时,气囊内部的最大允许压力。

3.11

合成轮胎帘布层

气囊内的增强层,由涂胶的合成轮胎帘布织物制成。

3.12

气囊总长度

气囊的最大长度。

注:在图2中以L_{OA}表示。

4　分级

4.1　类型和型号

4.1.1　根据单位长度气囊的承载力,气囊可以分为以下两种类型:

a) QP——普通气囊；b) QG——高承载力气囊。

4.1.2 气囊的类型和型号说明列于表1。

表1 气囊的类型和型号

类 型	型 号	说 明
QP	QP3	普通气囊，有3层帘布
	QP4	普通气囊，有4层帘布
	QP5	普通气囊，有5层帘布
QG	QG6	高承载力气囊，有6层帘布

4.2 结构

如图2所示，气囊有一个圆柱体和两个锥形头，位于气囊的两端。

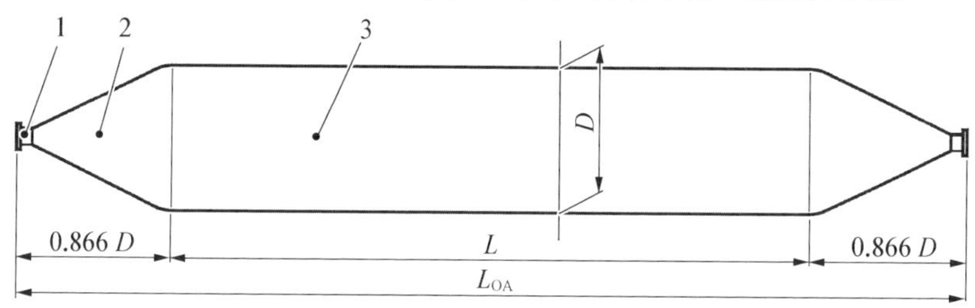

1—气囊嘴；2—气囊头；3—气囊体。

图2 典型气囊的结构

4.3 规格尺寸

4.3.1 气囊直径(D)有诸如0.8 m、1.0 m、1.2 m、1.5 m、1.8 m等变化。

4.3.2 气囊长度(L)由用户定制。

5 原料和尺度

5.1 原料

5.1.1 气囊有一层橡胶外膜、一层或多层合成轮胎帘布和一层橡胶内膜组成。合成轮胎帘布增强层的排列如图3所示。所有原料经硫化结合在

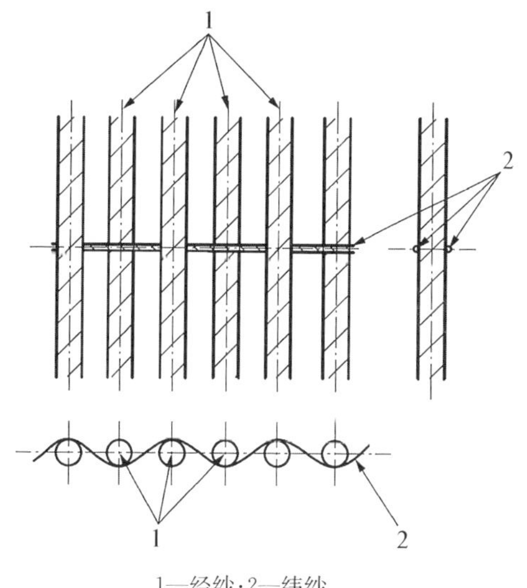

1—经纱；2—纬纱。

图3 轮胎帘布

一起。

5.1.2　在气囊生产之前，内外橡胶层应按照表2所列国际标准给出的测试方法进行试验，并符合表2要求的标准。虽然1至3项的试验每批只需要一个样品合格就行了，但所有其他4至9项的试验必须每年做一次。如果第一个样品测试失败，须加试两个样品。如果加试的样品通过了测试要求，那么这批原料会被认为测试通过。否则，这批原料会被认为测试失败，应选择另外一批原料。

表2　橡胶原料要求

项号	测试项目		指标要求	测试方法
1	拉伸强度/MPa		≥18	ISO 37
2	拉断伸长率/%		≥400	ISO 37
3	硬度(邵氏A)/(°)		60±10	ISO 7619—1
4	撕裂强度/(N/cm)		≥400	ISO 34—1
5	压缩永久变形(70℃±1℃，22 h)/%		≤30	ISO 815—1
6	经70℃±1℃，96 h热空气老化试验后	拉伸延长的保持度/%	≥80	ISO 188
7		拉断伸长率的保持度/%	≥80	ISO 188
8		硬度变化(邵氏A)/(°)	≤8	ISO 7619—1
9	经40℃×96 h静态臭氧老化试验[臭氧浓度$(50\pm5)\times10^{-8}$]，延伸20%		无龟裂	ISO 1431—1

5.1.3　作为增强材料，经纱应为每100 mm宽度(90±5)根，每根断裂强度应大于205 N。

5.2　外观

气囊的外观应平滑光顺，无龟裂、砂眼、重皮、疤痕或杂质等瑕疵。

5.3　尺寸偏差

气囊的长度和直径应在额定工作压力时测量，偏差在±3%以内。

6　测试

6.1　总则

所有产品必须符合下列测试标准。

6.2　测试条件

6.2.1　除非另有说明，应在下述条件下进行测试：

a）环境温度：10～35℃；

b）介质：① 干燥清洁空气；② 清洁淡水，用于爆破试验。

6.2.2　测试器械，包括压力仪表和测试机器应予校准。

6.2.3　应使用全尺度的气囊进行使用测试。如果气囊太大而不能安装到测试机器上，允许用缩尺气囊进行测试。为了保持全尺度采样气囊的恰当代表，缩尺气囊的直径应不低于实尺采样气囊直径的1/2，而其长度(L)应不小于缩尺气囊直径的3倍。

6.3　气密性检验

在没有负载时，给气囊充气至其内部气压达到表3里的P_e。记录内部压力并在1小时后与P_e比较。压力损失应小于P_e的5%。

表3　气囊的性能参数

型号	直径/m	测试的初始压力/kPa	额定工作压力P_e/kPa	每米长度的承载力P_h（当压缩变形量达到70%，并且内部压力达到额定工作压力P_e时）/(kN/m)	最小爆破压力/kPa
QP3	0.8	25	130	114	390
	1.0	18	100	110	300
	1.2	15	85	112	260
	1.5	13	70	115	210
	1.8	11	60	118	180
QP4	0.8	35	170	149	510
	1.0	25	130	143	390
	1.2	20	110	145	330
	1.5	16	90	148	270
	1.8	14	80	158	240
QP5	0.8	48	210	184	630
	1.0	35	170	186	510

（续表）

型号	直径/m	测试的初始压力/kPa	额定工作压力 P_e/kPa	每米长度的承载力 P_h（当压缩变形量达到70%，并且内部压力达到额定工作压力 P_e 时）/(kN/m)	最小爆破压力/kPa
QP5	1.2	28	140	185	420
	1.5	20	110	181	330
	1.8	16	90	178	270
QG6	0.8	56	245	215	740
	1.0	45	200	219	600
	1.2	32	165	217	490
	1.5	25	130	215	390
	1.8	20	110	218	330
额定工作压力允许偏差±5%。压缩变形允许偏差±2%。					
注：内部初始压力是参考值					

6.4 压缩试验

6.4.1 压缩试验应该在5.1、5.2、5.3和6.3测试之后，在表3规定的初始内部压力下进行。

6.4.2 气囊放到压力机上，压力机的宽度和长度应足够大，以确保压缩后气囊的所有部分都在压力机的范围内。应按下述步骤进行试验：

a) 给气囊充气至表3里的初始压力，启动试验机器垂直加压气囊，直至变形率达到70%。观察气囊工作是否正常。

b) 逐渐减少气囊上的压缩力，直至气囊由其自身的弹性恢复到初始状态的高度。记录内部压力。

c) 对气囊再次垂直施加压缩力，直到变形率达到70%。

在压缩和释放的过程中，每间隔10%变形量时，应记录其反作用力、内部压力和变形率。

6.4.3 QG6气囊的压缩性能曲线示于图A.1。气囊的额定工作压力如表3之规定。

6.5 承载力试验

6.5.1 当内部压力达到额定工作压力 P_e，并且变形率达到70%时，气囊单位长度的载重能力应等于或大于表 3 中规定的值。QG6 气囊单位长度承载力曲线示于图 A.2。

6.5.2 为了实施承载力测试，在已经充气到表 3 中所列的初始压力的气囊体表面标记出两条平行线围绕囊体一周。两条平行线的距离应为 1 000 mm±5 mm。这些标记线应远离气囊头和气囊体的结合线。离开的距离应不少于该气囊直径的 1/4。应按下述步骤进行试验：

a) 给气囊充气至表 3 里的初始压力。启动试验机器垂直压缩气囊，直至变形率达到 70%。气囊应保持在这种压缩状态至少 5 min。5 min 后，记录气囊内部压力 P_1。在垂直气囊长度方向测量和记录气囊和压力机平台之间接触面的宽度 W_1。在两条平行线的 3 个位置进行 3 次测量，并计算测量宽度的算术平均值。每单位长度的承载力 P_h按式(2)计算：

$$P_h = W_1 \times P_1 \tag{2}$$

式中：P_h——单位长度的承载力/(kN/m)；

W_1——两条平行线内，气囊体和测试机器平台之间的接触宽度(参见图 1 中的 W_1)/m；

P_1——气囊内部压力/kPa。

b) 检查气囊看是否正常工作。如果是，继续增加压力，直到内部压力达到表 3 规定的额定工作压力的 125%，并保持 5 min。再次检查气囊是否有类似龟裂的任何损伤或缺陷。

c) 逐渐减少在气囊上的压缩力，直到测试机器的施加力回到零。气囊应恢复到自由状态下的原始高度。

每间隔 5%变形量，测量和记录 W_1、压缩后气囊的高度和内部压力。

6.6 爆破试验

6.6.1 气囊应测试至表 3 规定的最低爆破压力。

6.6.2 充水至气囊直至气囊爆破。爆破时的水压应等于或大于表 3 中规定的值。

6.7 压缩-恢复测试

6.7.1 为了测试气囊的可复原性，在非常短时间内反复地、迅速地压缩和

释放该气囊。

6.7.2　给气囊充气至表3列出的初始压力，然后垂直压缩气囊，直至变形率达到75%。气囊在这种压缩状态下应保持1 min。之后释放气囊，气囊应在5 min内恢复到它原始直径的97%以上。

7　型式认可试验

7.1　总则

有下列情形之一时，应进行型式认可试验：

a) 初始生产。

b) 弹性体配方发生重大改变时。

c) 产品结构或类型发生改变时。

d) 影响气囊功能的制造技术或某一气囊组分发生重大改变时。

e) 停产一年或更长时间后，重新进行生产或恢复制造时。

f) 主管当局有要求时。

7.2　检测项目

除了5.1、5.2和5.3要求的项目外，须执行下列型式认可试验：

a) 气密性检测，见6.3；

b) 压缩试验，见6.4；

c) 承载力检测，见6.5；

d) 爆破试验，见6.6；

e) 压缩-恢复测试，见6.7。

7.3　验收准则

每个型式的气囊只需一个样品进行型式试验。如果样品满足所有测试要求，则气囊被认为已通过型式检测。不过，如果该样品满足测试要求的任一项失败，应检测另外两个样品。如果另外的两个样品通过了所有测试要求，则该气囊被认为已通过型式试验。否则，该气囊被认为未通过型式试验。

8　验收检测

8.1　检测项目

在气囊发货前，生产商应对每个气囊测试下面的项目：

a) 外观，见5.2。

b）尺寸公差，见5.3。

c）气密性，见6.3。

8.2 验收准则

如果气囊满足8.1规定的要求，则产品被认为已通过验收检测。不过，如果气囊不满足任何一项测试要求，只允许修补一次，重新测试。如果修补后的气囊通过了8.1的测试要求，则该气囊被认为已通过验收检测。否则，该气囊被认为未通过验收检测。

9 标志

9.1 通过验收的气囊在其两个气囊头之一上做如下标记：

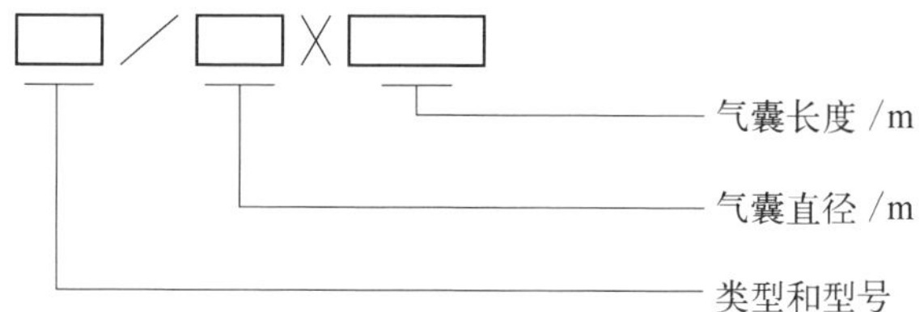

例如：直径1.5 m、长度15 m、3层帘布的气囊标记为

气囊 ISO 14409：2011 QP3/1.5×15

9.2 标志应含有以下信息：

a）产品名称。

b）型式。

c）规格尺寸(直径和长度)。

d）个性的序列号。

e）额定工作压力。

f）重量。

g）生产商的全称或缩写。

h）生产日期或其缩写。

10 文档、包装、运输和储存

10.1 文档

对于每批气囊，生产商应向购买人提供证书，写明该气囊已根据本国际标准测试和检测，并且满足所有要求。另外，生产商必须向购买人提供用户指南及维

护手册。

10.2　包装

气囊允许折叠，然后捆扎包装。

10.3　运输

短距离迁移时，气囊搬移可通过① 用起重机或其他机械从一端垂直吊起，② 用肩膀扛运，或③ 气囊充气后在地面上滚动。

长距离迁移时，需排尽空气，妥善处理气囊(参阅 10.4)，打包把它们装入船舱/存储箱或集装箱中。箱或货柜的边部和底部应填塞，以保护和固定气囊。

10.4　贮存

10.4.1　气囊长时间不用时，应放气，洗净，晾干，内充并外涂滑石粉。气囊应保存在干燥、通风的室内，避免光照。存放的气囊应处于不受拉、压或其他变形的松弛状态。

10.4.2　气囊应保持远离任何热源。

10.4.3　气囊不能与酸、碱、油脂或有机溶剂接触。

附件 A
QG6(Ø1.2 m)气囊的压缩性能曲线

A.1　QG6(Ø1.2 m)气囊的压缩性能曲线示于图 A.1。

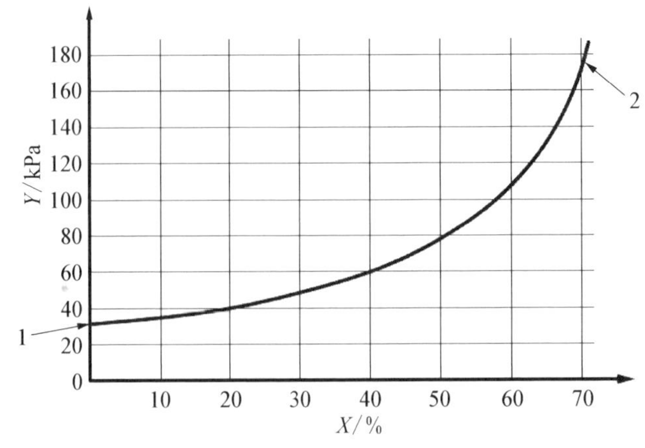

X—压缩变形率；Y—内部压力；1—初始压力；2—额定工作压力。

图 A.1　QG6(Ø1.2 m)气囊的压缩性能曲线

A.2　QG6(Ø1.2 m)气囊单位长度的承载力示于图 A.2。

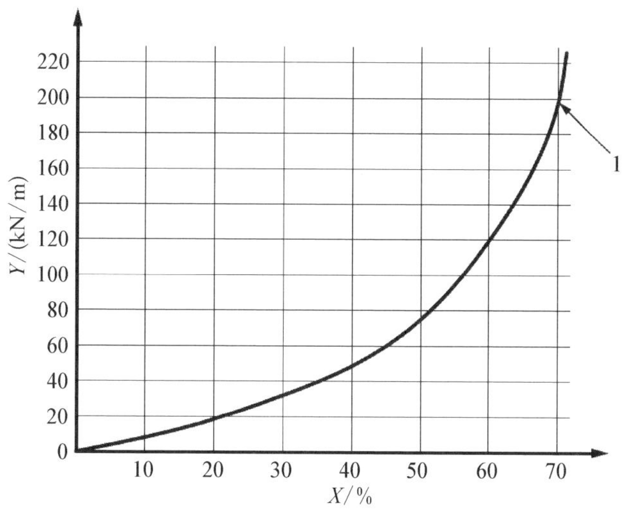

X—压缩变形率；*Y*—单位长度承载力；1—承载力。

图 A.2　QG6(Ø1.2 m)气囊单位长度的承载力

附录 D3 ISO 17682：2013(摘录)

Ships and marine technology — Methodology for ship launching utilizing air bags

1 Scope

This International Standard specifies general guidelines for ship launching utilizing air bags, including the specification of the ship and facilities such as air bags, slipway, towing arrangements, the launching procedure, and safeguards during the ship launching.
This International Standard is applicable to ships meeting the requirements of 4. 1 and utilizing air bags for launching.

2 Normative references

The following documents, in whole or in part, are normatively referenced in this document and are indispensable for its application. For dated references, only the edition cited applies. For undated references, the latest edition of the referenced document (including any amendments) applies.
ISO 2408, *Steel wire ropes for general purposes — Minimum requirements*
ISO 14409: 2011, *Ships and marine technology — Ship launching air bags*

3 Terms and definitions

For the purposes of this document, the following terms and definitions apply.

3. 1

ship launching

conveying a ship from a site to water so that the ship becomes buoyant

3. 2

ship shifting

moving a ship from one place to another, such as from the building berth to near the water

3. 3

slipway

ramp which is used for launching ships, including the part that extends into the water
Note 1 to entry: The shore-side portion, including the berth, is called the main slipway, while the part that extends into the water is called the auxiliary slipway.

3. 4

transferring from docking blocks

process that encompasses placing the air bags under the ship, filling the air bags to raise the ship off the building blocks, removing the blocks and letting the ship rest on the air bags

3.5

ground anchor

structure that is in front of the berth and is constructed in the berth, used for mooring the ship, the hemicycle part above the ground is used to fasten the steel wire ropes and tow the ship

3.6

Ship length L_{OA}

longitudinal distance, in metres, measured from the forward extreme to the aft-most part of the ship

4 Specification for launching ships

4.1 A ship shall have a flat bottom and be suitable for putting down, filling and rolling air bags. The bottom acreage of the ship shall be large enough to provide proper contact with the air bags in order to ensure adequate bearing capacity.

4.2 According to the weight and the length of the ship, the ship to be launched is to be classed as follows:

a) class I: ships of not more than 1 000 tons in weight or not more than 90 m in length (L_{OA});

b) class II: ships of more than 1 000 tons but less than or equal to 3 000 tons in weight, or more than 90 m but less than or equal to 120 m in length (L_{OA});

c) class III: ships of more than 3 000 tons but less than or equal to 5 000 tons in weight, or more than 120 m but less than or equal to 150 m in length (L_{OA});

d) class IV: ships of more than 5 000 tons in weight, or more than 150 m in length (L_{OA}).

4.3 The underwater valves and major equipments are to be installed in position, tested, inspected and approved by shipyard or shipowner.

4.4 All burrs and weld beads on the ship's bottom plates and all appendages shall be ground smooth and inspected.

4.5 In all underwater compartments, all the hot work on the shell plating, blasting and painting and compartment tightness tests shall have been completed and approved by shipowner or classification society. All loose items shall be secured. All mooring equipment and fittings are to be installed.

4.6 The draft marks and the load lines shall be verified and approved by inspection.

4.7 Outer-hull painting shall have been completed as per the approved paint scheme.

5 Requirements for arrangements and equipment

5.1 Slipway

5.1.1 Shipyard QC shall clear the area where each air bag is to be laid and inflated.

5.1.2 The gradient and the length of the slipway shall be determined according to the size of the ship and the hydrological condition of the area water.

5.1.3 The bearing capacity of the slipway shall be at least twice as strong as the working pressure of air bags.

5.1.4 For class III and class IV ships, the slipway shall be constructed with reinforced concrete and the height difference between the right and left sides shall be less than 20 mm. For class II ships, the slipway shall be constructed with cement concrete and the height difference between the right and left sides shall be less than 50 mm. For class I ships, the slipway may be an earthen slope and shall be compacted even by rollers. The height difference between the right and left sides shall be less than 80 mm.

5.1.5 The main slipway shall enable the ship to glide automatically when the ship is off the tow. The auxiliary slipway shall be determined according to the ship type, the water level at time of launching, the diameter of the air bags, and the safety requirements.

5.2 Air bags

5.2.1 Air bags shall meet the requirements of ISO 14409.

5.2.2 For class III and class IV ships, air bags with bearing capacity of at least 200 kN/m shall be used.

5.2.3 Prior to using any air bag for ship launching, all air bags shall be tested for any potential leakage. Without applying any external load, an air bag shall be filled to 1.25 times of the rated working pressure, as shown in Table 3 of ISO 14409: 2011, and the pressure shall be maintained for at least one hour.

5.2.4 According to the weight of the ship being launched, the quantity of the air bags needed for this operation shall be calculated in accordance with Formula (1):

$$N = K_1 \frac{Q \cdot g}{C_b \cdot R \cdot L_d} \tag{1}$$

where

N is the quantity of air bags used for ship launching;

K_1 is a coefficient, in general, $K_1 \geqslant 1.2$;

Q is the weight of the ship/t;

g is acceleration of gravity/(m/s^2), $g = 9.8$;

C_b is the block coefficient of the ship being launched;

R is the allowable unit bearing capacity of the air bags (kN/m), see Table 3 of ISO 14409: 2011;

L_d is the contact length between the bottom of the ship and the body of the air bag at the midship section/m.

5.2.5 For ship shifting, 2 to 4 additional air bags shall be made ready and available.

5.2.6 For class IV ships, prior to launching, calculations shall be made for transferring from docking blocks. The product of the bearing load of an air bag times the distance between the air bag and the ship's longitudinal centre of gravity shall be less than 1% of the product of ship's launching weight times the distance between the perpendiculars.

5.2.7 The centre to centre distance between two neighbouring air bags shall be less than or equals to that found in Formula (2) and equals to or be greater than that found in Formula (3).

$$\frac{L}{N-1} \leqslant 6k \tag{2}$$

$$\frac{L}{N-1} \geqslant \frac{\pi D}{2} + 0.3 \tag{3}$$

where

L is the actual length of the ship bottom that can make contact with the air bags/m;

N is the quantity of air bags used for ship launching;

k is a coefficient, $k=1$ for steel ships, $k=0.8$ for wooden, aluminium and glass-fibre-reinforced ships;

D is the nominal diameter of air bags/m.

5.2.8 In general, the long axes of the air bags shall be arranged perpendicular to the direction of ship's movement. When it is necessary to move a ship in a curved manner, the long axes of the air bags shall be arranged perpendicular to the direction of tangent line to the curve.

5.2.9 See Annex A for air bags arrangement.

5.3 Towing arrangement

5.3.1 A windlass shall be used to control the movement of the ship. Tow system that comprises windlass, steel wire rope and pulley set shall be securely fastened to the ground anchor in front of the berth.

5.3.2 In general, a slow windlass shall be selected for ship launching. The veering speed of the windlass shall be 9 m/min to 13 m/min.

5.3.3 The forces of the windlass and the steel wire rope are shown in Figure 1 when the ship is being launched and before gaining any floatation. The maximum tensile force of the steel wire rope shall be calculated in accordance with Formula (4). The hauling force of windlass's steel wire shall be checked in accordance with Formula (5).

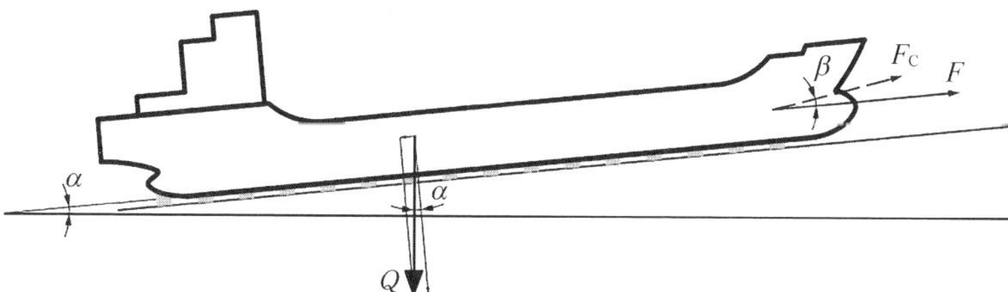

Figure 1 Force components of a ship being launched

$$F = Qg \cdot \sin\alpha - \mu Qg \cdot \cos\alpha + Q\frac{v}{t} \tag{4}$$

$$F_C \geqslant \frac{K \cdot F}{N_C \cdot \cos\beta} \tag{5}$$

Where

F is the maximum pulling force of the steel wire rope when the ship is being launched/kN;

α is the angle between the ship, which is borne by air bags, and the horizon/(°);

μ is a friction coefficient of the rolling air bags on the slipway. It shall be determined according to many factors such as gradient of the slipway, condition of the ground, configuration and internal pressure and arrangement of air bags (see Table B. 1 of Annex B for an example);

v is the speed of the ship in motion/(m/s);

t is the time for the windlass to brake the ship motion/s;

F_C is the tensile force of the steel wire rope of the windlass/N;

K is the safety coefficient, in general, $K = 1.2 \sim 1.5$;

N_C is the number of the hauling wire ropes on the moving tackle;

β is the angle between the direction of maximum pull force (F) and the steel wire rope (degree). In general, it is not to be greater than 6°.

5. 3. 4 Windlass shall be securely fixed to the ground anchor. The design load of ground anchor shall meet the requirement of the calculated pulling force (F).

5. 3. 5 The steel wire ropes shall meet the requirements of ISO 2408, with capacity of the calculated maximum pull force (F) or the calculated tensile force (F_C). The allowable load of pulley set, shackle, steel wire rope and rope clip shall meet the calculated pulling force.

5. 3. 6 Windlass shall be checked and maintained on a regular basis. Steel wire ropes shall be inspected and, according to the manufacturer's specification, be replaced on a regular basis.

6 Ship launching procedure

6. 1 Document preparation

The following documents shall be prepared before ship launching:

a) general arrangement and the lines plan;

b) weight and centre of gravity of the ship;

c) light ship distribution curve including ballast if any;

d) hydrostatic curves or data and Bonjean curves or data;

e) principal data of berth and the ship launching slipway;

f) docking block arrangement plan;

g) bearing force report of the slipway; and

h) hydrological data such as water depth, tide table and current speed.

6. 2 Planning

6. 2. 1 Planning including the following items shall be prepared before ship launching.

a) ship's main dimension, weight and centre of gravity, slipway and hydrological conditions;

b) launching calculation, including specifications, quantities, bearing capacities and arrangements of air bags;

c) calculations of hauling force, arrangements of the hauling bat, arrangement of windlass and steel wire ropes; and

d) planning for transferring from docking blocks.

6. 2. 2 For class IV ships, calculations indicating variations in the internal pressures of the air bags shall be made for the entire ship launching operation. The location of the ship when the maximum air bag internal pressure will occur and the maximum internal pressure attained shall be made available for feasibility study and safety procedure preparation.

6.3 Operating procedure

6. 3. 1 All obstacles shall be cleared along the way of the air bags, including the ship bottom.

6. 3. 2 The bow of the ship shall be tied to the windlass with mooring steel wire ropes. One end of the steel wire rope shall be tied to the strength member of the ship such as a bollard or a special horn, the other end shall be tied to the pulley set of the towing system.

6. 3. 3 According to the planning of 6. 2, air bags shall be placed underneath the ship.

6. 3. 4 The air bags are to be filled from the stern to the bow. Initially, the air bags are not to be fully inflated. Having inflated all air bags and ensured that they made contact with the ship's bottom, the air bags shall be filled to the specified pressure.

6. 3. 5 When the ship bottom is lifted higher than the docking blocks and the air bags are bearing the weight of the ship, the docking blocks shall be removed. After all the docking blocks are removed, adjust the internal pressure of the air bags to make the force balance.

6. 3. 6 After the workers and other personnel who are going to stay onboard during the launching have boarded the ship, remove the ladders and gangways and so on.

6. 3. 7 Depending on the conditions of slipway and area water, one of the following launching methods may be used:

a) if the area water is wide enough, one can launch the ship by moving the ship to the water's edge, disengage the windlass, remove or cut the tow line and let the ship slides into the water by itself;

b) if the area water is not wide enough, use the windlass to control the launching speed and let the ship glide into the water slowly;

c) if the stern of the ship is built directly over the water and no windlass is available, the ship shall be secured to the ground anchor by the rope before filling the air bags. The minimum water depth needed for launching is to be calculated. The ship may be launched by herself into the water by cutting off the rope or letting off the ground anchor when there is enough water depth.

6. 3. 8 After the ship is afloat, tow and secure the ship to the wharf, measure the bow and stern drafts; inspect each compartment for leakage.

6. 3. 9 All air bags shall be retrieved.

6. 3. 10 All data of launching operation shall be recorded.

7 Safeguard for ship launching

7.1 The launching team shall develop all details to safeguard the launching process taking into account the ship characteristics, the geography of the launching site, and the hydrological condition of the area water. They shall also ensure that any emergency can be dealt with immediately.

7.2 Each operator shall receive technical training and knowledge of the ship launching skills. During the launching, personnel filling the air bags shall stand to the side of the nozzle of each air bag.

7.3 To avoid potential accidents such as the steel wire rope coming apart or the air bag bursts, a danger zone shall be identified and marked during the ship launching process.

Annex A
(informative)
The arrangements of air bags

A.1 Launching type

Based on the ship shapes, the ship may be launched, using air bags, by either end launching type (see A.2) or side launching type (see A.3).

A.2 End launching type

A.2.1 There are three ways to arrange air bags when using the end launching type. They are (1) linear arrangement (see Figure A.1), (2) staggered arrangement (see Figure A.2), and (3) two-lines arrangement (see Figure A.3). As for which arrangement to use, it will depend on the ship's width and the length of the air bags.

A.2.2 When the ship's width is not greater than the effective length of the air bags, the linear arrangement shall be selected.

A.2.3 When the ship's width is greater than the effective length of an air bag and less than the effective length of two air bags, the staggered arrangement shall be selected.

A.2.4 When the ship's width is greater than the combined effective length of two air bags, or for special ship such as catamaran HSC or split hopper barge, the two lines arrangement shall be selected. The distance between the near ends of two air bags is greater than 0.2 m.

A.3 Side launching type

A.3.1 For small flat-bottom ships, side launching method may be utilized (see Figure A.4). In this case, the air bags of same specification, same diameter and same length shall be used.

A.3.2 The air bags shall be divided into two groups, and be evenly arranged under the bow and the stern ends of the ship. The distance between two air bags shall be made equal. The

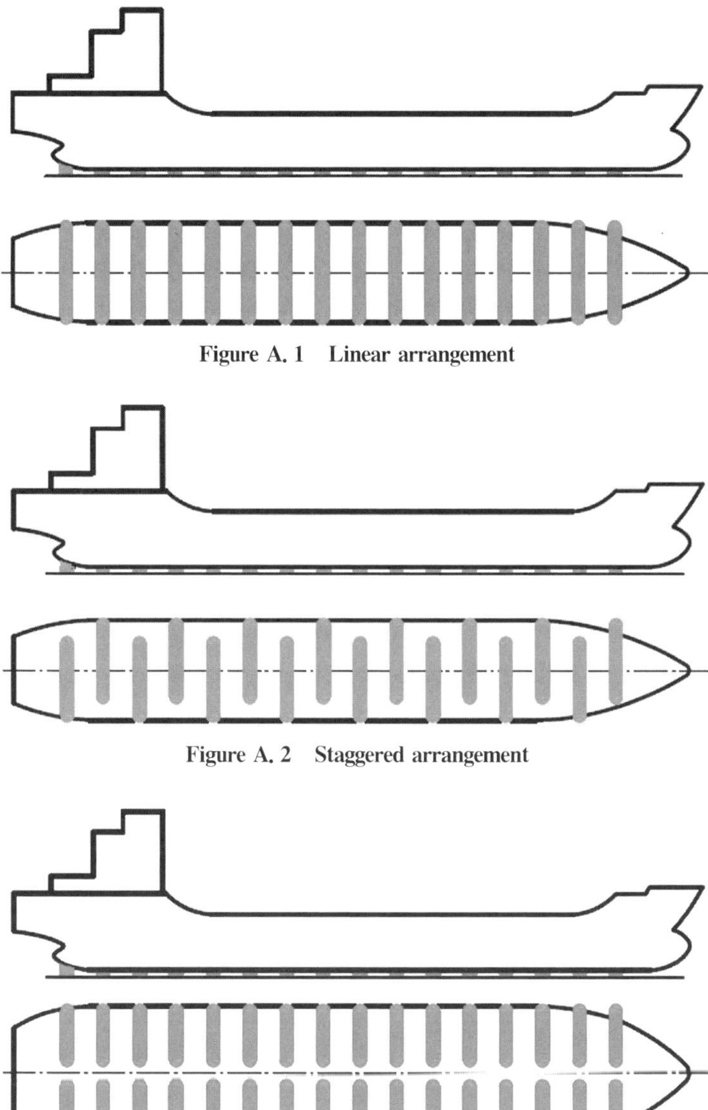

Figure A. 1　Linear arrangement

Figure A. 2　Staggered arrangement

Figure A. 3　Two-lines arrangement

distance between the ends of two groups shall be greater than 1 m but not greater than 10 percent of the ship's length.

A. 3. 3　The hauling rope shall be fixed at the middle of the two air bag groups and be perpendicular to the hull of the ship.

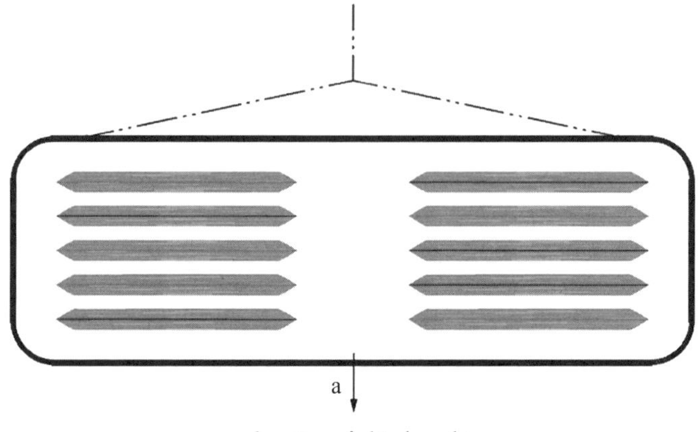

a — direction of ship launching.

Figure A. 4　Side launching

Annex B
(informative)
An example of rolling resistance coefficients (μ) for a typical air bag

An example of the reference values of rolling resistance coefficient (μ) of the typical air bag with diameter of 1. 5 m and the compression deformation rate of 45% is listed in Table B. 1.

NOTE　The values of rolling resistance coefficient (μ) of the typical air bag are empirical.

Table B. 1　An example of rolling resistance coefficients (μ)

Ground condition	Initial internal pressure/MPa	Value (μ)
sand soil ground	0. 01	0. 060～0. 070
	0. 02	0. 050～0. 055
	0. 03	0. 040～0. 045
	0. 04	0. 030～0. 035
firm soil ground	0. 05	0. 026～0. 028
	0. 06	0. 023～0. 025
	0. 07	0. 020～0. 022
	0. 08	0. 017～0. 019
	0. 09	0. 014～0. 016

（续表）

Ground condition	Initial internal pressure/MPa	Value (μ)
cement concrete ground	0.10	0.011～0.012
	0.11	0.010～0.011
	0.12	0.009～0.010
	0.13	0.008～0.009
	0.14	0.007～0.008
	0.15	0.006～0.007
	0.16	0.005～0.006

附录 D4 ISO 17682：2013(参考性译文) 船舶与海上技术——船舶采用气囊下水操作工艺

(Ships and marine technology — Methodology for ship launching utilizing air bags)

1 范围

本国际标准规定了船舶采用气囊下水的一般性要求，包括对船舶及气囊、坡道、牵引等设施的要求，下水程序以及下水船舶过程中的安全措施等。

本国际标准适用于符合 4.1 条要求的船舶采用气囊下水操作。

2 规范性引用文件

下列文件(全部或部分)对于本文件的应用是必不可少的。凡是注日期的引用文件，仅所注日期的版本适用于本文件。凡是不注日期的引用文件，其最新版本(包括所有的修改单)适用于本文件。

ISO 2408，一般用途钢丝绳—最低要求

ISO 14409：2011，船舶与海上技术—船舶下水气囊

3 术语和定义

下列术语和定义适用于本文件。

3.1

船舶下水

将船舶从船台移送入水域，处于浮态的作业。

3.2

移船

将船舶从一处移动到另一处，诸如从船台向水边移位的过程。

3.3

坡道

用于船舶下水的坡道，包括水中延伸部分。

注：包含船台的岸上部分称为主坡道，延伸至水下部分称为副坡道。

3.4

起墩

在船底下放入气囊充气将船舶抬高，当船底高出墩木，撤出墩木，使船舶坐落在气囊上的过程。

3.5

地牛

船台前端或嵌入船台中用来牵住船舶的结构，地面上的半圆环用来固定钢丝绳，拖住船舶。

3.6

船舶长度 L_{OA}

从船的最前端量至最后端的纵向距离/m。

4　下水船舶的要求

4.1　船舶必须具有平底且适合布放气囊，充气和气囊滚动。为了确保足够的气囊承载力，船底面积应当足够大，以提供恰当的气囊接触面积。

4.2　按照船舶重量和长度将船舶分为以下四类：

a）Ⅰ类：下水重量为 1 000 t 及以下，或船长为 90 m 及以下的船舶。

b）Ⅱ类：下水重量 1 000 t～3 000 t，或船长 90～120 m 的船舶。

c）Ⅲ类：下水重量 3 000 t～5 000 t，或船长 120～150 m 的船舶。

d）Ⅳ类：下水重量大于 5 000 t，或船长大于 150 m 的船舶。

4.3　船舶下水前，水线以下阀门、主要设备应安装到位、并经试验、检验合格，经船厂或船舶所有人核准。

4.4　船底板和所有附件上的毛刺、焊瘤等均应磨平，并经检验合格。

4.5　在所有水下舱室，船体外板上的热加工作业、喷砂、油漆及舱室密性试验结束，并经船舶所有人或船级社检验合格；全船可移动装置和物件应固定；带缆用系泊装置已安装完毕。

4.6　载重水线和吃水标志经检验合格。

4.7　船体外板涂装完工。

5 设施要求

5.1 坡道

5.1.1 船厂质检部门应清理摆放气囊和充气的场地。

5.1.2 坡道的坡度和长度应根据船舶尺度、水文条件等要素设计确定。

5.1.3 坡道承载力应达到气囊工作压力的两倍以上。

5.1.4 Ⅲ类和Ⅳ类船舶下水的坡道应由钢筋混凝土建成，左右高度差不应超过 20 mm；Ⅱ类船舶下水的坡道应是水泥混凝土路面，左右高度差不应超过 50 mm；Ⅰ类船舶下水的坡道可为土坡，但应经压路机压平，左右高度差不应超过 80 mm。

5.1.5 主坡道坡度应能使船舶在解脱牵引后自动下滑，副坡道的坡度与长度根据船舶类别、船舶下水时的水位高度、气囊直径等因素确定，并满足船舶气囊下水安全要求。

5.2 气囊

5.2.1 气囊应符合 ISO 14409 的要求。

5.2.2 Ⅲ类和Ⅳ类船舶，使用气囊的单位长度承载力应不小于 200 kN/m。

5.2.3 所用气囊在下水前应作无载充气试验，充气压力取该气囊在 ISO 14409：2011 表 3 中额定工作压力的 1.25 倍，保压时间不少于 1 h。

5.2.4 根据船舶下水时的重量，所需气囊数量按式(1) 确定：

$$N = K_1 \frac{Q \cdot g}{C_b \cdot R \cdot L_d} \tag{1}$$

式中：N ——气囊的数量，单位为个；

K_1 ——系数，$K_1 \geqslant 1.2$；

Q ——船舶的重量/t；

g ——重力加速度/(m/s²)；$g = 9.8$；

C_b ——船舶的方形系数；

R ——每米气囊允许的承载力的数值/(kN/m)；见 ISO 14409：2011 表 3；

L_d ——在船舶舯剖面处气囊囊体与船舶接触长度/m。

5.2.5　船舶移位时应准备接续气囊 2～4 个。

5.2.6　Ⅳ类船舶下水前，应作起墩作业的计算，计算每个气囊承载力对船舶纵向重心之矩的总和，其值应小于船舶下水重量乘以两柱间长的 1%。

5.2.7　邻近气囊之间的中心距可用式(2)和式(3)进行校核：

$$\frac{L}{N-1} \leqslant 6k \tag{2}$$

$$\frac{L}{N-1} \geqslant \frac{\pi D}{2} + 0.3 \tag{3}$$

式中：L——船底能与气囊接触的实际长度/m；

N——船舶下水所用气囊的数量，单位为个；

k——系数(对于钢质船，$k=1$；对于木质船、铝质船、玻璃纤维增强塑料船，$k=0.8$)；

D——气囊的公称直径/m。

5.2.8　通常，气囊的纵长方向轴线应垂直于移船方向摆放，当船舶需要弧线形移船时，气囊纵长方向轴线应垂直于弧线的切线方向摆放。

5.2.9　气囊布置方式参见附录 A。

5.3　牵引配置

5.3.1　绞车用来控制船舶的运动。牵引系统由绞车、钢丝绳和滑轮组组成，必须与船台前的地牛牢固联结。

5.3.2　船舶下水一般选用低速绞车，其放缆速度为 9～13 m/min。

5.3.3　当船舶下水未获得浮力前，绞车及钢丝绳的受力情况如图 1 所示。钢丝绳承受的最大拉力按式(4)计算，绞车钢丝绳牵引力按式(5)校核。

$$F = Qg \cdot \sin\alpha - \mu Qg \cdot \cos\alpha + Q\frac{v}{t} \tag{4}$$

$$F_C \geqslant \frac{K \cdot F}{N_C \cdot \cos\beta} \tag{5}$$

式中：F——船舶下水时钢丝绳的最大拉力/kN；

α——气囊承托的船舶与水平面的夹角/(°)；

μ——气囊在坡道上的滚动阻力系数，由坡道坡度、地面材质、气囊的配置、内压、摆放等诸多因素确定；见附录 B 表 B. 1 的举例。

v ——船舶运动速度/(m/s)；

t ——绞车制动响应的时间/s；

F_C ——绞车钢丝绳的牵引力/kN；

K ——安全系数，$K=1.2\sim1.5$；

N_C ——滑轮组上的钢丝绳道数；

β ——绞车牵引钢丝绳与 F 力方向的夹角/(°)，一般不大于 6°。

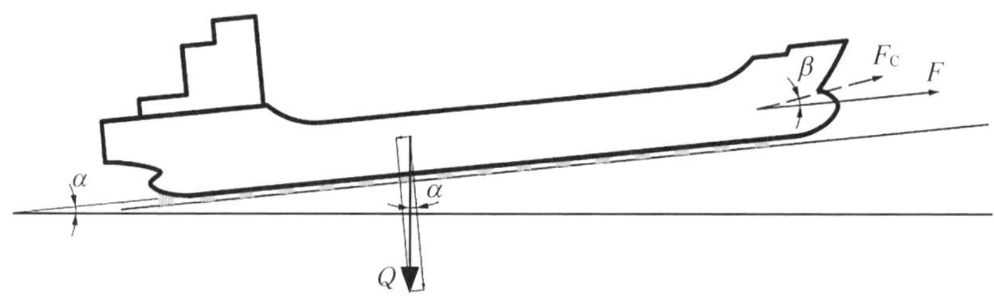

图 1　船舶下水力的组成

5. 3. 4　绞车应使用地牛固定在基座上，地牛的设计负荷应达到计算牵引力 F 的要求。

5. 3. 5　钢丝绳应符合 ISO 2408 的要求，达到计算的最大牵引力 F 或 F_C，滑轮组、钢丝绳、钢丝绳夹的允许载荷均应达到牵引力计算值的要求。

5. 3. 6　绞车应定期检查和维护。钢丝绳应按照制造商的说明书的要求定期检查。

6　船舶下水程序

6.1　资料准备

船舶下水前应准备下列资料：

a) 船舶总布置图和型线图；

b) 船舶下水重量和重心位置；

c) 空船重量分布曲线，包括压载；

d) 静水力数据表及邦戎曲线数据表；

e) 船台和下水坡道的主要参数；

f) 船舶建造时的布墩图；

g) 下水坡道承载力报告；

h）水文资料，包括水深、潮汐表、水域流速等。

6.2　方案编制

6.2.1　船舶下水前应编制下水方案，包括下列内容：

a）下水船舶的尺度、重量、重心、下水坡道及水文条件；

b）下水计算，包括气囊规格、数量、承载力、气囊布置方案；

c）牵引力计算、牵引耳板设置、绞车及钢丝绳的布置方案；

d）起墩方案。

6.2.2　Ⅳ类船舶应对所有气囊在下水全过程中的内压变化进行测算，计算其中出现最大内压的位置与压力最大值，提供可行性报告，编制下水安全预案。

6.3　操作程序

6.3.1　清除船底下方以及移船经过的所有场地上阻碍气囊滚动的障碍物。

6.3.2　系船钢丝绳从艏部系固于带缆桩等强力构件或专用耳板上，并与绞车动滑轮组连接，牵住船舶。

6.3.3　按照6.2气囊配置方案，在船底下方摆放气囊。

6.3.4　自艉向艏对气囊充气，先不要全部充胀，待全部气囊充了气且接触到船底后，再对气囊充气到规定气压。

6.3.5　当船底高于墩木，船舶重量全部承压于气囊上时，撤出全部墩木。调节气囊内压以保持力的平衡。

6.3.6　随船下水的工作人员上船完毕，移去梯子、引桥等。

6.3.7　根据水域及坡道条件，按下列情况选择下水方式：

a）水域宽度足够，将船舶先移到水边，然后再脱离绞车控制，用脱钩或砍断缆绳的方法让船舶自行滑向水面；

b）水域宽度不够，则采用绞车控制下水速度，让船缓慢地滑入水中；

c）建造船舶尾部直接在水边，没有设置绞车时，气囊充气前应将船舶用地牛拉住，并计算出下水所需的最小水深。当水深足够时，砍断缆绳或解开脱钩器，使船舶入水。

6.3.8　船体全部浮起后将船舶拖靠码头。测量艏、艉吃水，检查各舱有无漏水。

6.3.9　回收所有气囊。

6.3.10　填写下水记录。

7　安全措施

7.1　船舶下水工程队应当注重所有细节以确保下水过程安全，要把船舶的特征、下水场地的地形以及水域的水文考虑进去。要保证紧急情况能及时处置。

7.2　应由经过技术培训、掌握相关技能的人员操作。下水过程中，执行气囊充气的人员应站在每个气囊嘴的侧面。

7.3　为避免可能发生的事故，诸如钢丝绳断裂或气囊爆裂，应划出警戒区并有鲜明标志。

附录 A
气囊布置方式

A.1　下水方式

船舶采用气囊下水，可根据不同的船型，采用纵向下水(见 A.2)或横向下水(见 A.3)。

A.2　纵向下水

A.2.1　船舶纵向下水时，气囊的布置有 3 种方式：① 单列布置(见图 A.1)；② 交错布置(见图 A.2)；③ 对接布置(见图 A.3)。需根据船舶宽度和气囊长度确定布置方式。

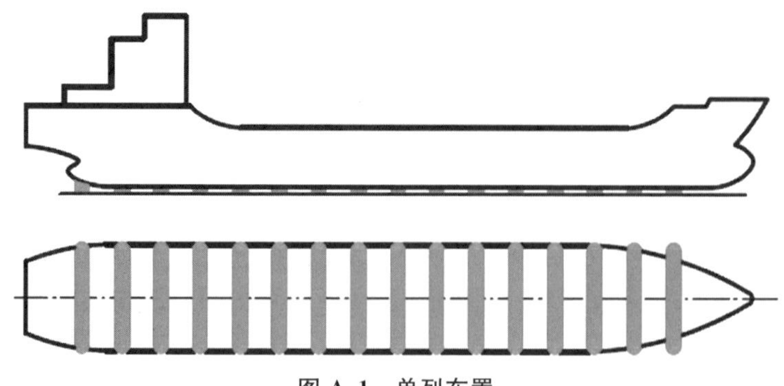

图 A.1　单列布置

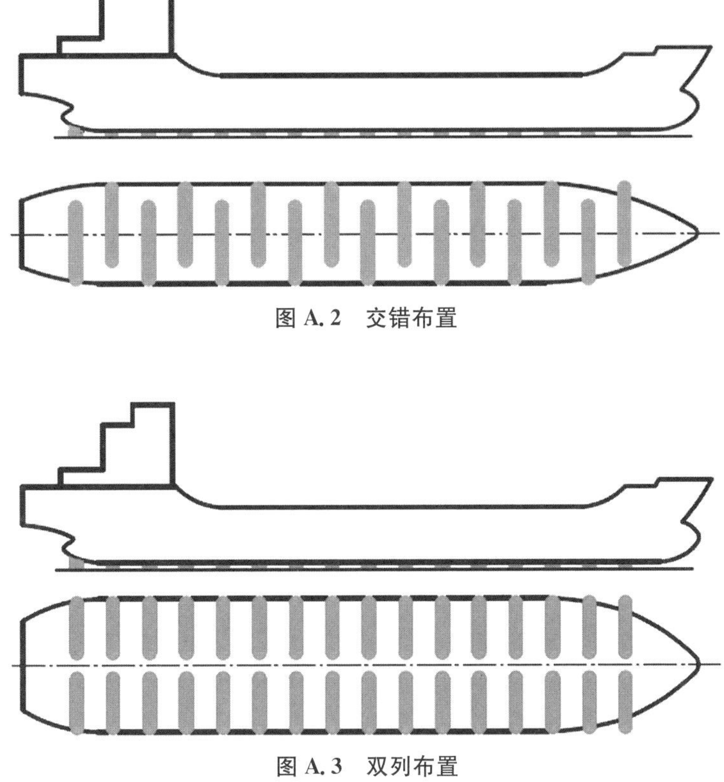

图 A.2　交错布置

图 A.3　双列布置

A.2.2　当船宽小于或等于气囊有效长度时，采用单列布置方式。

A.2.3　当船宽大于一个气囊长度且小于等于两个气囊长度时，采用交错布置方式。

A.2.4 当船舶宽度大于两个气囊长度，或双体船、开底泥驳等船舶采用气囊下水时，气囊可采用双列布置形式，两气囊端部应有 0.2 m 以上间隙。

A.3　横向下水

A.3.1　对于平底小型船舶，可以采取横向下水方法(见图 A.4)。船舶横向下水时，宜选用同一种型号，相同直径、相同长度的气囊。

A.3.2　气囊分两组，摆放在艏艉船底下方，摆放间距相同，气囊端部应有 1 m 以上间隙，但不宜大于船体长度的 1/10。

A.3.3　牵引索应固定在两组气囊的中点并与船体垂直。

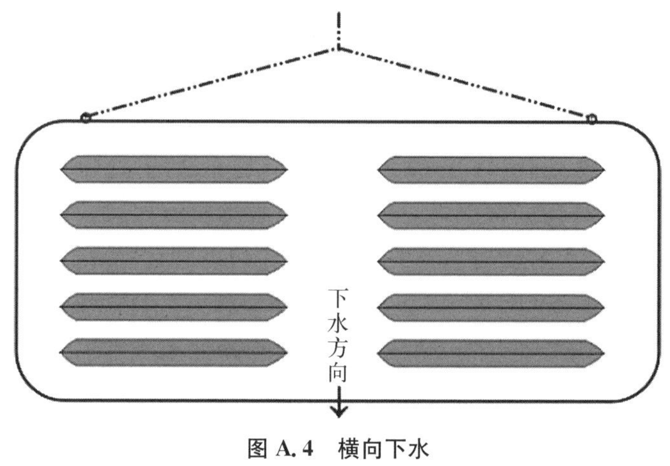

图 A.4　横向下水

附录 B 典型气囊的滚动阻力系数(μ)

直径 1.5 m 的气囊达到压缩变形率 45%时的滚动阻力系数 μ 的参考值在表 B.1 中列出，系经验数据。

表 B.1　气囊滚动阻力系数 μ 的参考值

地面状况	气囊初始内压/MPa	μ 值
砂土地	0.01	0.060～0.070
	0.02	0.050～0.055
	0.03	0.040～0.045
	0.04	0.030～0.035
夯实的土地	0.05	0.026～0.028
	0.06	0.023～0.025
	0.07	0.020～0.022
	0.08	0.017～0.019
	0.09	0.014～0.016
混凝土路面	0.10	0.011～0.012
	0.11	0.010～0.011

（续表）

地 面 状 况	气囊初始内压/MPa	μ 值
混凝土路面	0.12	0.009～0.010
	0.13	0.008～0.009
	0.14	0.007～0.008
	0.15	0.006～0.007
	0.16	0.005～0.006

参考文献

[1] 我国船舶气囊下水有新突破[N]. 中国船舶报，1994-10-16(1).

[2] 李英春,尹兴壮. 气囊对两纵半体船或大型分段合拢方法[J]. 船舶标准化工程师,2014(1)：33-36.

[3] 孙菊香,朱珉虎,黄立身. 柔性下水的理论与实践[J]. 国际船艇,2000(3)：17.

[4] 王绍清,朱珉虎. 高承载力多层揉压气囊的研制与使用[J]. 造船技术,2006(5)：27-31.

[5] 孙菊香,徐才中,黄立身. 70 000 吨级船舶气囊下水的计算与实践[J]. 造船技术,2011(3)：42-45.

[6] 孙菊香. 昌林气囊把中山舰搬进新家[J]. 船艇,2008(7)：42-43.

[7] ISO 14409：2011. Ships and marine technology — Ship launching air bags [S]. Geneva：BSI Standards Limited，2011.

[8] 中华人民共和国国家质量监督检验检疫总局,中国国家标准化管理委员会. GB/T 20118—2006. 一般用途钢丝绳[S]. 北京：中国标准出版社,2006.

[9] ISO 17682：2013. Ships and marine technology — methodology for ship launching utilizing air bags [S]. Geneva：BSI Standards Limited，2013.

[10] CB/T 3837-2011. 船舶用气囊上排、下水工艺要求[S]. 2011.

[11] 朱珉虎. 内河船舶设计手册[M]. 北京：中国标准出版社,1996.

[12] 孙菊香,朱珉虎. 大型船舶气囊上下水工艺安全对策的研究[J]. 造船技术,2007(5)：31-34,41.

[13] 朱珉虎,孙菊香. 船舶气囊纵向下水计算方法的研究[J]. 船舶,2009(3)：39-44.

[14] 朱珉虎,朱辉. 船舶气囊下水过程计算的程序设计[J]. 船舶,2015(4)：40-48.

[15] 孙菊香,黄立身,孙嘉理. 船舶下水气囊之最佳缠绕角研究[J]. 船舶工程,2015(5)：61-65.

[16] 孙菊香,黄立身,赵光胜. 万吨级船舶气囊下水研究成果[J]. 船舶,2014(6)：27-33.

索　引